城市会展业创新发展路径研究

——基于宁波的思考

孟祥敏　著

北　京
冶金工业出版社
2017

内 容 提 要

本书从宁波市及浙江省会展业发展的实际出发，以宁波市会展业发展的历程为主线，以会展业发展的创新实践过程为依托，结合长三角区域会展业合作发展的实际工作，就区域会展业合作、城市会展业发展规划、城市会展业创新研究等进行阐述，并结合当前会展业作为主场外交重要载体这一发展态势，进一步尝试会展与主场外交、边贸外交等方面的探索。书中重点阐述了会展业区域合作的理论与观点、产业规划的理论与方法、主场外交的理论与观点，并结合实际工作开展系统深入的研究和探索。

本书既可以作为政府会展主管部门工作人员系统研究城市会展业发展的理论参考，也可以作为城市会展业创新实践中的典型案例，同时也是企业和行业协会参与、服务地方会展业的重要理论和实践参考，还可以作为高校、科研院所等会展专业研究机构研究人员开展学术交流、服务地方经济的参考资料，以及作为高校学生开展研究性学习、撰写研究论文的辅助资料。

图书在版编目(CIP)数据

城市会展业创新发展路径研究：基于宁波的思考/孟祥敏著．—北京：冶金工业出版社，2017.9
ISBN 978-7-5024-7555-0

Ⅰ.①城…　Ⅱ.①孟…　Ⅲ.①展览会—产业发展—研究—宁波　Ⅳ.①G245

中国版本图书馆 CIP 数据核字(2017)第 178909 号

出 版 人　谭学余
地　　址　北京市东城区嵩祝院北巷 39 号　邮编　100009　电话　(010)64027926
网　　址　www.cnmip.com.cn　电子信箱　yjcbs@cnmip.com.cn
责任编辑　夏小雪　美术编辑　彭子赫　版式设计　孙跃红
责任校对　李　娜　责任印制　李玉山
ISBN 978-7-5024-7555-0
冶金工业出版社出版发行；各地新华书店经销；固安华明印业有限公司印刷
2017 年 9 月第 1 版，2017 年 9 月第 1 次印刷
169mm×239mm；12.25 印张；234 千字；183 页
40.00 元

冶金工业出版社　投稿电话　(010)64027932　投稿信箱　tougao@cnmip.com.cn
冶金工业出版社营销中心　电话　(010)64044283　传真　(010)64027893
冶金书店　地址　北京市东四西大街 46 号(100010)　电话　(010)65289081(兼传真)
冶金工业出版社天猫旗舰店　yjgycbs.tmall.com

序

2017年3月，浙江万里学院会展经济与管理专业被列为浙江省“十三五”特色专业，带来了“十三五”期间会展业创新发展的新契机。2015年3月，国务院印发《关于进一步促进展览业改革发展的若干意见》，这是我国首次从国家层面出台相关文件，明确会展业发展的作用和定位，并全方位、多角度地明确会展业发展的目标与途径。2016年，宁波市政府出台了《宁波市“十三五”会展业发展规划》，对未来一段时期宁波市会展业的发展描绘出宏伟的蓝图。恰逢此时，孟祥敏老师的专著《城市会展业创新发展路径研究——基于宁波的思考》也即将出版，可谓“好雨知时节，当春乃发生”，也预示着宁波会展业的研究工作已逐步走上学术与实战相结合的新阶段，在理论与方法的融合方面迈上一个新台阶。

专著一方面结合作者的多年研究工作，在对宁波市会展业发展研究的基础上，进一步探索了长三角会展业合作发展的新思路；另一方面，又结合杭州G20峰会、世界互联网大会、中国－中东欧特色博览会等项目的举办，从多个角度对主场外交活动的基本理论、基本思路进行了系统的描述，对于进一步扩大会展空间研究领域、丰富会展理论研究内涵具有十分重要的意义。

孟祥敏老师是浙江万里学院会展人才培养的创始人之一，也是浙江万里学院会展学科专业建设的见证者和亲身经历者。她毕业后就来到浙江万里学院，参加会展特色班的建设工作，从指导学生开展调研、参与志愿者服务、承担宁波市旅游会展人才培养基地项目入手，为会展专业建设和人才培养工作做出了艰苦的努力。她撰写的《会展业促进文化消费的商业模式创新研究》论文，从会展业消费文化资源特征、产品模式入手，构建以政府主导型会展活动为引领，以市场化运作型会展活动为支撑，向“专、新、精、特”方向发展的优势文化产业集群的文化消费商业模式，形成具有合理的经营收益与可持续发展的契合会展业和文化业，促进文化的大发展与大繁荣。她撰写的《国际会展视域下中国主场外交的理论与实践》论文，从会展的注意力经济效应、制度安排与区域合作、信息集聚与扩散等角度分析了国内大型国际会展项目的主要作用，对国际会展项目促进对外交流、发挥在国际事务中的主动权和话语权的原理和特征开展分析，并从重视会展主场外交、培育品牌展会、创设主题、优化展客商结构、提高服务质量等方面，对进一步提升我国主场外交的竞争力提出相关的对策建议。她指导的学生获得全国“挑战杯”学科竞赛多项奖励，她本人也多次被授予省市会展人才培养等方面的“先进个人”荣誉称号。

“宝剑锋从磨砺出，梅花香自苦寒来”。对会展业长期的潜心研究，逐步形成了孟祥敏老师理论与实践相结合的研究风格，也为浙江省会展教育科研工作写上了浓重的一笔。我衷心地希望她在现有的基础上，进一步系统开展研究工作，经过不断的努力，“晓看红湿处，花重锦官城”，在会展业的改革创新等方面形成更多、更好的研究成果，为浙江省和宁波市的会展业发展做出更大的贡献。

长三角城市经济协调会会展专业委员会秘书长　任国岩

2017年3月26日

前　言

作为新兴现代服务业的重要组成部分，会展业自20世纪末在我国被正式作为一个产业形态列入产业分类目录以来，始终以其具有较强的注意力经济特征、呈现格局经济特点、对产业良好提升作用、对城市消费巨大的拉动作用，以及对弘扬文化、搭建国内外合作交流平台等方面的特殊作用，受到相关政府和企业的高度重视。在政策的支持下，近年来会展业得到了快速的发展，已成为经济和社会发展不可或缺的重要组成部分。

旅游是寻找差异性的活动，会展是创造差异性的活动。正是由于会展业自身的特点，会展业创新发展成为政府主管部门和企业高度重视的产业发展模式。浙江省是国内会展业发展的重要区域，宁波市也是国内会展业较发达的城市。近年来，浙江省、宁波市都高度重视会展业发展，形成了主管部门、产业规划、产业政策、管理规制、行业标准和行业协会等一整套完整的会展业管理体系，在会展业决策和创新发展中发挥着重要的作用。

2015 年 3 月，国务院印发《关于进一步促进展览业改革发展的若干意见》(国发 2015 年 15 号)，明确了展览业经济、社会、文化、生态功能定位，提出“坚持专业化、国际化、品牌化、信息化方向，倡导低碳、环保、绿色理念，培育壮大市场主体，加快展览业转型升级，努力推动我国从展览业大国向展览业强国发展，更好地服务于国民经济和社会发展全局”的工作目标。2016 年 1 月，浙江省人民政府办公厅印发《关于进一步促进展览业发展的实施意见》，突出要明确发展目标、优化展览业布局、提升市场化水平、培育龙头企业、做大做强展览业品牌等一系列工作任务，促进浙江省展览业快速发展。国务院和省政府的相关文件精神，既明确了会展业的发展定位和基本特征，也指出了未来的发展方向，对进一步提升会展业的综合竞争力具有十分重要的意义。

会展业是知识密集型、技术密集型和服务密集型产业。会展业发展过程中，不仅需要资源依托，也需要创意设计和管理服务等多环节的有机融合。城市是经济的重要支撑平台，城市会展业也是会展业发展的重要单元，城市的资源禀赋直接影响会展项目的策划、管理与服务。在会展业的发展过程中，也经常会遇到许多实际问题，尤其是在政府产业决策方面和企业创新发展方面，都需要开展系统深入的研究，做到理论与实际相结合，以便为政府决策提供支撑，为会展产业创新发展提供最优良的服务。国外会展业起步虽早，但没有形成独立的产业体系；国内会展业起步较晚，但发展迅速。因此，急需在城市会展业发展的理论、方法等方面奠定坚实的基础。

本书坚持“依托产业、服务产业、提升产业”的指导思想，立足国内外会展业发展的大背景，在认真学习研究国外会展、活动等方面的理论和方法的基础上，从产业发展的实际需要入手，从会展理论、方法以及城市会展业实际工作入手，旨在通过进一步明晰会展业发展的内涵、规范会展业发展外延，系统归纳城市会展业发展的主要理论及观点，探索产业发展的系统性研究方法，并结合宁波市会展业发展的实践，在城市会展业管理体系、基础设施建设、服务体系建设、项目布局建设、区域国际合作以及教学科研服务体系建设等方面开展深入系统的研究，得出一般性的规律和可借鉴的应用性研究方法，为政府发展会展业决策提供支撑，为产业创新提供服务，以便更好地推进城市会展业快速、可持续发展。

书中选取的文稿，既是作者多年来会展研究工作的集中体现，也是宁波市及浙江省部分区域会展业发展过程中政府决策工作和阶段性特征的真实写照。希望能够作为理论与实践结合的相关成果，为相关城市会展业发展提供参考借鉴。本书所选取的均为2012年以来作者主持、参与完成的各类会展业研究课题所形成的文稿，从未公开发表，在这里汇集成册，谨作为研究资料供各位同行参考。不当之处，敬请广大读者批评指正。

著　者

2017年3月

目 录

第一章

2016 年宁波会展业发展报告

2016 年是“十三五”的开局之年，全市会展业围绕市委市政府的中心工作，以会展业转型升级为主线，以调结构、促提升、增实效为目标，以政策推动、创新驱动、开放带动为途径，按照市场化、专业化、国际化、品牌化、联动化的要求，系统推进会展业全面创新提升，为全面完成“十三五”期间的工作目标做出了积极的努力。

一、2016 年宁波市会展业基本情况和主要工作

2016 年全市会展业主要呈现四个特点。一是会展项目稳定增长。2016 年全市举办各类会展项目 310 个，比 2015 年增长 3%。其中举办展览会 188 个，展览总面积达 209 万平方米；展览面积 2 万平方米规模以上的展会数量达 27 个。二是专业会展场馆举办的项目数量明显增加。“1 + 3”专业场馆（即宁波国际贸易展览中心、慈溪国际会展中心、余姚中塑国际会展中心、宁海国际会展中心）共举办展会活动 171 个，增长了 31%；展览总面积达到 158 万平方米。其中，宁波国际贸易展览中心举办展会活动 114 个，场馆租用面积达 120 万平方米。三是县域会展经济得到快速发展。县级以上举办展览项目 57 个，展览面积 51 万平方米；举办商务会议（论坛）92 个，举办特色节庆活动 34 个。四是经济社会效益明显。按照国内外会展产业拉动效应基本比值测算，会展业整体拉动作用可达 650 亿元。相关统计表明，2016 年全市会展业为社会提供 20 余万个相关就业机会。

2016 年会展数据与“十二五”期间各年份比较分析表见表 1-1。

表 1-1　2016 年会展数据与“十二五”期间各年份比较分析表

年度	会展项目总数/个	展览		会议	节庆
		数量/个	面积/万平方米	数量/个	数量/个
2011	286	148	170	80	58
2012	282	150	179	77	55
2013	279	160	186	68	51
2014	295	175	196	79	41
2015	301	182	202	85	36
2016	310	188	209	92	34

从产业的发展趋势看，2016 年会展项目数量比 2015 年有 3% 的增长，其中展览项目增长 3.3%，展览面积增长 3.4%，会议项目增长 11%，专业场馆举办会展项目的数量增长 31%，节庆项目的数量略有降低。会展项目数量变化趋势图如图 1-1 所示。

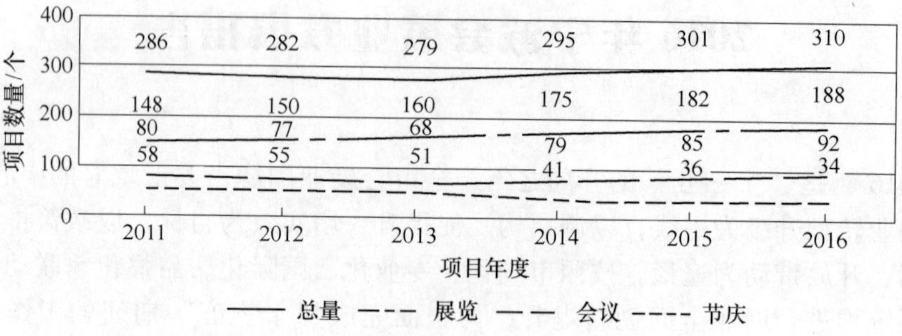

图 1-1　会展项目数量变化趋势图

会展项目结构分布示意图如图 1-2 所示。

从项目的结构看，展览项目占比为 59%，会议项目占比为 30%，节庆项目占比为 11%。2016 年展览项目的比重比 2015 年有所增加。

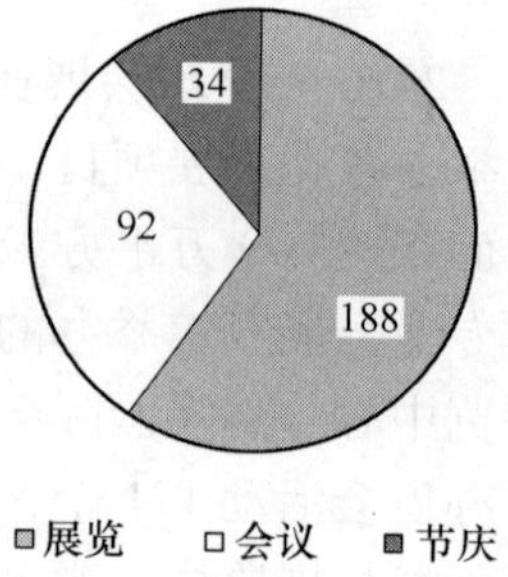

图 1-2　会展项目结构分布示意图

2016 年，全市会展业围绕“十三五”规划制定、重大会展项目保障、结合国家战略和国家试点工作，系统提升会展业发展质量，促进会展转型升级、创新发展、提质提能，具体包括以下主要工作。

（一）积极谋划会展业发展战略

（1）认真做好“十三五”会展业的规划制定工作。市会展办先后组织高校、科研院所和会展企业，在就“十三五”会展业发展前期开展相关研究工作的基础上，系统推进“十三五”会展业发展规划的制订工作，并就发展思路、重点工作、空间布局、保障措施等方面提出具体的对策建议；对会展主体培育、会展场馆建设、会展管理体制创新、会展产业转型升级、政府主导型会展项目市场化运作、会展教育科研提升、对外合作交流等方面提出明确的发展目标。该规划在系统征求市政府相关部门、县市（区）会展业主管部门、会展企业的基础上进行不断完善，最终获得验收通过，并得到与会专家的一致好评。

（2）努力承担会展区块发展研究工作。根据分管副市长的指示精神，会展办、会展业促进会和市会展经济研究所，联合承担了宁波国际贸易展览中心 11 号馆的规划研究工作，该项目结合中国 - 中东欧战略合作，从国际贸易展览中心整体创新角度，系统思考区块的定位和发展，明确了高端业态、战略平台、核心企业的发展思路，以及中东欧进口商品展示中心、国际贸易公共服务中心、国际贸易高端企业集聚中心和国际人文交流服务中心的发展定位，并就中东欧特色风情小镇、跨境电子商务集聚区、产业政策和发展阶段等具体内容提出了相关的对策建议，形成了较为系统的创新思路，得到分管市长和分管秘书长的充分肯定。

（3）积极做好“十三五”会展工作落实工作。结合“十三五”规划，市会展办指导市会展协会、市会展经济研究所，就会展产业发展的进一步深入细化工作开展研究，并通过承担市发改委等部门的研究课题等，系统探索主体培育、场馆建设、政府主导性会展项目转型升级、会展产业政策优化、会展管理制度创新、重大会展项目谋划等会展业发展的创新之路，推进“十三五”规划的具体落实。针对会展管理体制创新，会展产业信息化建设，在加强与国内外重点会展企业的合作等方面开展了大量深入细致的工作。

（二）系统优化会展产业的发展环境

重点做好政府主导型会展项目市场化运作评估工作，积极推进会展资金管理体系创新和服务创新工作。

（1）做好政府主导型会展项目转型升级工作。2016年，市会展办进一步加大了政府主导型会展项目转型升级工作。其中会展项目市场化运作水平不断提升，绝大多数会展项目的运作执行工作都通过招投标方式由相关的专业机构承担；在资金使用管理方面，进一步缩减了行政管理等方面的经费额度，将有限的资金集中到招展招商、对外宣传、场馆服务等方面；加强政府主导型展会的监管力度，实现展前、展中、展后三阶段系统化管理，并通过委托专业机构开展评估、引入注册会计师事务所对绩效开展分析、对重点会展项目进行系统剖析等手段，提高了政府主导型展会的市场化水平。

（2）积极优化会展资金使用管理。2016年，市会展办、市财政局就进一步完善和细化重大活动资金标准及规范开展研究工作，并制订《宁波市重大活动专项资金管理办法》，重点就政府主导型会展项目的资金使用标准等开展研究，进一步提高了会展发展专项资金效率；在此基础上，进一步推进政府主导型会展项目评估和绩效评价工作，并对宁波智慧城市博览会、浙江进口商品展、中国食博会、香港时尚购物展、宁波国际服装节等政府主导型会展项目开展评估工作；在市场化项目评估工作中，委托会计师事务所对办展企业及项目的绩效情况开展系统评估，并就会展项目的运作质量、进口展退免场租费等工作委托市内相关高校开展全面评估，有效提高了会展专项资金的使用效率。2016年，宁波市会展业发展专项资金共资助会展项目64项，累计资助资金1413万元，收到了较好的投入产出效果。

（3）加大会展服务协调力度。2016年，市会展办围绕解决会展业发展中的瓶颈问题，积极协调相关部门开展工作。一是与公安局等协调外地参展商展品运送车辆进入市区问题，以及安保公司的相关服务问题；二是与市招投标办公室协调组建会展评标专家团队问题，在市会展办、市会展协会的沟通协调下，得到市招投标办公室的支持，并责成市会展办、市会展业促进会推荐专家并开展相关的培训工作；三是与商务局等协调开展国际贸易展览区块的发展研究以及规划研究工作，并就国际贸易展览中心11号馆建设、宁波会展业“十三五”规划等问题，与市政府发改委、经信委、贸促会等部门互动交流，征求意见，取得发展共识。

（4）加大对会展市场的监督力度。2016年3月，市政府会展办根据多起实名举报情况，对部分会展企业在对外宣传和招展招商工作方面，违规使用未经备案、登记、审核的展会名称、展览内容，虚构或夸大主办单位、协办单位等情况进行调查取证，并对涉事的两家企业给予通报，责令有关单位深刻认识问题的严重性，切实引起重视，立即着手整改，维护了会展市场的规范性。

（三）围绕中心工作和重大战略提升会展业质量

2016年，宁波市会展业紧紧围绕智慧城市、跨境电商、智能制造、保险改革等系列国家战略、国家级改革试点等推进会展业发展，取得了较好的成效。

（1）努力推进会展项目转型升级。2016年，我市会展业的一个突出特点就是传统的会展项目与国家级试点项目和我市重大发展战略结合。2016年，智慧城市博览会以“创新、协调、绿色、开放、共享”五大发展理念为指引，以“荟萃智慧应用，建设智慧城市”的主题，围绕展览展示、主题论坛、新品发布会、项目签约等重要活动，谋划布局了智慧城市整体解决方案、智能制造、智慧应用、智慧健康、智慧教育、通信技术、物联网、网络安全、VR/AR（虚拟现实/增强现实）、“软件定义智能”等十大专业性展区。国内相关企业带来5G、云计算、大数据、物联网、移动互联网、人工智能、超感技术、奇幻技术、网络攻防技术等信息科技领域最尖端、最前沿的新技术、新应用的全方位展示。第二十届宁波国际服装节以创建“中国制造2025”试点示范城市为契机，将“时尚宁波，智造领航”作为年度主题，突出智能制造、电子商务等主题，先后举办了第二届中国服装智能制造高峰论坛及对接会、“一带一路”服装产业国际合作峰会暨对接会、中国“服装产业+互联网”论坛暨对接会等活动，紧密对接国家战略、国家试点等重大主题。第十七届中国国际机床装备展览会同期举行2016年宁波国际机器人、智能加工与工业自动化展览会、中国制造2025与浙江机器人产业（应用）发展高峰论坛，无缝对接中国制造2025试点和宁波智能制造主题，配合工信部“中国制造2025”战略规划，助推“浙江智造”“机器换人”制造业技术进步、结构转型和产业升级。

（2）做好重大项目的举办与保障工作。2016年，市会展业紧紧围绕中国-中东欧合作战略，智慧城市、智能制造、跨境电子商务等国家级试点，以及东亚文化之都等重大国际项目，认真做好相关服务及保障工作。一是做好中东欧国家特色产品展举办工作。2016年，展览面积达1万平方米，来自中东欧16国的200余家企业展出了各自的优势和特色产品。11月中旬，又举办了首届香港购物展，展会充分发挥组织、宣传、服务等方面的特色，取得较好效果。二是积极为2016年东亚文化之都活动做好保障工作。由宁波市人民政府、中华文化促进会、浙江省文化产业促进会联合主办的2016宁波特色文化产业博览会、2016东亚非物质文化遗产博览会，吸引力来自韩国、日本等城市代表及国内500多家文化企业参展。现场共设六大主题展馆，设文化名企展区、科技文化展区、特色文化产业园区展区、唐诗之路展区、台湾生活美学展区和儿童文创展区等特色展区，同期还举办东亚非物质文化遗产展，展览面积总计4万平方米。以主动融入“一带一路”建设为核心，以书香之城、音乐之城、影视之城三城建设为主要抓手，广泛开展丰富多彩的文化活动，深化拓展与日韩人文、经贸领域的全方位合作交流，确保东亚之都文化年系列活动取得明显效果。三是做好甬港会展业合作论坛举办工作。2016年10月上旬，甬港合作论坛在我市举行。本届论坛以“开放共享，合作共赢”为主题，开放扩大论坛平台，除宁波与香港两个城市之外，还首次邀请了台州、舟山、澳门共同参与。论坛紧紧抓住国家战略“一带一路”和长江经济战略的重大机遇，贯彻落实创新、协调、绿色、开放、共享的发展理念。以拓宽领域、提高层次、突出实效为方向，充分发挥“宁波帮”优势，着力加强全方位的务实交流与合作，实现五城优势互补、共同发展。市会展办、市会展业促进会根据市政府及有关部门的相关工作安排，积极做好相关服务和保障工作。

（3）积极引进培育新项目。2016年，市会展业围绕经济和社会发展的新形势，重点推进新题材项目的引进和培育工作。全市共培育引进新会展项目12项。2016宁波特色文化产业博览会以打造市场化、专业化、国际化的展会为目标，积极组织优质展客商资源，精心策划展会主题和展馆内容。华侨城集团、华强集团、华数传媒等全国重点文化名企、大丰实业、音王集团、新文三维、贝发集团、海伦钢琴、民和影视、宁波虚拟现实、韵升集团等宁波本土著名品牌等500余家企业参展；来自台湾、大陆的优秀设计机构、工艺研究发展中心、创意设计中心等同场竞技。展商总计3000人，展览面积4万平方米，90%的展位将以特装形式呈现。定向邀请专业客商2万余名，拟签约项目47个，项目总额达50亿元，主要涉及影视、文创、科技、休闲、旅游等文化产业。中央、省级及台湾地区的多家媒体都对2016宁波特色文化产业博览会的开幕做了大量专版专题报道；首次举办的2016香港时尚购物展，以生态环保产品为主打，共展出73家台湾企业的137项特色创新产品，受到客商的关注，三天展期共有15万人入场观展，对我市会展企业产生较大影响。第三届中国机器人峰会暨全球海归千人宁波峰会，以“人机融合，让机器人更智能”为主题，开设机器人大讲堂、技术分论坛等，就大家密切关注的机器人发展大势、制造业转型升级等话题交流探讨，取得较好的效果。

（四）系统推进会展服务体系建设

2016年，市会展办结合全市会展业发展的实际需要，系统提升会展业服务质量，为会展业发展创造有利条件。

（1）系统推进行业协会建设。2016年，市会展办将推进行业协会建设作为会展业工作的重要组成部分，年初举行了会展业促进会换届选举，进一步明确了会展业促进会的职能和工作方向，支持推进协会做好服务工作。新一届协会明确了在发展中创新服务水平的工作目标。一年来，结合中央文件精神，积极推进政府部分职能向协会转移，发挥协会在行业发展中的重要作用。会展办先后多次组织召开会展业促进会相关会议，对具体的工作进行指导；指导市节庆工作联合会围绕全市节庆工作做好相关服务工作；市会展业促进会先后组织开展宁波会展设计大赛、参与支持东亚文化之都活动、完成宁波地方志会展板块的编写工作，做好志愿者服务体系建设、会展从业人员培训等工作，积极履行行业协会的协调、自律、服务等功能。在此基础上，积极推进促进会参加社会组织评级工作。

（2）大力提升会展信息服务水平。结合互联网背景下新媒体建设，创新会展宣传和服务手段，提升会展服务质量；2016年，注册开通了宁波会展公众信息号，增设会议助手等互动服务平台，优化了促进会的服务以及与会员单位的沟通渠道；积极促成中国－中东欧国家投资贸易博览会官方网站在宁波开通。该网由三大块构成，包括信息资讯、参展参会服务、在线互动。其中，在线互动方面，有“在线咨询”，实现了人机互动，通过在线咨询，能为客商及时解决疑难问题。余姚会展业加强与慧聪网的合作，积极推进项目、网络服务等方面的全面提升。

（3）指导推进会展教育科研工作。市会展办及相关企业积极支持指导会展教育科研创新，先后组织产学合作论坛、会展行业座谈会等，引导高校及科研院所加强对会展产业的研究和人才培养工作。2016年，我市相关高校积极参与会展业服务与创新工作，取得了可喜的成绩。在2016年4月举办的中国会展经济研究会年会上，宁波城市职业技术学院获得“中国会展优秀院校称号”；浙江万里学院、宁波城市职业技术学院、浙江纺织服装学院、宁波大学、宁波工商职业技术学院等院校学生还先后为中东欧特色商品展、宁波车博会、宁波国际服装节、宁波智慧城市博览会等提供志愿者服务3000余人次，确保了我市大型会展活动志愿者服务工作质量；浙江万里学院会展经济与管理专业与摩米创新工场有限公司联合成立了摩米科技产业园，重点开展科技成果的展示与推介工作。此外，“会展经济与管理专业应用型人才培养的理论研究和实践探索”获浙江省教学改革建设立项，“专业综合改革的理论研究和实践探索”获浙江省教学成果二等奖，会展经济与管理专业入选宁波市创业型专业建设经典案例等。以浙江万里学院会展学科作为核心方向的应用经济学学科获得浙江省一流学科立项建设，会展经济与管理专业再次蝉联艾瑞森校友会《2016 年中国大学排行榜》会展本科专业首位；会展专业负责人主持的《会展策划与管理》教材被列为国家教育部旅游教学指导委员会规划教材；为评比、交流和奖励宁波会展业优秀展览展示案例，推进我市展示设计、展台搭建、会议节庆环境设计布置以及会展组织管理能力水平提高，市会展办、市会展业促进会、浙江纺织服装学院还联合举办“2016 宁波展览展示（实例）大赛”。在提升宁波会展业科研水平的同时，也进一步扩大了宁波会展教育科研和服务经济工作的国内外影响。

（4）推动做好会展项目评估工作。2016 年，市会展办、市会展协会、市会展经济研究所合作推进对全市会展项目的系统评估工作。为科学、规范做好会展项目的绩效评价工作，市会展经济研究所结合实际不断创新会展项目评估体系，先后提出“万平方米客商滞留时间”“展品吸引力测算方法”等全新的会展项目评价指标，并在会展评估的实际工作中得到应用，使评估工作进一步科学化。结合落实会展政策奖励经费等工作，会展业促进会组织专业人员，对宁波智慧城市博览会、进口商品展、食品博览会、香港时尚购物展等项目开展评估工作；相关尝试也为 2017 年全面推进会展项目评估工作奠定了坚实的基础。

（五）积极推进国内外会展业合作发展

2016 年，全市会展业积极推进与国内外会展城市、会展机构开展合作，提升会展业发展的国际化、区域化水平。

（1）做好长三角会展专业委员会的相关工作。2016 年，长三角会展专业委员会进一步推进区域合作，提升会展专业委员会在区域会展业发展中的特殊作用。一是服务工作不断拓展。专委会先后承担第七届中国芜湖科普产业博览会的评估工作，承担诸暨会展中心建设的可行性研究及相关规划工作。其中，中国芜湖科普博览会在国内率先提出“会展监理”概念，聘请我市会展专家担任项目监理，全程参与会展项目的策划、管理和服务工作。二是专委会体系逐步完善。专委会秘书处结合专委会工作任务，系统做好专家委员会的建设工作。2016 年新增专委会专家 9 人，累计达到 21 人，基本覆盖长三角主要会展城市。三是不断创新工作方式。先后完成《长三角会展业发展报告》的撰写和长三角会展指数的测算工作，初步形成较完善的会展产业数据库系统。为配合长三角协调会成立 20 周年，会展专委会还完成了专委会大事记编写等工作。在 12 月 7 日举办的长三角协调会年度工作会议上，专委会就三年来的工作开展系统汇报，受到长三角协调会成员城市的一致好评。

（2）积极参与国家、省有关部门的工作。在做好全市会展工作的同时，市会展办及相关机构还进一步加强与国家商务部、中国会展经济研究会、省商务厅、省会展协会、省会展学会、省会展标准化技术委员会的联系和交流。一是积极参与国家层面的相关工作。2016年6月，我市专家参与了商务部组织的会展业发展专题座谈会，就“十三五”期间会展业发展发表相关意见；我市专家还作为核心成员参与《2016年中国会展业发展报告》的起草工作，该报告在2016年北京服交会上由商务部发布；2016年12月，市会展办、市会展协会和市会展经济研究所参与了中国会展经济研究会沈阳年会，市会展办领导还在会上作专题发言；2016年9月，我市还派人参加全国城市会展联盟年会等。二是积极参与省会展协会、学会的相关工作。其中，中国会展经济研究会县域会展工作委员会、浙江省会展学会还在余姚举办专题研讨会，就县域会展经济的发展开展深入研究。三是积极参与省会展标准化技术委员会的工作。其中我市专家参与起草的《展览工程企业资质等级评审管理标准》已正式发布，主持起草的《浙江省会展项目评估标准》也已上报浙江省会展行业协会。

（3）积极推进会展业合作发展。2016年，市会展主管部门、行业协会还结合会展业“十三五”规划等，积极开展调研工作，先后走访了南宁、成都、厦门、大连、青岛等十余个主要会展城市，就会展业发展思路、主要项目管理与服务、会展产业基金、会展业推进自贸区建设、会展场馆建设等问题开展系统调研。在会展项目层面，相关主办单位也积极探索国际合作新途径。此外，市会展办、市会展业促进会、市会展经济研究所等还多次参与相关城市会展业发展的工作，并在思考围绕我市做好中国－中东欧特色商品展的相关工作，进一步推进与东盟博览会、南亚博览会、亚欧博览会、中阿博览会、中俄博览会等国内大型区域性国际会展项目的主办城市政府主办部门开展合作，提升中国－中东欧特色商品展的办展质量和国内外影响力。

（六）指导支持县域会展业发展

2016年是我市县域会展业发展的重要一年，宁海县会展中心正式投入使用，并取得了较好的成效。

（1）县域会展得到快速发展。2016年，我市相关县区结合自身特点，积极推进会展业创新提升工作。余姚市先后出台制订了《余姚市会展业“十三五”（2016～2020年）发展规划纲要（草案）》和《余姚市中塑国际会展中心管理服务指南》，进一步明确下一步发展思路和目标，同时也对完善会展场馆的服务工作奠定了坚实的基础。宁海县组建会展管理中心，由原来以节庆为主体的大型活动管理逐步向产业管理转变，进一步推进会展业的快速发展；慈溪市大力推进以家电展为核心的会展项目创新工作，逐步形成较为完善的发展体系。此外，象山、奉化等县市也结合自身的特点，积极推进特色节庆活动和大型会议活动举办工作。

（2）县域会展品牌影响力不断提升。2016 年，经过不懈的努力，中国（余姚）国际塑料博览会正式获得 UFI（全球展览业协会）认证，成为我市第 3 家获得 UFI 认证的展会。此外，余姚市中国塑料城展览有限公司作为“展会承办单位”正式成为 UFI 会员。结合浙江省举办经济管理经典案例大赛活动，我市高校、政府主管部门、企业合作开展案例项目推选工作。由浙江万里学院、宁海会展管理中心、余姚机器人峰会组委会等推荐了“从徐霞客游记到中国旅游日——宁海开游节的文化嬗变”“余姚机器人峰会——智能制造背景下宁波会展业的探索与实践”等案例项目。

（3）县域会展研究工作扎实推进。中国县域会展研究余姚基地评审验收会 8 月 24 日在余姚举行。余姚市副市长卢建国、中国会展经济研究会学术指导委员会常务副主任陈泽炎、宁波市会展办副主任张幸迩等出席。验收组认为，经过 3 年的基地建设，余姚已经成为县域发展会展经济的示范和榜样。从规划、管理、政策、机制、市场、交流平台等方面都取得较大的成效，形成系统规范的体系，也取得了明显的成效，形成中国塑博会、慧聪家电展、中国机器人峰会等品牌项目，一致通过基地验收。该基地也是国内首个通过验收的县域会展研究基地。

（七）努力扩大会展业对外影响

2016 年，市会展办等相关部门，在做好相关工作的基础上，系统推进对外合作宣传工作，逐步扩大会展业的影响。

（1）不断扩大宁波会展业对外影响。2016 年 6 月，浙江省商务厅在杭州召开全省党政机关展览项目交流会。会上，宁波市会展办主任张幸迩做了题为“宁波市政府主导型会展项目分析”的信息分享。在分析宁波市会展项目的发展趋势的基础上，从制度创新、管理创新和结构创新三个方面，介绍了我市会展业发展的整体情况，并就政府主导型会展项目转型升级、重大项目资金管理、会展项目管理创新等方面做了重点介绍。我市的相关探索受到省商务厅张钱江厅长和综合处方晓处长的充分肯定。市会展办、市会展业促进会还结合主体培育、项目创新、国际合作等需求，与北京振威展览、上海米奥兰特国际会展等上市企业探讨合作事宜。

（2）积极推进志愿者服务体系建设。12 月 1 日，第 31 个“国际志愿者日”来临之际，第三届中国青年志愿服务项目大赛暨志愿服务交流会在宁波国际会展中心拉开帷幕。本届赛会旨在通过打造志愿服务项目展示、资源配置、组织交流、文化引领于一体的全国性志愿服务综合平台，推进志愿服务项目化运作、社会化动员、常态化发展，提升志愿服务在促进社会治理大局中的服务成效和水平。开幕式由团中央书记处书记尹冬梅主持，团中央书记处第一书记秦宜智、中国载人航天工程办公室副主任杨利伟、浙江省副省长熊建平、宁波市委副书记余红艺等出席。开幕式后，与会领导同志及嘉宾进行巡展，现场观摩志愿服务项目，并和优秀志愿服务项目代表进行交流互动。

（3）进一步加大会展产业对外宣传工作。市会展办围绕提升、推进会展业，积极开展对外宣传工作。一是通过参加国内高层次会展活动，系统介绍宁波市会展业发展的情况、政策优势和环境优势，积极吸引国内外会展企业和办展机构到宁波办展参展；二是大力发挥会展网、会展协会、会展研究所等平台的作用，通过举办高端会议论坛、召开小型研讨会、承办国家和省有关会展业相关活动等，加大国内外会展业对宁波的了解；三是通过电视台、报纸和新媒体等手段，进一步宣传宁波市的会展项目、会展服务等，今年再次举办“会展媒体宁波行活动”，并结合城区、县区会展业发展开展调研和研讨工作，为全市吸引国家高端会展项目到宁波举办、招徕国内外展客商营造氛围创造了有利条件。

二、2017 年全市会展业面临的机遇和挑战

2017 年是宁波市会展业向纵深发展的关键之年。展望“十三五”时期国内外宏观环境和会展业发展趋势，宁波会展业发展既面临重要的发展机遇，又面临激烈的竞争挑战。

（一）发展机遇

（1）国际趋势。随着“一带一路”经济区战略的全面推进，加强与“一带一路”沿线国家合作是会展业发展的大趋势。亚投行建设、国际货币基金组织执董会决定将人民币纳入特别提款权（SDR）等都有利于国内会展企业走向世界，提升会展业的国际化水平。中国作为世界上消费最活跃的国家，在国际会展机构抢占亚洲会展市场的过程中具有举足轻重的作用。宁波作为外向型经济城市展会，拥有世界大港的资源优势，在客观上为全球会展业向中国、尤其是长三角地区转移创造了良好的条件。

（2）国内机遇。“十三五”是中国经济发展的重要战略机遇期。深化改革、创新驱动、简政放权，将释放出巨大的内需潜力，也有助于会展业全面发展。国务院《关于进一步促进展览业改革发展的若干意见》明确展览业经济、社会、文化、生态功能定位，为会展业进一步扩大影响、提升质量提供了有利的条件。浙江省人民政府办公厅《关于进一步促进展览业发展的实施意见》将宁波市定位为展览品牌城市，并提出余姚等产业特色鲜明、发展基础较好的县区要重点发展区域特色专业展。这些定位与指导目标，也将对我市会展业发展带来积极的推进作用。

（3）区域优势。长三角区域是国内会展业最发达的区域，上海国家会展中心建设为已初步形成国内大型会展项目逐步向长三角地区转移的态势，这种“虹吸”现象必将对系统提升长三角会展业的整体实力、品牌价值带来积极作用。宁波市是长三角副中心城市，具有海洋区位资源、港口设施资源、特色产业资源、

文化资源、市场资源等竞争优势；浙江省将宁波市列为品牌展览城市，也进一步确立了我市在浙江省会展业中的重要地位；长三角城市经济协调会会展专业委员会设在宁波，也为宁波市整合长三角会展资源，促进会展业跨越式发展、创新发展创造了便利条件。

（二）面临挑战

（1）国际挑战。当前世界经济的总体增长速度趋缓，局部地区不稳定的因素增多，既不利于企业参展，也不利于办展企业拓展国际市场。美国全力推行跨太平洋伙伴关系协议、德国提出工业 4.0 战略，国际贸易规则和国际技术标准的变化、国际贸易保护主义强化与全球贸易规则重构相交织，也将对会展国际化带来一定的障碍。

（2）国内挑战。当前中国经济处在“增长速度换挡期、结构调整阵痛期、前期刺激政策消化期”三期叠加阶段，向“新常态”过渡阶段各种不稳定、不确定因素依然较多，经济发展面临严峻的挑战，将在一定程度上影响会展业快速发展。互联网经济虽然有助于会展业的信息传播和网络服务体系构建，但对实体会展经济也将带来一定的冲击，形成会展项目空心化现象。

（3）区域挑战。上海国家会展中心建设、区域城市一体化对宁波服务业的冲击间接影响会展业发展。上海自贸区建设、杭州大力发展电子商务产业、2016 年杭州 G20 峰会、世界互联网大会的成功举办，对长三角区域会展业发展的格局带来一定的影响，杭州新场馆落成投入使用、杭州申办 2022 年亚运会带来的相关影响等也将在一定程度上给宁波会展业的发展带来竞争压力。

（三）自身薄弱环节

与此同时，我们也应清醒地认识到发展中存在的问题和不足：一是从宁波会展业自身发展看，相关部门对宁波发展会展业、打造区域性国际会展之都的重要意义和作用认识不足，支持和服务于会展业发展的动力不足，导致会展产业地位逐步降低；二是会展服务体系存在薄弱环节，场馆的建设已经落后于国内同类城市，会展场馆的面积已经无法满足会展业快速发展的需要，专业会展场馆的门禁系统、停车系统、会议设施等配套体系也有待进一步完善，综合服务保障能力有待提升。此外，我市国际航线发展相对薄弱，统计评价体系有待创新，都将对会展业发展带来不利影响；三是会展主体总体实力偏弱，国际化程度偏低，在国内已经落后于会展上市企业和跨国合作企业，也难以与国际知名会展机构、品牌企业开展合作；四是展会的规模和质量还存在一定问题，缺少在国内有影响的会展项目，展会普遍存在消费展会多、贸易展会少，展商多、客商少，普通观众多、专业采购商少，国内客商多、国际客商少等问题；五是会展从业队伍整体素质不高，大多数从业人员是从其他行业转入会展业，缺乏系统学习和专业培训；会展人才培育引进也尚未取得突破等。这些都急需在新的一年里加以认真研究解决。

三、2017 年宁波会展业发展目标与主要工作

2017 年是宁波市会展业向纵深发展的关键一年，也是全市会展业励精图治、再创辉煌的关键一年。“一带一路” 经济区战略、浙江省海洋经济纳入国家战略等将对会展业的发展带来有利时机，也将对全市会展业的发展带来重要的推进作用。2016 年，我市进行了行政区划的调整，江东区与鄞州区的主要区域整合成为新的鄞州区，中心城区的会展产业布局和管理体制发生了较大的变化。此外，奉化撤市设区，也在一定程度上改变了市区会展业的格局，这些都有待于在新的一年里，结合全市会展业的发展不断优化和创新。

（一）发展的基本思路

2017 年，全市会展业将紧密围绕 “十三五” 规划，以转型升级为切入点、以优化项目结构为着力点、以品牌化国际化为突破点，进一步完善管理体制、加强基础设施建设、优化会展产业政策、提高会展产业的综合竞争力，实现全市会展业提质提能、创新发展。

（1）坚持品牌战略。要集中优势资源，重点发展对宁波市经济和社会发展具有重要影响的大型专业性会展项目和国际化会展项目；要大力推进会展产业的国际化水平，努力打造有较大影响力的国际会展项目。

（2）坚持市场战略。要进一步推进政府主导项目市场化运作的力度，严格控制政府主导型会展项目，鼓励企业参与组建大型会展机构，为会展业发展注入活力，发挥资本和市场在经济发展中的主要定位和决定性作用。

（3）坚持服务战略。要进一步优化服务体系、提升服务质量，营造和谐发展的产业环境；要激发行业协会和社会组织的活力，充分发挥行业组织在产业发展中的作用，系统提升会展产业服务质量。

（4）坚持创新战略。要重视会展业在提升产业竞争力、塑造城市形象、拉动产业消费、搭建城市合作交流平台等方面的重要作用，创新发展思路、探索发展渠道，进一步发挥会展业在经济和社会发展中的特殊作用。

（二）全市会展业发展目标

2017 年，全市会展业将紧密围绕全市的中心工作，系统实现会展产业的转型升级、进一步推进政府主导型会展项目市场化运作、进一步优化会展产业政策、全面提升会展项目的整体质量和品牌竞争力。在此基础上，进一步扩大会展业的国内外合作交流，加大会展业对外宣传力度，促进会展业发展迈上一个新的台阶。具体目标包括：

（1）全市会展项目的总量将稳定在 310 个左右。其中，展览项目 190 个，大型会议论坛项目 80 个，节庆活动 40 个。

（2）全市展览项目面积稳定在 210 万平方米。

（3）吸引市外展客商及参加节会活动人员 700 万人次。

（4）吸引境外展客商数量 20 万人次。

（5）实现会展产业总产值 700 亿元。

（6）为社会提供就业岗位 22 万个。

（三）主要工作建议

为进一步做好 2017 年全市会展工作，使之成为全市经济和社会发展的重要组成部分，特提出如下工作建议。

（1）重视品牌项目的培育和提升。要充分抓住“十三五”规划的关键节点，系统提升全市会展业的地位和发展格局。在发展战略方面，要结合 G20 峰会、世界互联网大会等，重视大型国际会展活动在国家主场外交、公共外交中发挥的特殊作用，做好中国中东欧博览会的举办工作，进一步提升我市在国家中东欧战略中的特殊地位，促进宁波成为国家中东欧合作战略支点城市，使这一难得的国家对外合作资源成为宁波市提升城市地位、扩大国际影响的重要平台；在品牌培育提升方面，要重视结合城市经济社会发展的优势，发挥会展业在促进城市文化产业发展、提升城市品质、拉动城市消费方面的作用。结合海洋、文具、服装、家电、机械等产业优势，重点培育一批在国内外有较大影响的品牌会展项目；在新项目策划方面，要有敢为天下先的创新意识，结合我市的特色资源和前期工作基础，谋划重启以海洋为主题的世界博览会的申办工作，争取以最小的投入，博得最大的产出；要加大会展业国内外合作的力度，重点加强与香港、澳门的合作，推动宁波品牌展会转型升级。同时围绕国家试点工作，探索推进智能制造、金融保险、新材料、新能源、海洋港口经济等项目的创新提升。

（2）重视会展主体的培育工作。要顺应当前国内外会展企业规模化、国际化趋势，做好会展主体的培育工作。一是要通过整合资源等方式，争取组建 1～2 个规模较大的会展企业，并争取在条件成熟时推进上市工作；二是加强与国内外实力较强的会展企业合作，争取通过项目合作、服务合作等方式，引进先进的管理理念，提高我市重点会展项目的运营质量；三是要通过创新运作模式，加大支持力度，逐步在现有的会展企业中培育 2～3 个具有一定实力的品牌企业，支持其开展 UFI 认证及国际合作等，提高我市会展主体的国际影响力和综合竞争力。

（3）重视会展基础设施及配套服务的完善。在全市层面，要重视会展产业一盘棋的思想，形成市区、县区有机结合的会展产业发展体系；在基础设施方面，要积极谋划新场馆的建设和老场馆的完善工作，争取能够拥有满足国内大型会展项目举办的高层次会展场馆；借助我市筹建航空公司和机场扩建的有利时机，拓展国际航线，优化国内外交通环境；在配套服务方面，要整合公安、交通、消防、卫生等部门的资源，解决安保、交通、搭建、食品卫生等方面存在的实际问题，优化全市会展业发展环境。

（4）优化完善政府管理体制。在机构方面，应结合我市实际，进一步谋划体制改革创新提升政府主管部门的职能，强化工作队伍实力；在政策方面，要优化政策扶持体系，集中力量扶持对全市经济和社会发展有较大影响的专业类会展项目；在管理方面，要在系统推进会展业“十三五”规划落实实施的同时，适时完善会展业管理办法，指导制定相关的行业标准。在系统创新政府主导型会展项目的举办工作中，逐步形成政府牵头、市场化运作的格局，推进政府主导型会展项目的转型升级、创新发展；在公共服务方面，要系统推进会展项目的评估工作，协调有关部门进一步优化场馆安保、外地车辆进馆交通等方面的工作。

（5）重视会展服务体系建设。要充分发挥会展业促进会的自律、协调、服务等作用，营造良好的会展产业环境。支持会展业促进会参加民间组织评级工作，并争取获得五星级行业协会；要发挥市会展经济研究所、长三角城市经济协调会会展专业委员会的作用，在认真协调长三角城市会展业发展的同时，系统开展会展业发展的相关研究工作，在完成 2016 年《长三角会展业发展报告》的编撰工作和“长三角城市会展业发展指数测算”工作的基础上，进一步探索制订面向长三角的会展项目评估、会展企业评级和会展项目评级标准，借助长三角会展专业委员会平台，提升宁波会展业在区域会展业发展中的特殊作用；支持鼓励浙江万里学院会展经济与管理专业、宁波城市职业技术学院会展策划与管理专业、浙江纺织服装职业技术学院艺术设计专业等申报浙江省特色专业、宁波市创业型专业建设，加强与国内会展行业组织和大型会展企业合作建设会展行业学院，探索会展人才培养的新理论、新方法核心途径，为全市会展业发展提供人才支撑；推进宁波市会展大数据实验室建设，发挥会展统计、评价、拉动作用测算等工作的作用，为全市会展业发展提供服务保障。

（6）加强宣传扩大产业影响。要充分发挥我市会展业的前期工作基础，借助我市筹建电视上星计划，设立会展频道的有利时机，同时紧扣杭州后 G20 时代、乌镇世界互联网大会等特色会展活动，借助“一带一路”战略和国内会展产业中心向长三角地区转移的契机，进一步加大会展业的对外宣传工作，尤其要重视国外的宣传工作。在此基础上，也要充分发挥互联网背景下产业发展的特点，充分发挥网络会展、远程服务、会展 APP 系统的作用，全面提升会展业的信息化水平和现代化程度。

第二章

长三角区域合作开展的相关工作研究

2014 年 3 月 30 日，在盐城召开的长三角城市经济协调会第 14 次市长联席会议批准设立长三角会展专业委员会，并由宁波市政府牵头组建。会展专委会设立以来，认真贯彻“合作、服务、提升、共赢”的工作思路，坚持以项目服务为切入点，以专家委员会建设为突破点，以制度规范建设为着力点，以服务城市会展业发展为增长点，系统性推进专委会工作建设。现将有关工作汇报如下。

一、强化基础建设

2014 年 3 月批准设立至今，会展专委会共吸纳上海、南京、杭州、宁波、合肥、温州、嘉兴、台州、绍兴、金华、苏州、无锡、镇江、南通、扬州、芜湖、马鞍山等 17 个成员城市的政府会展业主管部门加入专委会。在各城市会展主管部门的大力支持下，专委会重视基础建设，努力搭建工作平台、完善工作机制、提升专委会的服务能力。

（一）搭建工作平台

完成了长三角会展专业委员会网站、长三角会展专业委员会微信群、QQ 群，长三角会展专家委员会微信群、QQ 群建设。与上海东华大学等联合创建了活动策划家、长三角会展专委会两个微信公众号；专委会通过两个公众号先后发布 100 余条专业信息和相关的会展业应用研究文稿，两个微信公众号都一度达到 500 人的最大容量，受到业内人士的高度关注。

（二）规范制度建设

会展专委会成立以来，先后完成了《长三角城市经济协调会会展专业委员会章程》《长三角城市经济协调会会展专业委员会资金使用管理办法》《长三角城市经济协调会会展专业委员会秘书处工作守则》《长三角城市经济协调会会展专家委员会工作制度》等相关管理制度，对专委会的日常管理、经费使用、专家遴选与退出、项目申报与管理等作出明确规定。

（三）完善工作机制

专委会先后完成专家委员会工作机制、专委会年度工作会议机制和教学联席会议机制的建设，并通过组建以成员城市高校教师为核心的专家团队，通过发挥专家团队间的合作，推进专家参与、服务城市会展业，探索一条可持续发展的运作模式。

（1）会展专家委员会体系。会展专委会重视工作机制的建设，初步形成一支涵盖主要会展城市的专家队伍，并聘请业内顶级专家担任专家委员会的特聘专家。专委会充分发挥专家熟悉所在城市会展业情况，有理论和实践基础等优势，拓展会展合作服务网络。

（2）产业合作体系。会展专业委员会在加强与城市会展业主管部门合作的同时，也通过参加会议、提供培训讲座、提供评估规划等服务手段，进一步密切与会展行业协会、会展场馆和主营企业的合作，先后与上海市会展行业协会、江苏省会展行业协会、浙江省会展行业协会等省级会展行业协会，杭州市会展行业协会、宁波市会展业促进会、苏州市会展行业协会、温州市会展行业协会、嘉兴市会展行业协会等地市级会展行业协会，以及海宁市会展协会、温岭市会展协会、余姚市会展协会等县级会展行业协会的合作。

（四）构建沟通交流机制

3 年来，专委会重视通过举行各类会议和活动，强化城市间会展业各层面的沟通交流，推进城市间会展业合作发展。

（1）召开两次专委会工作会议。先后于 2014 年 9 月 25 日和 2015 年召开两次会展专委会工作会议。其中第一次工作会议在举行专委会成立仪式的同时，重点就专委会章程、工作计划、工作机制等开展研究落实；第二次专委会在交流工作的同时，还举办了长三角会展业合作发展专题论坛，邀请中国会展经济研究会会长袁再青、中国城市会展联盟理事长郑智，就落实国务院《关于进一步促进展览业改革发展的若干意见》作专题报告，并组织参会人员参观了在宁波国际会展中心举办的台湾名品展；专委会也在与扬州市会展业主管部门沟通，计划结合推进 2021 年扬州（仪征）世界园艺博览会的相关工作召开第三次工作会议。

（2）承办会展专题工作会议。专委会结合会展教研、县域会展、会展场馆、会展标准化等主题，积极主办承办相关会议，推进城市间沟通交流。2014 年承办了浙江省会展教育科研工作会议，省内有 19 家开设会展专业的高校教师参加；2015 年承办了中国县域会展经济高峰论坛，来自国内 12 个县域城市会展业政府主管部门的领导、专家学者、企业家参加论坛；2016 年参与承办了中国场馆建设合作论坛，有来自国内 40 余家会展场馆的负责人参加；2016 年 11 月 25 日承办中国会展标准化高峰论坛，邀请中国会展经济研究会、浙江省技术监督局综合处处长、浙江省标准化研究院院长等出席，并就贯彻落实习总书记在第 39 届世界标准化组织大会上的讲话开展学习、贯彻和落实。

（3）召开会展教育工作论坛。会展专委会充分发挥专家委员会成员的合作机制，巡回组织4次长三角会展教育科研工作的相关会议。2014年4月26日承办浙江省会展教育论坛，邀请上海、浙江、江苏、安徽等省市会展专业教师参加；2014年5月27日参与浙江传媒学院承办长三角会展专业负责人会议，除长三角和国内其他部分省份的高校教师外，还邀请美国、新加坡、澳门等境外高校专家参加；2016年5月14日参与承办泛长三角会展教育发展论坛，由专委会专家所在单位浙江农业商贸职业技术学院举办；2016年11月12日召开中外会展合作发展论坛，来自上海、澳门、浙江、海南、广东、安徽等省份的多所高等院校的近50位专家学者出席本次会议。

（4）举办会展教师备课会。2015年7月16日、2016年先后在杭州、宁波举办两次联合备课会，就会展策划、会展管理两门课程教学工作开展研讨。来自长三角16所本科院校的23名专业教师参加了备课会。专委会秘书长任国岩主持会展策划课程备课会，会展专委会专家李刚副教授主持了会展管理课程备课会。通过集体备课活动，规范了课程教学内容和标准，实现了教学资源共享。

（五）加强专委会之间的交流合作

会展专委会重视多角度、多层面与创意专业委员会开展合作。2015年11月8日，会展专委会作为协办单位参加2015上海世界创意经济峰会国际论坛的相关工作，并担任《创意经济与管理》杂志编委，通过多种渠道与专委会秘书处开展交流；2015年参加健康专业委员会的成立大会，并就参与扬州2021年世界园艺博览会工作加强与健康专业委员会的沟通交流；还先后参与新型城市化、品牌专委会的相关会议。

二、完善体系建设

3年来，专委会重视构建长三角会展业的制度和标准体系，通过制订行业相关标准、开展标准化试点、推广绿色会展等来推进区域会展业转型升级、规范发展。

（一）完善区域会展业服务标准及规范

专委会成立以来，先后完成《展览馆运营服务地方标准》《会展项目评估地方标准》《会展业服务规范》《宁波市重大活动项目经费使用管理办法》等标准的起草工作。前三个项目都获得浙江省技术监督局的立项，后一个项目获得宁波市财政局立项，其中《浙江省展览馆运营服务地方标准》和《宁波市重大活动项目经费使用管理办法》已正式发布。下一步计划通过专委会平台在长三角各城市推进。此外，还结合宁波国际服装节、芜湖科博会、嵊州电机展等项目评估工作形成了政府主导型会展项目绩效评价标准等。

（二）推动会展产业品牌建设工作

结合标准建设，专委会还积极推动长三角区域会展品牌建设工作。2015年、

2016年先后两次与浙江省会展行业协会、浙江省会展标准化技术委员会开展会展品牌企业、会展品牌项目、品牌会展场馆的评比工作。今年正在着手推进长三角县域会展城市试点、长三角会展企业评级、长三角会展项目评级等工作。同时结合中国会展经济研究会统计工作委员会发布的标准，完成长三角会展城市指数测算工作。

（三）推进会展标准化试点工作

根据国家标准化委员会的工作建议，长三角会展专业委员会联合浙江省会展行业协会、浙江省会展标准化技术委员会等，共同推进会展标准化试点工作。迄今为止，共有12个会展场馆、32家会展企业参加会展标准化试点工作。此外，还联合浙江省会展行业协会、浙江省会展学会，分两批发布40个跨城市会展实践教学标准化基地建设，为解决学生实践教学创造条件。

（四）积极推进会展项目合作

作为主办单位、支持单位参与全国卫生产业企业协会“长三角健康生活方式展览会（巡展）”“长三角品质生活展”的组织和服务工作。创建并推进“会展项目监理”工作机制，专委会先后被中国（芜湖）科普产业博览会、宁波国际服装节、余姚中国塑博会等聘为会展项目监理，全程参与会展项目的监管和指导工作。

三、积极推进相关服务工作

专家委员会本着研究、服务相结合的原则，在系统推进长三角会展业合作发展理论和方法研究的基础上，努力开展相关的服务工作。

（一）依托重大项目开展服务

重点围绕杭州G20峰会、乌镇世界互联网大会、中国中东欧部长论坛及特色商品展等重大项目，组织专委会专家联合开展工作，多种手段提升区域会展业合作水平。

（1）积极参与杭州G20峰会相关工作。杭州G20峰会举办前夕，专委会秘书长及多名专家先后为浙江传媒学院、浙江育英职业技术学院、浙江工业大学等志愿者提供会展专业知识培训；此外，还为宁波市护航G20志愿者举办会展知识专题讲座，为参加G20接待工作的浙江农业商贸职业技术学院、浙江万里学院、嘉兴学院等学生开展会展专题讲座。其中，浙江万里学院杨岚迪等3名同学因工作受到认可，已被杭州奥体博览中心管理公司（杭州G20峰会主场管理服务公司、北京北辰集团杭州分公司）正式录用。此外，专委会专家还多次参与杭州市政协、杭州市会展办举办的杭州G20峰会对提升杭州城市国际竞争力的作用研究等专题研讨会，其中提出的G20对提升杭州城市国际竞争力的六大影响的观点受到市政协相关副主席张鸿建的高度认可。此外，还为宁波市政府派出参与服务

G20 的外事办等工作人员讲授会展服务的相关知识、参与市旅游局 G20 特惠旅游护照设计等。

（2）参加世界互联网大会志愿者培训工作。连续三届乌镇世界互联网大会，都有会展专家委员会专家参与培训、服务等工作，其中包括相关专家对所在院校学生申报志愿者前期的培训，也包括多位专家参加了共青团浙江省委组织的志愿者培训工作。很多志愿者先后参加 G20 峰会和世界互联网大会的服务工作，浙江传媒学院、浙江育英职业技术学院更是多次参加世界互联网大会的志愿者服务工作。

（3）参加中国中东欧论坛策划服务工作。中国中东欧合作峰会及中东欧特色商品展就是专委会秘书处所依托的平台——宁波市会展经济研究所倡导下，市政府有关部门积极向国家商务部提出申请获得承办权的。在论坛和展会的策划过程中，专委会专家都发挥了十分重要的作用。此外，专委会专家也承担了志愿者的遴选和培训工作，并积极促成与东盟博览会、南亚博览会、亚欧博览会、中阿博览会、中俄博览会等主办单位联合成立“中国区域性国际会展项目合作联盟”，拓展国际合作的范围和领域。

（4）谋划推进参与世界园艺博览会工作。结合扬州（仪征）成功申办 2021 年世界园艺博览会，积极谋划推进长三角城市参与世界园艺博览会的相关工作，现正积极与相关部门沟通联系。这也将是下一步专委会工作的重点之一。此外，专委会还计划推进宁波与舟山等城市合作，联合开展以海洋、港口为主题的世界博览会申报工作。

（二）围绕产业需求开展相关服务工作

专委会成立后，结合各个城市会展业发展的需要，积极推进城市会展业发展可行性研究、会展项目可行性分析、会展产业规划、会展项目评估、会展产业政策制订等开展工作。

（1）会展产业规划类。专委会专家在主持完成《宁波市会展业“十三五”发展规划》制订的同时，还与专委会专家一起，主持《余姚市会展业“十三五”发展规划》，《诸暨会展场馆建设发展规划》的编制工作；参与温州市、义乌市会展业“十三五”发展规划的制定工作。

（2）会展项目评估类。除主持承担宁波市会展项目评估外，先后 2 次主持承担中国（芜湖）科普产业博览会的评估工作；主持浙江省科技成果展、温岭泵与电机展、嵊州机电博览会等项目的评估工作；2015 年 3 月，专委会秘书长应邀参加了杭州市会展办西湖博览会年度项目的评估工作；2014 年 11 月，专委会秘书处承担了浙江省科技厅技术交易成果展、嵊州机电产品博览会评估等工作。

（3）会展培训讲座类。会展专委会专家还多次为企业开展培训讲座工作，包括为温州家博会、杭州西博会汽车展的参展商、客商就会展项目的评估等开展专题讲座，为杭州白马湖会展中心、浙江展览馆等员工举办场馆营销专题培训，为南京市人事局举办长三角会展策划师培训，为上海市旅游委举办长三角会展紧缺人才职业资格证书培训等。2014 年 6 月，会展专委会（筹）主办浙江省人力资源和社会保障厅会展业高级研究研修班，来自长三角 12 个城市的会展业从业人员和高校教师参加培训，70 人获得相关培训证书。

（4）主持承担会展产业政策体系建设。2015 年 4 月，专委会专家组成员主持承担无锡市 2014 年度会展业发展报告的撰写工作，会展专委会秘书长等多名专家共同参与；2014 年主持承担海宁市会展业扶持政策的制订工作；2016 年主持诸暨市会展产业政策的制订工作；2015 年参与温州市会展行业协会承担的“温州市会展业发展报告”的撰写工作；2016 年参与温州市会展产业政策的制定工作。

（5）会展产业发展可行性评估。根据金华市贸促会的要求，专委会秘书处相关专家在宁波与金华市贸促会的工作人员就金华市会展业发展开展深入交流。专委会专家为金华市发展会展业提出了较为系统的建议，包括城市会展业发展的整体思路、区块与产业重点、市区与县区间会展业的特色差异等，相关的建议在金华市会展业发展的研讨会上受到相关领导的关注。

（三）系统推进会展教育科研合作

（1）主持参与会展标准制订和规划教材编写工作。2015 年上半年，会展专委会参与国家旅游教指委（专业归口教指委）《会展经济与管理专业人才标准》的制定工作；2016 年上半年，国家旅游教指委发布会展经济与管理专业必修课程，并设立会展策划、会展管理、会展营销三门规划教材。其中，《会展策划》委托专委会秘书长任国岩教授担任主编，并负责电子教材的设计开发工作。

（2）积极推进会展专业建设工作。2014 年年底，专委会组织专家参加浙江育英职业技术学院市级重点专业申报工作，并最终获得立项；2016 年 4 月，专业委员会组织多位专家赴绍兴，为浙江农业商贸职业技术学院会展策划与管理省重点专业建设进行指导，并对课程建设、产学合作、人才培养等方面提出切实可行的建议，为该专业最终获得验收优秀提供重要支持。

（3）实验室和题库建设。2015 年 9 月，专委会秘书长主持设计开发的上海市劳动局职业技能培训基地会展实训软件正式通过验收并投入使用；2015 年 11 月，专委会秘书长主持编写的“会展策划师”一、二级职业资格证书考试项目试题标准通过浙江省职业技能鉴定中心的鉴定；2016 年 3 月，会展专业委员会受浙江省人力资源和社会保障厅委托，完成会展策划师职业资格证书一、二级考试的题库建设工作，2016 年 11 月已完成审核验收工作。

四、强化科研及对外合作

在努力推进区域会展业合作发展等工作的基础上，会展专委会还积极组织开展会展基础研究和对外合作工作，夯实专委会工作基础、拓展国内外影响。

（一）强化会展理论研究工作

实践离不开理论的支撑，会展专委会在做好服务的同时，重视发挥自身优势，积极推进会展科研和学科建设工作。

（1）主持会展研究课题30余项。会展专委会专家团队共主持省部级会展研究课题3项，市局级会展研究课题20余项。涵盖会展产业发展规划、会展场馆建设规划、会展项目评估、会展拉动作用测算、会展标准制订、会展政策制定、会展产业应对性研究等内容。专委会主持宁波国际贸易展览中心11号馆及会展区块功能规划设计任务，该任务将围绕建设中国中东欧特色商品展示基地为核心，将国际贸易展览区块作为宁波市展贸经济创新的重要平台。

（2）完成专著的出版工作。包括《城市会展业发展决策研究》、《城市会展业发展的理论、方法与应用》，《国际城市会展业发展理论与实践》等。在城市会展业发展的理论、方法，国际城市会展业发展理论，城市会展业决策分析和应对性研究方面填补了国内外的空白。

（3）发表相关研究论文。专委会专家积极开展合作研究工作。上海、杭州、宁波等城市的专委会专家先后发表《长三角会展场馆集聚演进特征研究》《会展经济与管理:是一门学科还是一个理论》《会展产业链的辐射效应研究》《会展产业生态化的特征、内涵与价值》《基于参展商的会展品牌价值提升策略》《发达国家会展业智慧化发展特征与模式探析》等论文20余篇，积极探索区域会展业发展的理论，提出对策建议供领导决策参考。

（4）完成长三角会展业报告撰写和指数测算工作。在收集大量数据、系统分析长三角会展业发展现状的基础上，认真完成《长三角会展业发展报告》的撰写工作。报告包括城市会展业、会展项目、会展基础设施和会展教育科研发展等部分内容。在此基础上，依托中国会展经济研究会的相关标准，完成了长三角主要会展城市指数测算工作。

（二）加强对外合作工作

为进一步拓展专委会业务，扩大专委会影响，会展专委会努力通过参与国家行业高层次决策、参与制定国家有关政策、法规、规章和标准，提升专委会的影响力。

（1）密切与国家有关部门的合作。2015年6月，会展专委会秘书长应邀参加商务部组织的落实国务院《关于加快推进展览业改革发展的若干意见》的座谈会，并就相关问题发表意见，受到商务部服贸司领导的肯定；2016年5月，专委会秘书长、副秘书长等参加了在珠海召开的商务部关于推进会展教育与人才培养工作座谈会，并就如何提升会展科研服务水平，做好会展人才培养等工作提出了相关的对策建议。2016年4月9日，商务部在珠海举办座谈会，就落实国务院

《关于进一步促进展览业改革发展的若干意见》文件精神做好会展教学科研工作征求业内专家意见，专业委员会秘书长任国岩教授出席，并就会展专业建设和人才培养工作做专题发言，相关观点被纳入商务部相关文件中。2016年5月，专委会秘书处还参与了商务部“2016年中国展览业发展报告”的撰写工作，该报告在5月底举办的中国（北京）国际服务贸易交易会上正式发布。

（2）拓展与域外城市的合作交流。会展专委会重视通过与域内外城市会展业开展合作，逐步扩大长三角会展专委会的影响。2014年12月，专委会秘书长应赴哈尔滨市会展办邀请，为哈尔滨市政府会展主管部门、行业协会和企业作“会展策划的方法与实战”专题讲座；2015年8月，专委会秘书长参加了由中山大学举办的会展业发展专题论坛，并在会议上做了“大型会展活动与国家对外合作战略”的专题演讲；2016年6月，专委会承担昆明南亚博览会评估标准的制定工作；2016年9月，专委会秘书处专家参加了在南宁召开的会展业发展合作论坛，并就大型会展项目在促进举办城市成为国家对外合作战略支点城市，进而在自贸区建设方面开展先行先试、探索会展业在经济和社会发展中的相关作用及规律和特征等作专题发言。

（3）推动重大会展项目间合作。专委会结合区域会展业发展，积极推进重大项目的合作工作。2016年上半年，会展专委会先后赴昆明、厦门、南宁、哈尔滨等城市开展调研，重点针对南亚博览会、东盟博览会、海峡两岸博览会、中俄博览会等开展调研，并计划举办中国区域性国际博览会合作论坛，加强中国中东欧博览会与东盟博览会、南亚博览会、中俄博览会、亚欧博览会、中国阿拉伯博览会之间的合作，提升国家级区域性国际会展项目的质量，为“一带一路”战略做好服务；并参与云南民族学院主持的昆明市博览局“昆明市‘1+8+8’重点产业会展项目创新研究”课题的相关研究工作。

（4）加强国内行业协会间合作。2016年5月27日，专委会秘书长赴大连参加全国城市会展业联盟年度会议，介绍了长三角会展专业委员会的工作情况，并就区域会展业合作与珠三角会展业协会秘书长李霞辉、全国城市会展业协会秘书长郑智等就区域会展业合作开展交流研讨，探讨区域间会展业合作组织间的合作模式以及具体合作途径。此外，专委会秘书处还参与中国商业联合会、中国展览馆学会年会、浙江省会展协会的相关工作会议，密切与协会的合作。

五、专委会建设的感受

通过三年专委会的建设，我们有三点主要的感受：

（1）专委会的模式具有独特的创新价值。尽管受到起步初期经验不足、建设时间较短、成员城市较多、发展不均衡以及诸多问题的困扰，但我们还是初步摸索出一条推进区域会展业合作发展的思路和途径。专委会可以发挥自身的特色优势，做政府无法做、企业做不来的相关工作，为区域会展业合作提供多方位的服务。

(2) 良好的运作机制对区域合作具有重要意义。我们感到，相关城市会展业的发展还不均衡，也急需在理论、实践指导方面发挥专委会的特殊作用。依托城市专家、发挥城市经济协调会办公室的平台作用，推广制度规范、开展品牌评选、服务重大会展项目，参与城市会展决策研究和教学科研体系建设等还有较大潜力可挖。

(3) 专委会的工作还任重道远。在服务工作中，我们也感到由于时间关系，与部分城市会展主管部门和企业机构的接触还不够，相关工作还有待进一步深化和创新；部分成员城市的会展主管部门、行业协会和会展企业机构，对专委会工作还不太了解，这也需要有足够的时间来提升专委会的影响力和工作实效。

六、下一步工作思考

下一步，我们将根据长三角协调会成员城市对我们工作的评价以及要求，结合长三角协调会工作的重点及方向，进一步提升会展专委会的造血功能，创新服务模式，无论是否有经费支持，我们都坚定了进一步推进工作的信心和决心。下一步将重点围绕以下 4 个方面推进：

(1) 进一步做好长三角会展业评比评价体系的建设。包括会展项目评级、会展企业评级、会展项目评估、会展特色区域试点等，真正发挥专委会兼顾科研学术、产业服务等功能特色。

(2) 进一步做好长三角会展业数据库建设和动态监测工作。下一步将细化到县区、项目等方面，争取市会展业的相关数据更加完善，更好地为领导决策提供支撑，为产业创新提供服务。

(3) 进一步推进项目间合作。要发挥城市专家、企业和专家的作用，通过会展专委会平台的特殊作用，共同探索项目合作发展的新途径。

(4) 进一步做好提升工作。专委会将围绕服务重大项目、结合重大项目推进区域合作等开展工作，发挥重大会展项目在提升区域综合竞争力方面的作用。

第三章

长三角会展业发展报告

会展业是近年来快速发展起来的新兴现代服务业。国内外专家普遍认为会展项目具有提升城市注意力经济效应、提高产业竞争力、优化城市空间布局、拉动城市消费、促进文化产业发展、搭建国内外国际合作交流平台等作用，能有效带动城市经济和社会发展，可成为经济发展新的增长点、产业结构调整的突破点、生态可持续发展的着力点，以及文化传承的衔接点。在新的形势下，会展业具有较大的发展潜力。

长三角区域是我国经济和社会发展水平较高的区域之一。近年来，长三角地区已成功举办上海世博会、杭州 G20 峰会、乌镇世界互联网大会等一系列国际化大型会展项目，有效地提升了城市的国际竞争力，也在国际上树立起中国形象和长三角会展模式。此外，杭州还成功申办 2022 年亚运会，扬州成功申办 2021 年世界园艺博览会。未来一段时期，长三角通过大型国际会展项目提升区域和城市竞争力的模式将进一步创新、拓展和提升，会展业发展具有较大潜力。

会展业是知识密集型、技术密集型和服务密集型产业。会展业发展过程中，不仅需要资源依托，也需要创意设计和管理服务等多环节的有机融合。城市是经济的重要支撑平台，城市会展业也是会展业发展的重要单元，城市的资源禀赋直接影响会展项目的策划、管理与服务。在会展业的发展过程中，也经常会遇到许多实际问题，是不是所有城市都具备发展会展业的基本条件、什么样的城市适合发展会展业、城市如何结合自身的资源特点确定城市会展业的发展定位，如何设计城市会展管理体系，如何科学规划城市与会展项目的基础设施建设，如何系统策划与设计城市会展项目的整体结构框架，如何出台政策和制定法规加强对会展业的扶持与管理，产业如何构建系统的服务体系，这些都直接影响着城市会展业发展的决策过程以及后期管理和服务工作。由于会展业起步较晚，因此，城市会展业发展的理论、方法还不够成熟，导致城市在发展会展业的过程中，缺乏必要的规范性调研手段，会展决策的分析体系和支撑体系无法有效支持城市会展业发展决策，在一定程度上影响了会展业的快速、健康、可持续发展。如何充分发挥政府、企业、高校和科研院所的深入合作，既能够结合产业发展的实际提炼规律、构建研究方法，同时又能够将会展产业理论与方法有效地应用到产业发展的实际工作中，实现从产业中来、到产业中去，是当前国内会展科研工作者需要面临的重要课题。因此，强化区域合作具有十分重要的意义。

一、长三角会展业发展的历程简述

会展业的发展历程不仅是一个城市和地区经济发展的缩影，也是城市对外合作交流的重要体现。长三角是国内会展业的发源地，也是国内会展业最发达的地区之一。无论是在悠久的历史长河中，还是在近现代，长三角会展业始终不断地创造中国会展业的经典范例，成为国内会展业发展的重要标志。

（一）近代会展业

近代是长三角地区会展业快速发展的关键时期。依托发达的工商业，长三角地区的企业、商人和产品，通过走出国门参加国际大型会展项目，在国内举办各种类型的展览活动，不断提升经济发展的质量，也为长三角会展业的快速发展奠定了坚实的基础。

（1）湖丝为长三角最早的展品参加世界博览会。1851 年，中国商人徐荣村和一些在华的英国官员和商人以私人身份带着丝绸、茶叶、中药材等一些中国传统的出口商品参加了在伦敦举行的首届世界博览会，其中“荣记湖丝”获得了金银大奖。尽管参展人员不是长三角地区派出的，但展品来自长三角的湖州地区。这应该是长三角的商品首次作为产品参加国际大型博览会。据 1850 年在上海出版的英文报纸《北华捷报》记载：在华的英国商人在第一届世博会前，确实专门成立了中国筹备委员会，但后来忽然停止了工作，理由是，英方认为应该由中国政府出面组织参加。《北华捷报》曾呼吁上海商界为博览会选送商品，但只有英、法、美三国领事和少数商人响应，政府和百姓均漠不关心。否则的话，可能长三角也会成为第一批参加世界博览会的地区。

（2）王韬为长三角地区参加世博会第一人。王韬生于 1828 年，江苏人，18 岁考中秀才，在墨海书馆工作，担任麦都思的助手。太平天国事发后，受新思想影响的王韬化名黄畹，被李鸿章以“通贼”罪通缉，后出逃香港避祸。1867 年，在欧洲游历的王韬在法国亲历了巴黎世博会，他在《漫游随录》中记录了一个广东戏班在世博会上的演出。这是首次见到中国人笔墨的世博印象。在目睹了巴黎的街灯、商场和一系列工业建设后，王韬感叹“眼界顿开”。

（3）维也纳世界博览会是长三角首次组团参加。1873 年，英国人赫德（清朝的“总税务司”）为了扩大与中国的商业联系，获取更大的利润，派英国人包腊（EoCoBowra）带队代表中国参加了维也纳世界博览会。当时有上海、天津、杭州、宁波、广州等 14 个城市参加。会展期间还召开了各种大小科学会议 12 次，对我国科技的进步起到了重要作用。这是长三角首次有多个城市组团参加世界博览会。

（4）第一个正式受政府委派参加世博会的是李圭。1876 年费城世博会，宁波海关李圭被选为工商业代表，跟随中国代表团去美国参观，他是世博会中国代表团唯一的中国人。在李圭的《环游地球新录》中，翔实地记载了费城世博会的盛况，他感慨：中国要在世界贸易中占有光荣一席，则不仅要依靠传统的手工业和手工制品，还要大力开展近代工商业。李圭之于世博的意义是中国人开始睁眼看世界。回国后，李鸿章亲自为李圭所著的《环游地球新录》作序，称赞其“甚远且大”。

（5）郑观应是主张在上海举办世博会的第一人。郑观应是任职于上海的广东人。1893 年，他撰写的《盛世危言》中的《赛会》一篇，集中反映了他对世博会的理解，并大胆提出了在上海举办世博会的主张。他写道：“故欲富华民，必兴商务，欲兴商务，必开会场。欲筹赛会之区，必自上海始”。为什么要在上海举办，郑观应写道：“上海为中西总汇，江海要冲，轮电往还，声闻不隔”。甚至在上海举办世博会的办法，集款招商、辟地建屋等具体问题及解决的途径，他都一一想到了。文中还提出了具体筹办步骤等：先组织小会，逐渐推广，每年扩充，以与东西各国“齐驱并驾”，最后希望当事者“高见远识”，促成此事。

（6）张謇是第一个参加世博会的长三角商人。张謇，江苏海门人，清末状元，任翰林院修撰，从三品。甲午海战，清廷失利，国事日非。张謇情系苍生、辞官回籍，立志泽被乡里，以“强国拯民”为己任，致力“实业救国”。1903 年 1 月，江南盐运道、金陵关监督徐乃昌转来日本驻江宁领事天野苍太郎大阪世博会的邀请函。张謇怀着一探日本明治维新后一跃而成东亚头等强国究竟的目的，带上他 1894 年创办的颐生酿造公司出品的茵陈曲酒，于 4 月 27 日东渡扶桑，29 日抵达长崎，开始了对日本的考察访问。博览会期间，先后 8 次前往会场，参观、询问、思考，获益良多。

（7）第一次正式组团参加世博会。在张謇等人的策划、指导下，大清国参加了 1906 年意大利米兰渔业博览会。中国商品陈列面积不大：渔业 400 平方米，工艺 120 平方米。评奖结果，获奖牌、奖状一百余枚（张）。茵陈酒以其举世无双的独特酿造工艺和品质再次扬名，获博览会金奖。这是中国酒类产品在世博会上获得的第一枚金质奖牌；比贵州“茅台酒”、青岛张裕酿造公司“可雅白兰地”1915 年获美国旧金山巴拿马万国博览会金奖早了 9 年。此时清政府也开始认识到“求国之富强必在工商之发达，而欲求工商之发达，则必自设立赛会开始”（《论派员至美赛会之宜慎》）。商部制订、颁布了《出洋赛会通行简章》二十条，鼓励各省商家“精择物品，积极赴赛”，将“取彼之长，补我之短，以图改良之计”作为参赛宗旨，这应是我国最早的出国参展法规。

（8）学堂成绩展览会是最早以展览会命名的展览。1909 年，江苏教育总会在沪召开全省学堂成绩展览会，这是我国首次以展览会命名的展览。

（9）南洋劝业会是国内最早的经贸类会展项目。20 世纪初，中国开始举办具有一定规模并有近代特征的博览会和贸易展览会。1910 年，清政府为了解产业状况，促进工商业的发展，在江宁（今南京）由官府和商界合办了南洋劝业会。南洋劝业会是我国有史以来第一次全国性博览会。这次博览会，最初由时任两江总督的端方，在 1908 年 11 月上奏朝廷申请举办；但以张謇为代表的东南绅商却是实际上的策划者和组织者。1909 年 2 月，张謇在江宁成立劝业事务所，清廷于 8 月正式下谕，同意举办。各省协赞会、物产会、出品会，分头准备，精选优良物品，送往江宁。张謇被委任为劝业会审查长，主持展品审查。经过一年多筹备，劝业会于 1910 年 6 月召开。全国有 22 个行省提供展品，各地绅商大贾、政学官员，纷纷前来参观。东南亚诸国，美、英、日、德，也派出代表团，并送展品参赛。半年中，参观人数达 30 多万人次。劝业会规模、影响，不亚于世界博览会，可说是世博会在中国的一次成功预演。

（10）上海总商会商品陈列馆是国内最早的专业展览馆。1921 年 8 月上海总商会商品陈列馆建立，每年 6、7 月征集展品，每年秋季举办一次展览会。

（11）中国蚕茧丝绸博览会是国内最早的国际化展会。1922 年 10 月上海总商会在上海首次举办了中国蚕茧丝绸博览会。该展会是我国最早举办的国际化会展项目，展会先后邀请美国、英国、荷兰、印度、日本等国家的参展商和客商前来参展观展。这也是我国较早通过展览会推进国际贸易的经典案例。

（12）上海中华国货展览会。1926 年的上海中华国货展览会，这也是我国首次通过规范交通、系统拓展媒体宣传和招商手段创新的专业类会展项目。展会参观来宾三万，“邮政局亦设会场邮箱，以利交通”，“日赠券五千余”，赠品包括“中华总理邮片”，“会场邮局特铸纪念日戳”，专办平信、快信、挂号，以便公众。不可不留日后之特别纪念，亦收藏邮票家之足资赏玩者也。可见，在当时会展业活动与营销已有雏形。

（13）杭州西湖博览会是国内最早的综合性博览会。1929 年 6 月 6 日至 10 月 10 日，浙江省政府在杭州举办了第一届西湖博览会，盛况空前。西湖博览会是“商战论”、“实业救国论”思潮与提倡国货运动的产物。西博会还专门设立革命纪念馆和特种陈列所。14 万件中外展品、64 场名人演讲、持续 137 天时间，都是国内博览会之最。

（二）现代会展业

新中国建国以后，受到当时国内外政治经济和文化环境的影响，我国的会展业发展速度放缓，但仍然有一些重要的会展项目得到提升。长三角也形成一系列具有引领和导向意义的标志性会展项目。

（1）2010 年上海世博会。世界博览会是国际最高级别的会展项目，由国际展览局根据《国际展览会公约》对世博会的申办和举办工作进行进度管理。世界博览会分为综合类、专业类和认可类。我国2010年举办的世界博览会为综合类世界博览会；2012年韩国丽水举办的世博会为专业类世界博览会；1999年我国昆明举办的世界园艺博览会为认可类世界博览会。上海世博会自1999年提出获得国家有关部门支持，到2002年申办成功，再到2010年成功举办共历时10余年，共有7308万人次参观了上海世博会。据长三角城市经济协调会委托宁波市会展经济研究所开展的课题研究表明，上海世博会不仅通过筹办工作成功实现黄浦江两岸工厂区的大动迁，也通过展会系统提升了城市的综合功能，举办过程中通过土地增值、拉动消费、基建投资等，可带来直接经济效益超过万亿元。其中，仅世博园区5.28平方千米的土地增值即可达到5000亿元。上海世博会的成功举办，不仅是国内首次举办综合类世界博览会，也为我国会展业的提升，并为开展会展理论研究和实践探索提供了特殊借鉴意义。

（2）华东商品交易会。中国华东进出口商品交易会（简称“华交会”）由中华人民共和国商务部支持，上海市、江苏省、浙江省、安徽省、福建省、江西省、山东省、南京市、宁波市等9省市联合主办，每年3月1~5日在上海举行。华交会是中国规模最大、客商最多、辐射面最广、成交额最高的区域性国际经贸盛会。自1991年以来，华交会已成功举办了近30届。华交会展示的轻纺产品中，高新技术产品、名特产品占有较大的比例。

（3）世界互联网大会乌镇峰会。世界互联网大会由国家互联网信息办公室、浙江省政府共同主办。首届世界互联网大会于2014年11月19日至11月21日在浙江嘉兴乌镇举办。国家互联网信息办公室主任鲁炜在30日国务院新闻办举行的发布会上表示，举办世界互联网大会，旨在搭建中国与世界互联互通的国际平台和国际互联网共享共治的中国平台。

（4）杭州西湖博览会。1929年举办的西湖博览会是中国历史上首个专业类综合性博览会，在国内外产生较大影响。为进一步弘扬传统文化、发掘历史品牌，1998年7月，杭州市计委向市政府提交了《关于建议开发“西湖博览会”品牌的报告》。报告分析了会议展览业作为新经济增长点的发展趋势，提出了发展会议展览业，培育自己独特的品牌。报告提出，杭州历史上曾经辉煌的“西湖博览会”是杭州一笔宝贵的无形资产，应大力开发并拓展，在新世纪来临之际，举办新一届“西湖博览会”，把“西湖博览会”历史品牌打响。经过一段时间的准备工作，1999年8月杭州市政府成立了“2000年‘中国西湖博览会’筹备办公室”，正式启动西博会的筹办工作。2000年以来，西湖博览会每年举办，从2000~2004年，西博会共举办展览、会议、节庆活动项目245个，参会客商和游客突破3100万人次，贸易成交突破418亿元，引进外资31.6亿美元，引进国内投资380亿元，实现了西博会的“发展会展业和招商引资的平台，精神文明建设的载体，老百姓和中外游客的节日”的办会宗旨。对于长三角会展业而言，西湖博览会是发掘历史文化遗产、创新展会项目的一次成功尝试，在提升我国会展业发展的进程中具有重要意义。

（5）亚洲户外用品展。亚洲户外用品展览会，简称亚洲户外展，是一项中德合作展会项目。2006 年，欧洲户外用品展的主办方之一德国腓特烈斯哈芬展览有限公司联手南京国际展览中心合作举办了第一届亚洲户外用品展览会。这是针对亚洲户外用品市场而设立的专业展览会。展会开设多项配合活动：户外服装秀、攀岩赛、产业论坛、产业大奖、帐篷区等；同时，根据亚洲的市场情况，展会陆续增加了原料采购区、跑步专区、水上用品专区、俱乐部之家、滑雪专区、青少年户外教育论坛等主题展区。经过多年的培育发展，展会在整体规模、参展商数量、与会媒体、专业观众数量等多方面的数据逐步增长，参展商、观众满意度较高。2013 年底亚洲户外用品展通过了国际展览业协会（UFI）的认证，成为中国首个 UFI 认证专业户外用品展。亚洲户外运动用品展对于长三角会展业的意义在于副省级以下城市也可以与国外会展机构合作，举办大型国际化专业类会展项目。

（6）中国－中东欧特色商品展。为落实李克强总理 2014 年访问中东欧 16 国，由国家商务部和中东欧国家商务部门共同主办“2015 中东欧国家特色产品展”，中东欧国家特色产品展是中国与中东欧国家加强经贸合作的重要举措之一。中国官方希望通过这一展会，为扩大自中东欧国家进口、促进双方贸易平衡发展提供便利。中国商务部部长高虎城表示，通过展览，中东欧国家企业将找到更多中国合作伙伴，中国消费者也将有机会近距离接触、了解中东欧国家的特色产品，为扩大双边贸易打下良好基础。重大区域性国内会展项目可促进举办城市成为国家区域战略的支点城市，进而推进自由贸易区建设。从国内当前的情况看，已经有南宁市的中国东盟博览会、哈尔滨市的中俄博览会、乌鲁木齐市的亚欧博览会、西宁市的中国阿拉伯博览会、长春市的东北亚博览会和我市的中国中东欧特色商品展等 6 个区域性国家化大型会展项目。此外，还有厦门的海峡两岸博览会等区域性会展项目。这些城市已经成为国家对外合作的战略支点城市。其中，中国东盟博览会和海峡两岸博览会已经促成两大自贸区获得批准，乌鲁木齐、哈尔滨两市也已经向国家有关部门申请依托大型会展项目设立自由贸易区的方案。宁波也应发挥这一优势，在办好中国－中东欧特色商品展的同时，积极发挥平台作用，推动商贸、旅游、金融投资等方面的合作，进一步争取获批中国－中东欧自由贸易区。

（7）中国义乌国际小商品博览会。中国义乌国际小商品博览会创办于 1995 年，是经国务院批准的日用消费品类国际性展会，由商务部、浙江省人民政府等联合主办，已连续举办 20 届，并获得了国际展览联盟（UFI）的认证。第 21 届义博会于 2015 年 10 月 21 ~25 日在浙江义乌举行，设国际标准展位 4500 个，分设五金机电、日用品、电子电器、针纺织品、饰品及饰品配件、工艺品、文体及户外休闲用品七大行业，另设贸易服务、来料加工、浙江省山海协作等专区。同期还将举办中外采购洽谈会等多项经贸活动等。来自200多个国家和地区的采购商达20万人次，其中境外客商2万余人。

（8）中国上海国际家居博览会。中国家博会创办于1998年，每年两届分别于3月在广州琶洲和9月在上海虹桥举行，迄今已成功连续举办36届。展会涵盖民用现代家具、民用古典家具、饰品家纺、户外家居、办公商用及酒店家具、家具生产设备及配件辅料、家居设计等题材，展示室内与户外大家居概念的全题材全产业链产品，贯通家具市场上下游，打造一个集时尚发布、渠道维护、行业交流、设计引领功能于一身的全球化互动式商贸平台。经过多年的培育和创新发展，中国家博会已成为全球家具界品牌含金量最高、最具价值的展会之一；以其规模之大，参展商和专业观众之多，展品种类之全，展览质量之高，领衔全球家具展，被业界称为与意大利米兰家具展同档次的中国国际家具展，拥有巨大的行业影响力，享有“亚洲家居交易中心”、“中国家具业晴雨表”等众多美誉。中国家博会的意义在于它不仅是国内最大的会展项目，也是一个跨城市交替举办的大型会展项目，在跨区域城市会展项目合作方面具有较大的借鉴意义。

二、中国会展业发展的基本现状

2015年是“十二五”的收官之年，也是中国展览业发展历史上具有里程碑意义的一年。2015年3月，国务院印发《关于进一步促进展览业改革发展的若干意见》（国发［2015］15号），明确展览业经济、社会、文化、生态功能定位，提出“坚持专业化、国际化、品牌化、信息化方向，倡导低碳、环保、绿色理念，培育壮大市场主体，加快展览业转型升级，努力推动我国从展览业大国向展览业强国发展，更好地服务于国民经济和社会发展全局”的工作目标。为“十三五”期间系统推进全国展览行业的健康、快速发展奠定了坚实基础，提供了有力的保障。

为了更好地全面掌握我国的会展经济发展情况，继中国会展经济研究会统计工作委员会于2012年开始对我国会展业的发展情况进行统计和调查，成功完成2011～2015年共4年的《中国展览数据统计分析报告》后，受商务部委托，今年的展览统计继续按照直辖市、省会城市、计划单列市、地级市、县级市五级行政级别逐层开展统计，经过4年时间的工作积累，展览统计的城市覆盖面已经从2011年的83个城市增长至今年的595个城市，以期更全面、更准确地把握全国会展业发展的相关情况，确保中国展览统计数据的真实性和完整性。

（一）2015 年会展业基本情况

（1）境内展览规模再创新高，增长速度超过上年。统计数据显示，2015 年全国共有 160 个城市举办了展览活动，展览数量达到 9283 个，比 2014 年的 8009 个增加 15.9%；展览面积达到 11798 万平方米，比 2014 年的 10277 万平方米增加 14.8%。其中展览面积最大的城市为上海市，累计办展面积达到了 1511.55 万平方米；展览数量最多的城市为上海市和重庆市，均为 749 个；办展数量最多、办展面积最大的省会城市为广州市，2015 年办展数量为 482 个，展览面积为 861.7 万平方米；办展数量最多、展览面积最大的计划单列市为青岛市，2015 年办展数量为 201 个，展览面积达到 295 万平方米；展览数量最多、面积最大的县级市为昆山市，2015 年办展数量 56 个，面积为 71.2 万平方米。

2010 ~ 2015 年全国展览数量及面积对比，如图 3-1 所示。

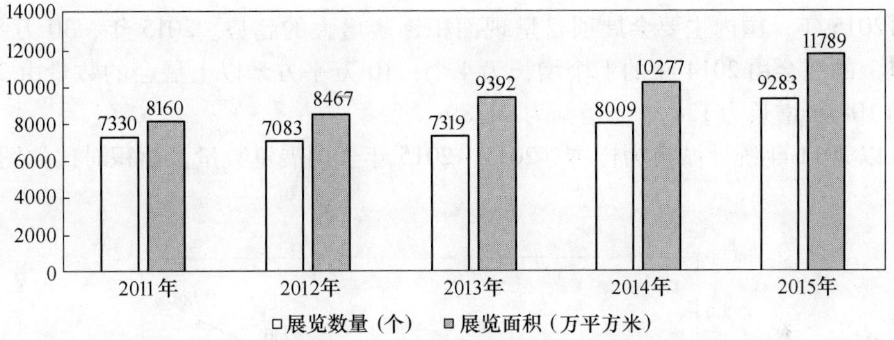

图 3-1　2010 ~ 2015 年全国展览数量及面积对比

（2）展览经济效益向好，社会效益进一步显现。按照 2014 年可比统计基础测算，2015 年，全国展会经济直接产值可达 4803.1 亿元人民币，比 2014 年的 4183.5 亿元人民币增长 11.5%，高于当年国民经济 6.9% 的增速，也高于服务业 8.3% 的增速。在全国 GDP（676708 亿元）中的占比为 0.71%，高于 2014 年的 0.66%；在服务业（341567 亿元）中的占比为 1.4%，略高于 2014 年的 1.36%，总体增幅明显。

2014 年，商务部典型调查展馆企业接、办展览数量 6554 场，比 2013 年的 5757 个增加 13.8%，经营收入 213.3 亿元，比 2013 年的 163.5 亿元增加 30.5%；典型调查展会主办单位办展面积为 2275.4 万平方米，比 2013 年的 2045.3 万平方米增加 11.25%，经营收入 61.13 亿元，比 2013 年的 56.33 亿元增加 8.52%。

（3）展览单体面积扩大，规模经济效应凸显。“十二五”期间，按照可比统计城市、可比统计资料计算，我国境内展览总体增长趋势表现为：展览面积增长速度快于展览数量增长速度，单个展览展出规模扩大，展览规模经济效应显现。2011 年开始纳入统计的 83 个城市❶的数据显示，2011～2013 年，这 83 个城市办展总体数量呈下降趋势，面积则呈不断上升趋势；2014 年，这 83 个城市展览数量和展览面积较 2011 年都有较大增加；2015 年，虽然扩大了统计城市的数量，但实际办展城市的数量并没有明显增加，因此仍具有较强的可比性。2015 年展览数量从 2011 年的 7333 场增加到 9283 场❷，累计增长 2.2%，展览面积从 2011 年的 8173 万平方米增加到 11789 万平方米，累计增长了 21.1%。

2015 年，国内最大展览面积有小幅增长，主要体现在广交会的面积由 116 万平方米增长为 118 万平方米；除广交会外，单体最大面积的展会由上年的中国（广州）国际建筑装饰博览会变为中国（上海）国际家具博览会，面积也由 32.92 万平方米增长为 36.67 万平方米。

2015 年，国内主要会展项目呈现面积逐步增大的趋势。2015 年，30 万平方米以上的展会由 2014 年的 1 个增长为 4 个；10 万平方米以上展会的数量由 2014 年的 108 个增长为 124 个，增幅为 14.8%。

以 2011 年统计城市为样本，2011～2015 年全国展览数量及面积对比如图 3-2 所示。

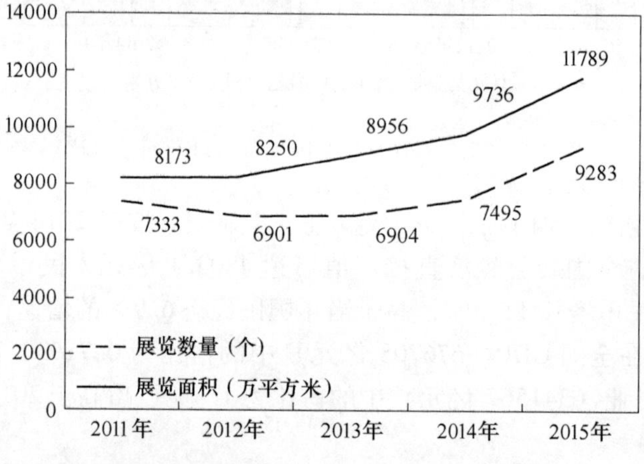

图 3-2　以 2011 年统计城市为样本，2011～2015 年全国展览数量及面积对比

❶　为了准确分析展会发展趋势，此处仅对这 83 个有连续统计数据的城市进行了比较，剔除了因统计城市范围扩大对分析结论造成的影响。

❷　2014 年，这 83 个城市举办了 7495 场展览，与 8009 场展览的差额是由于统计城市范围扩大形成。

（4）出境参展继续保持增长，境外自办展取得重大进展。2015 年境外自主办展呈现数量减少、面积增加的特点。据中国贸促会《中国展览经济发展报告2015》通报，2015 年全国出展共完成了 62 个国家的 1385 个项目，国别减少4.8%，数量同比减少 4.5%；出展净面积 63.9 万平方米，同比降低 10.6%；参展企业 4.6 万家，同比减少 4.3%（见表 3-1）。

表 3-1 2009～2014 年出展统计表

年度	项目数/个	年增长率/%	出展净面积/万平方米	年增长率/%	参展企业数/家	年增长率/%
2009	1183	7.3	42.64	16.5	30185	4.7
2010	1316	11.2	51.75	21.4	36007	19.3
2011	1375	4.5	60.50	17.0	40190	12.0
2012	1528	11.1	69.73	15.3	47376	17.9
2013	1391	-9.0	61.80	-11.4	47494	0.2
2014	1447	4.0	70.70	14.4	47787	4.0
2015	1385	-4.5	63.9	-10.6	46000	-4.3

2015 年出国办展项目数列居前 10 位的国家分别为美国、德国、俄罗斯、巴西、阿联酋、印度、土耳其、法国、意大利和墨西哥。我国赴上述 10 国的展览项目数量占全年总量的 70.4%，展出总面积占全年总量的 68.9%，参展企业数占全年总量的 70.8%。与 2014 年相比，前 10 位国家排序变化不大，印度尼西亚跌出前 10，意大利进入前 10。在前 10 位的国家中，新兴市场国家有6 个，展览项目数量占全年总量的 33.9%，比 2014 年缩小 4.9%，展出总面积占全年总量的 28.1%，缩小 9.4%，参展企业数占全年总量的 30%，缩小5.1%。

总的来说，2015 年赴新兴市场国家参展情况不及预期。除了之前提到的经济因素，新兴市场开拓还面临其他挑战，比如各种形式的贸易保护主义、权威的市场信息和政策信息缺失以及灰色清关等市场不规范的情况。未来中国企业前往参展应做好更加充分的准备。

另据中国会展经济研究会统计，2015 年中国境外自主办展总数量为 63 场，办展面积达 32.2 万平方米。2015 年办展场数相对于 2014 年减少 21 场，降幅达25%，办展面积相对于 2014 年增加 5.4 万平方米，增幅达 20%，办展单位数相对于 2014 年减少 13 家，降幅达 36%（如图 3-3 所示）。

其中办展数量最多、办展面积最大的机构为米奥兰特国际会展公司，办展数量为 15 个，办展面积为 106000 平方米。2015 年境外办展共涉及 30 个国家，相

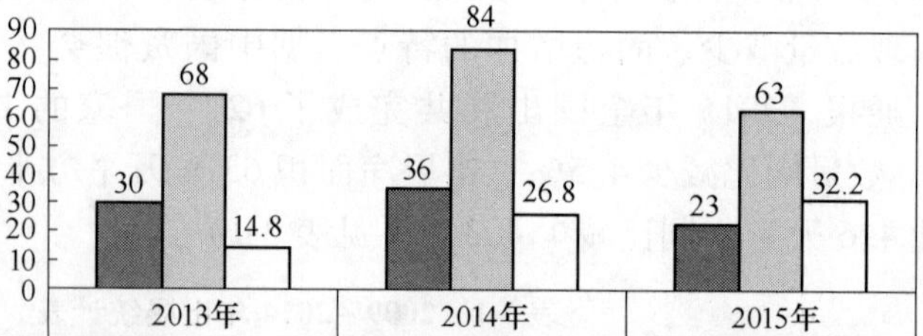

	2013年	2014年	2015年
■办展单位数量/个	30	36	23
■办展数量/个	68	84	63
□办展面积/万平方米	14.8	26.8	32.2

图 3-3　2013～2015 年境外办展总体情况

对于 2014 年减少 11 个国家，降幅达 26.8%。其中办展数量最多的国家为印度、泰国和巴西，数量为 4 个；面积最大的国家为美国，办展面积为 36200 平方米。2015 年境外办展共涉及的行业分类为 10 种，场次排名前三的分类为：工业机械 17 场，占比为 27%；综合展会 15 场，占比为 24%；房产家居 9 场，占比为 14%。办展面积最大的领域依次为房产家居、工业机械和纺织服装。具体办展面积占比为房产家居的办展面积占总办展面积的 30%，工业机械展会占 17%，综合展会占 16%，纺织服装占 15%。2015 年办展面积增长比例最高行业为食品饮食，增长率达到 123%；其次是房产家居，增幅达 117%；纺织服装的增长幅度为 55%。2015 年中国各地区境外办展企业所在城市共涉及 8 个城市，其中办展数量分布较多的城市为北京市，办展 37 场，占比为 58.7%，办展面积为 15.94 万平方米。

（5）展会行业覆盖宽广，消费类展会数量较多。为了更清晰的体现出会展行业在国民经济中所起到的促进作用，统计工作专业委员会今年打破常规，将所有展会项目以国民经济行业代码为基础进行分类。将所有展会细分为 122 个行业后，经过统计分析发现，2015 年度，各细分行业中车展数量最多，达到 471 场，展览面积 961 万平方米，商品交易会其次，达到 291 场，展览面积 655 万平方米。其中，展会数量超过 100 个的有 16 个行业，依次为车展、商品交易会、建筑建材、休闲娱乐、食品饮料、家居、文化产业、服装配饰、珠宝、茶叶、家装、婚博会、房交会、农产品、贸易投资和健康产业等行业。其中位居展览面积前 10 个的行业分别为车展、商品交易会、建筑建材、家具、家居、食品饮料、文化产业、茶叶、农产品、贸易投资、纺织纺机（贸易投资和纺织纺机并列第十），展会面积均超过 200 万平方米。

2015 年全国展览项目分类情况表，见表 3-2。

表 3-2　2015 年全国展览项目分类情况表

行　业	展会数量/个	展会面积/万平方米
车展	471	961
商品交易会	291	655
建筑建材	211	341
休闲娱乐	187	179
食品饮料	186	282
家居博览会	177	283
文化产业	173	245
服装配饰	162	156
珠宝	141	159
茶业	134	224
家装	122	87
婚博会	117	174
房交会	117	149
农产品	116	219
贸易投资	106	205
健康产业	106	121
艺术品	90	113
年货	83	97
红木家具	83	43
纺织纺机	80	205
医疗器械	77	133
渔业	71	130
工业制造	70	182
旅游产业	69	116
孕婴童	65	123
教育展	61	81
广告设备	61	138
美容美发	58	137
家具	54	295
信息科技	51	83
节能环保	51	79
汽车制造	50	288
电子展	50	136

续表 3-2

行　业	展会数量/个	展会面积/万平方米
汽车用品	41	106
包装	41	64
电动车自行车	40	102
家电	38	48
门窗墙幕	37	121
加盟连锁	37	51
图书	36	56
佛事祭祀	36	56
畜牧业	34	60
机床模具	33	93
装备制造	32	76
医药	31	59
宠物	31	40
植物花卉	30	52
体育用品	29	40
陶瓷	29	31
印刷	28	66
暖通制冷	28	87
户外休闲	27	39
物流	26	61
安全防护	26	35
丝绸	25	26
社会公共安全	25	44
皮革	24	33
五金展	23	77
金属材料	23	52
烘焙烘烤	22	57
石材	21	64
厨卫	21	56
手机	20	27
口腔器材	20	35
机械装备	20	72
模型玩具	19	33
电机	18	34

续表 3-2

行　业	展会数量/个	展会面积/万平方米
水处理	17	15
石油石化天然气	17	49
礼品	17	57
矿业	17	39
消费电子	16	19
酒店用品	16	76
轨道智能交通	16	19
电力电工	16	29
调味品添加剂	15	30
太阳能光伏	15	58
生物科技	15	14
照明	14	73
绿色有机	14	15
塑料橡胶工业	13	56
摄影	13	10
化工	13	13
表面处理	13	24
农机	12	42
航空航天	12	16
智能建筑	11	14
眼镜	11	27
木工机械	11	15
电线电缆	11	21
LED	11	19
园林景观	10	25
应急减灾	10	23
奢侈品	10	8
胶粘	10	22
制药机械原料	9	54
肉类工业	9	10
煤炭	9	21
乐器	9	32
泵阀	9	14

续表 3-2

行　业	展会数量/个	展会面积/万平方米
光电	8	26
冶金	7	22
橡胶轮胎	7	21
动力传动	7	13
游戏	6	11
分析仪器	6	16
科学仪器	5	10
集成电路	5	6
管材	5	7
电池	5	15
办公用品	5	11
鞋业	4	5
摩托车	4	14
激光	4	8
工业仪器	4	18
测绘仪器	4	10
热处理	3	10
游艇	2	7
药品	1	0
特许加盟	1	2
试听集成	1	2

2015 年，我国专业类场馆举办的会展项目数量不断增多，达到 3136 个，占全国会展项目总数的 53.18%。

展览项目按场地分布的情况以及 2014 年在专业展馆中举办的展览项目国际化程度占比分布如图 3-4 和图 3-5 所示。

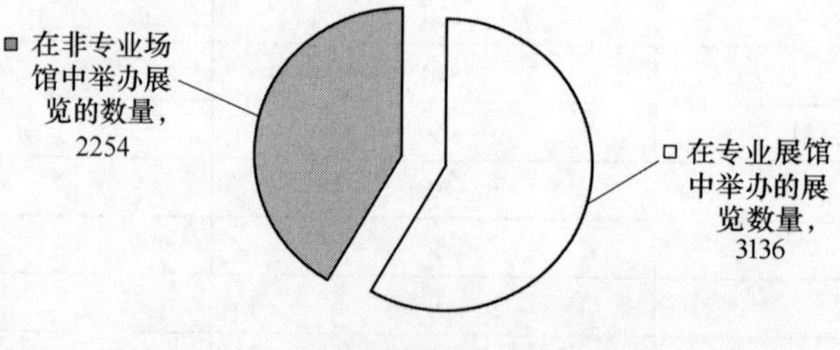

图 3-4　展览项目按场地分布

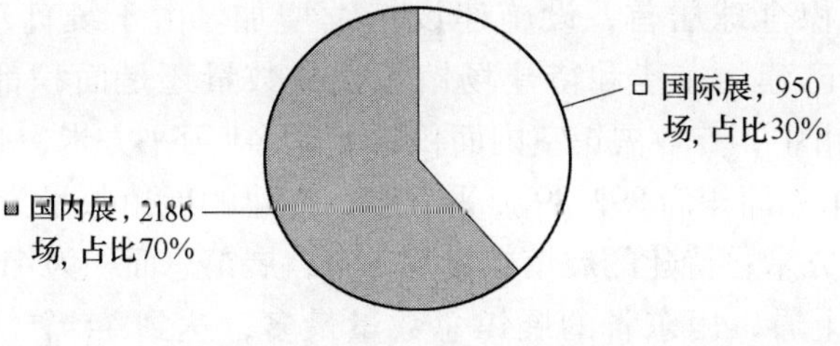

图 3-5　2014 年在专业展馆中举办的展览项目国际化程度占比分布

（6）展会层级提升，UFI 认证项目增多。截止到 2015 年底，国际展览业协会（UFI）中国会员达到了 95 个，较去年增加了 9 个，主要分布在我国的北京、广东、上海三地，其中北京的会员数达到了 29 个，广东省的达到了 24 个，上海市的达到了 22 个，三个省市的会员数约占总会员数的 79%，如图 3-6 所示。

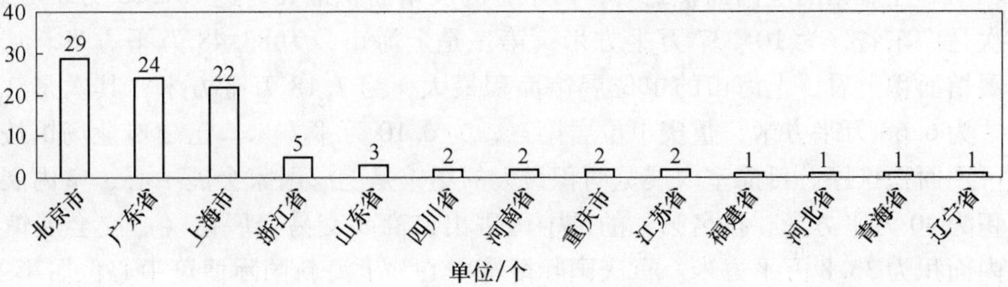

图 3-6　2015 年各省 UFI 中国会员数量分布图

从城市的分布上来看，截止到 2015 年底，UFI 中国会员主要分布在北京市、上海市、深圳市、广州市，其中北京市的会员数达到了 29 个，上海市的达到了 22 个，深圳市的达到了 11 个，广州市的达到了 9 个，这 4 个城市的会员数约占总会员数的 74%，如图 3-7 所示。

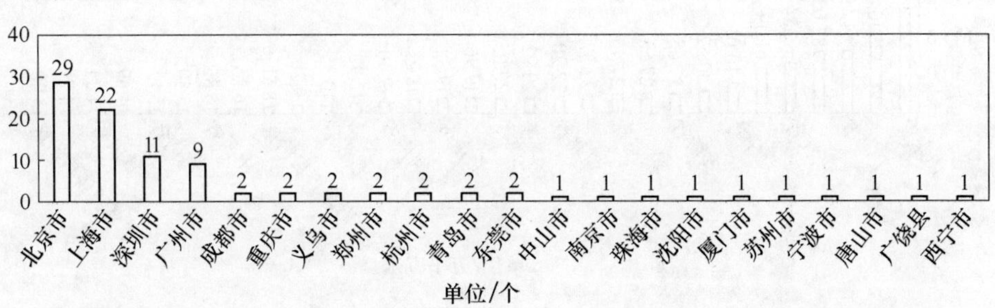

图 3-7　2015 年各城市 UFI 中国会员数量分布图

（7）展馆面积全球居首，设施建设持续增加。由于统计覆盖面继续增加，2015 年统计到的已建、在建和待建场馆无论是数量还是面积都有大幅上升。在 2015 年调研的城市中，专业展馆室内面积达 1120.41 万平方米，其中已建的展馆数量为 286 个，展馆总面积为 892.89 万平方米；在建的展馆数量为 21 个，展馆总面积为 186.82 万平方米；待建的展馆数量为 5 个，展馆总面积为 41.5 万平方米。

从展馆数量上看，山东省的展馆总数量最多，达到 44 个，其次江苏省，为 31 个，四川和广东分列第三、第四，为 25 个和 24 个。从城市展馆的数量上看，上海市以 12 个展馆的数量位居各城市的首位，其次是北京市、广州市、青岛市、杭州市、重庆市。

据国际展览业协会（UFI）统计，2015 年全球室内展览面积达到 20 万平方米以上的场馆共有 17 个，其中 4 个在中国（上海 2 个、广州 1 个、重庆 1 个），与德国并列第一。据《进出口经理人》杂志社发布的“2015 世界商展百强排行榜”，中国占有 19 席，比上年增加 1 席，居全球第二位，仅次于德国。

从专业展馆的室内面积上看，山东省的展馆面积最大，达 137.35 万平方米，其次是广东省，为 104.37 万平方米，第三是上海市，为 83.48 万平方米。从单位展馆面积上看，上海市的单位展馆面积最大，为 7.18 万平方米，其次是江西省，为 6.68 万平方米，重庆市位居第三，为 6.10 万平方米。已建专业场馆按室内可用面积排序。目前室内展览面积最大的场馆是上海国家会展中心，室内展览面积为 40 万平方米，排名第二的是中国进出口商品交易会展馆（广交会展馆），室内面积为 33.8 万平方米。重庆国际博览中心和上海新国际博览中心位居第三、四位，面积分别为 23 万、20 万平方米。展馆面积在 10 万～20 万平方米之间的有 10 个，分别是武汉国际博览中心、南昌绿地国际博览中心、青岛新南国际博览中心、南京国际博览中心、成都世纪城新国际会展中心、中国国际展览中心新馆、沈阳国际展览中心新馆、深圳会展中心、厦门国际会展中心和石家庄国际会展中心。

2015 年各省、市专业展览馆室内面积分布图如图 3-8 所示。

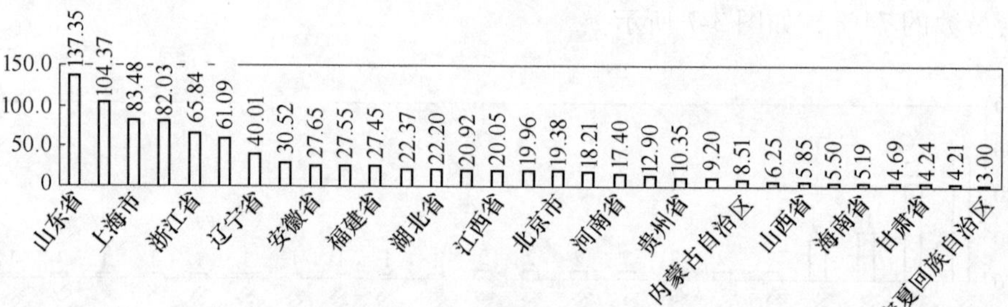

单位/万平方米

图 3-8　各省、市专业展览馆室内面积分布图

目前共有 9 个省份有在建场馆，山东省有 8 个展馆在建，四川省有 4 个场馆在建，辽宁省有 3 个展馆在建，广东有 2 个场馆在建，云南省、湖南省、浙江省、山西省和广西壮族自治区各有 1 个展馆在建。从建馆的面积上来看，山东省、广东省、云南省和湖南省建馆面积相对较大。

国内在建场馆面积及分布情况表，见表 3-3。

表 3-3　国内在建场馆面积及分布情况表

省　市	展馆数量/个	室内展出面积/万平方米	单位展馆面积/万平方米
山东省	8	76.2	9.5
广东省	2	62.0	31.0
云南省	1	30.0	30.0
湖南省	1	30.0	30.0
四川省	4	25.6	6.4
浙江省	1	13.0	13.0
辽宁省	3	1.3	0.4
山西省	1	0.7	0.7
广西壮族自治区	1	0.3	0.3

目前，共有 5 个省份的展馆处于待建状态，山西省有 2 个展馆待建，陕西省、吉林省、山东省和福建省各有 1 个展馆待建。从建馆的面积上来看，山东省的待建馆面积相对较大。

国内待建场馆面积及分布情况表，见表 3-4。

表 3-4　国内待建场馆面积及分布情况表

省市	展馆数量/个	室内展出面积/万平方米	单位展馆面积/万平方米
山西省	2	9.5	4.8
陕西省	1	30	30
吉林省	1	1	1
福建省	1	2	2
山东省	1	35.7	35.7

（二）区域及分布

2015 年，中国会展经济研究会的调查统计范围扩大到全国 595 个城市，比 2011 年首次调查统计的 83 个城市增长了 716.9%，比 2014 年 141 个城市增加 422%，涉及直辖市、副省级城市、省会城市、地级城市和县级城市等 5 个级别城市。

（1）“十二五”期间整体增幅趋势明显。“十二五”期间，我国展览业总体呈上升趋势。以展览面积为参照标准，2011～2015年共有24个省、市的总办展面积有增长，其余6个省、市展览面积有所下降，呈现出较好的发展态势。从区域布局看，中西部地区增速明显。在增速排名前十的省份中，中西部地区占8个省区市。其中增幅最快的为贵州省，增幅达到26.76%；而展览面积有所下降的省区市中，东部地区占有3席，尤其是北京市展览业下降幅度较大，达到7.57%，仅次于广西，是展览面积年均增幅下降最快的城市，详见图3-9。

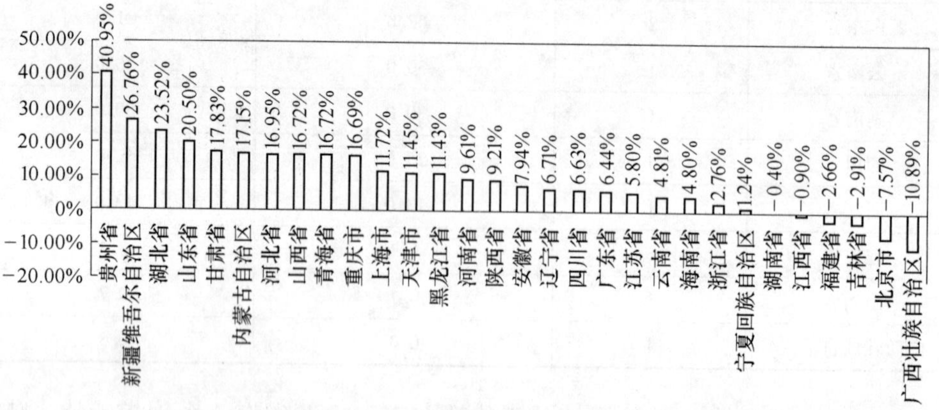

图3-9　2011～2015年各省市办展面积年均增幅情况

（2）一线城市总体稳定，排序略有变化。由于历史、经济、区位等多方面的原因，北、上、广会展传统优势依然存在，但随着上海国家展览中心建成投入使用，以及重庆市会展业异军突起，国内领头的展览城市的顺序发生了一定的变化。2015年，重庆市在展览数量和展览面积2个指标上均超过北京，位居第三位，北京则退居第四位。四大城市共举办展会2395场，比2014年2254场增加6.3%，占国内展会总数量的25.8%；展出面积3595.65万平方米，比2014年的3347万平方米增加7.4%，占国内展会总面积的30.5%。据统计，2015年，上海举办展览749场，展出面积1511.55万平方米，同2014年相比，展览数量略有减少，展览面积有较大幅度增加；广州举办展览482场，展出面积861.7万平方米，展览数量有大幅增加，展览面积有小幅增加；北京举办展览415场，展出面积520.1万平方米，展览数量小幅降低，展览面积大幅减少；重庆市举办展览749场，展出面积702.3万平方米，展览数量和展出面积都有较大幅度增长。上海、广州、重庆位居前三，北京退居第四（见表3-5和表3-6）。位居前4名的城市，无论是展览数量还是展出面积，都与后面的城市拉开较大距离，成为名副其实的中国展览第一梯队。

表 3-5　2014～2015 年上海、广州、重庆、北京展览数量统计表

城　市	2014 年数量/场	2015 年数量/场	增长率/%
上海市	769	749	-2.7
重庆市	662	749	20.4
广州市	392	482	30
北京市	431	415	-3.9

表 3-6　2014～2015 年上海、广州、重庆、北京展览面积统计表

城市	2014 年展览面积/万平方米	2015 年展览面积/万平方米	增长率/%
上海市	1279	1511.55	8.7
广州市	858.57	861.7	0.4
重庆市	601.3	702.3	16.8
北京市	608.19	520.1	-16.9

（3）展会区域分布较为广泛，城市集约化趋势减弱。在中国会展经济研究会统计的全国 160 个办展城市中，2015 年办展数量超过 100 场的城市有 22 个，占统计城市总数的 13.75%，比 2014 年增加 4.75%。

展会活动 50 场以下的城市有 114 个，占比 71%，比 2014 年下降 4%；与之相对应，展出面积超过 100 万平方米的城市有 29 个，占统计城市总数的 18.1%，比 2014 年增加 1.1%，展出面积 8890.26 万平方米，占比达到 75.35%。统计数据表明，许多城市都具有展会活动，展会活动分布较为广泛，但多数城市展会活动场次较少，规模较小；展览活跃城市展览活动多，展出面积大，展览集约化现象较为明显。

与 2014 年相比，2015 年展会集约化程度有所提升。办展面积超过 100 万平方米的 29 个城市展出面积占比增加 2.31%；上海、广州、重庆、北京四个城市的占比也都有所增加，数量增加 6.3%，面积增加 7.4%。展会面积超过 100 万平方米的城市有：上海、广州、重庆、北京、天津、东莞、成都、沈阳、武汉、青岛、深圳、杭州、西安、郑州、南京、淄博、哈尔滨、厦门、合肥、济南、长春、宁波、潍坊、贵阳、长沙、大连、南昌、苏州、福州。其中，淄博市的展出面积增长速度较快，由 2014 年的 47.50 万平方米增加到 2015 年的 217 万平方米，增幅高达 356.8%，潍坊市也由 45.3 万平方米增加到 137.83 万平方米，增幅达到 204.26%。

（4）中西部展览发展迅速，东部地区优势依然突出。近年来，中西部一些省市展会活动十分活跃，增长势头良好，也取得了较好的成效。根据中国会展经济研究会的统计，近年来展会增长最快的省市大都处于中西部地区。统计数据表明，2015 年展出面积超过平均增长速度的 16 个省份中，东北沿海地区、中部地

区和西部地区分别为7个、2个和7个；在增速度排序方面，天津、贵州、四川、山西、内蒙古、河南等位居前六位，增幅均超过30%。此外，云南的增幅为27%，陕西的增幅为22.7%，宁夏的增幅为17.8%，新疆的增幅为16.7%，均有较快的增长。

受到历史、区位和经济等多重因素的影响，目前展览大多还集中在东部沿海地区，东部地区举办展览的优势依然比较突出。随着上海国家会展中心的建成投入使用，上海作为会展中心城市带来的“虹吸”现象，使部分大型会展项目有向长三角地区转移的趋势。2015年，先后有北京服装服饰博览会、广州家具博览会等转移到上海举办，在一定程度上带来了区域中心城市的“引力模型”特征。

根据统计分析，2015年，我国东部地区12省、区、直辖市（辽宁、北京、天津、河北、山东、江苏、上海、浙江、福建、广东、广西、海南）办展5699场，占全国总数的61.39%，比2014年的5337场增加了5.25%，展出面积7834.55万平方米，占全国总展出面积的66.41%，比2014年的70.59%减少了4.18%；中西部地区19省、自治区（山西、内蒙古、吉林、黑龙江、安徽、江西、河南、湖北、湖南、陕西、甘肃、青海、宁夏、新疆、四川、重庆、云南、贵州、西藏）办展3584场，占全国总数的38.61%，比2014年的2672场增加了36.43%，展出面积4062.45万平方米，占全国总展出面积的33.59%，比2014年的3069.52万平方米增加了32.35%（见表3-7和图3-10）。

表3-7　2015年各省区市展览面积情况表

序号	省　市	办展数量/场	办展面积/万平方米	办展数量占比/%	办展面积占比/%	平均面积/万平方米
1	广东省	766	1653.76	8.25	14.29	2.16
2	上海市	749	1511.55	8.07	13.06	2.02
3	山东省	727	992.35	7.83	8.58	1.36
4	浙江省	728	767.59	7.84	6.63	1.05
5	重庆市	749	702.30	8.07	6.07	0.94
6	江苏省	665	678.65	7.16	5.87	1.02
7	四川省	645	622.30	6.95	5.38	0.96
8	辽宁省	677	607.65	7.29	5.25	0.90
9	北京市	415	520.10	4.47	4.49	1.25
10	天津市	260	346.00	2.80	2.99	1.33
11	河南省	378	323.05	4.07	2.79	0.85
12	湖北省	336	307.00	3.62	2.65	0.91

续表 3-7

序号	省 市	办展数量/场	办展面积/万平方米	办展数量占比/%	办展面积占比/%	平均面积/万平方米
13	福建省	239	303.46	2.57	2.62	1.27
14	河北省	279	274.02	3.01	2.37	0.98
15	陕西省	215	260.33	2.32	2.25	1.21
16	安徽省	254	241.56	2.74	2.09	0.95
17	黑龙江省	29	216.05	0.31	1.87	7.45
18	吉林省	153	189.80	1.65	1.64	1.24
19	湖南省	114	135.47	1.23	1.17	1.19
20	贵州省	136	128.00	1.47	1.11	0.94
21	江西省	122	119.61	1.31	1.03	0.98
22	广西壮族自治区	132	113.07	1.42	0.98	0.86
23	云南省	59	96.65	0.64	0.84	1.64
24	山西省	130	95.79	1.40	0.83	0.74
25	内蒙古自治区	86	95.19	0.93	0.82	1.11
26	新疆维吾尔自治区	52	86.03	0.56	0.74	1.65
27	海南省	62	66.35	0.67	0.57	1.07
28	甘肃省	72	41.61	0.78	0.36	0.58
29	青海省	21	38.38	0.23	0.33	1.83
30	宁夏回族自治区	33	37.70	0.36	0.33	1.14

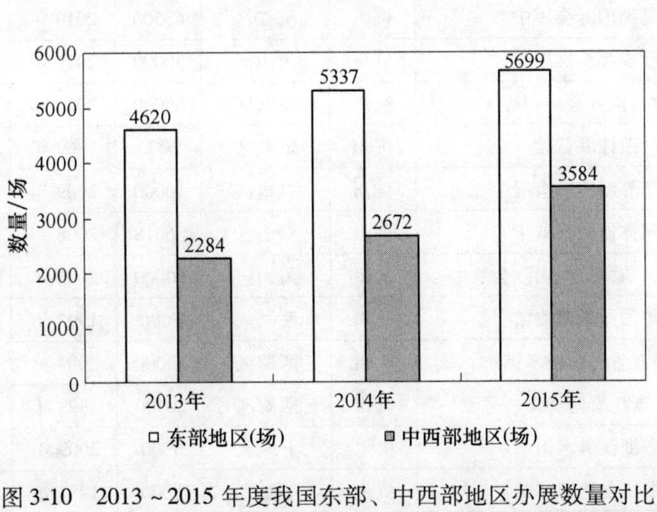

图 3-10　2013～2015 年度我国东部、中西部地区办展数量对比

三、长三角会展业发展现状

资源是会展业发展的重要基础。这些资源包括区位资源、产业资源、产品资源、文化资源、管理资源、设施资源、市场资源和服务资源。随着长三角地区经济的快速发展，长三角的会展业也一跃成为国内会展业最发达的地区。

（一）会展基础设施情况

（1）场馆基础设施情况。截止到2015年底，长三角协调会30个成员城市共有可对外出租的专业类会展场馆109个（未包含杭州奥体博览中心），总面积287万平方米。长三角会展场馆总体情况一览表见表3-8。

表3-8　长三角会展场馆总体情况一览表

序号	场馆名称	城市	县区	面积/平方米	建成时间	详细地址
1	宁波国际会展中心	宁波	江东区	70000	2012年	会展路181号
2	余姚国际会展中心	宁波	余姚市	43000	2000年	新建北路
3	慈溪会展中心	宁波	慈溪市	24500	2007年	北三环东路588号
4	宁海国际会展中心	宁波	宁海县	13494	2012年	金水路
5	宁波新闻文化展览中心	宁波	海曙区	4080	2003年	灵桥路768号
6	宁波美术馆	宁波	江北区	5300	2008年	人民路122号
7	宁波国际汽车城	宁波	江东区	33477	2007年	江南路289号
8	宁波市展览馆	宁波	海曙区	5000	1958年	药行街117号
9	浙江世贸国际展览中心	杭州	西湖区	12800	2005年	曙光路122号
10	杭州和平会展中心	杭州	下城区	25767	2003年	绍兴东路158号
11	白马湖国际会展中心	杭州	滨江区	63500	2010年	长江路336号
12	新农都会展中心	杭州	萧山区	30000	2011年	建设四路858号
13	杭州国际会展中心	杭州	拱墅区	60000	2003年	石祥路589号
14	浙江展览馆	杭州	下城区	5000	1969年	环城北路47号
15	杭州海外海国际会展中心	杭州	拱墅区	10000	2009年	上塘路329号
16	杭州休博园会展中心	杭州	萧山区	36618	2008年	萧山区湘湖
17	中国纺织采购博览城国际会展中心	杭州	萧山区	60000	2006年	衙前镇衙前一号
18	中国丝绸博物馆	杭州	西湖区	5000	1992年	玉皇山73－1号
19	浙江省科学技术馆	杭州	西湖区	10000	2009年	西湖文化广场
20	浙江省博物馆	杭州	西湖区	20400	1993年	孤山路25号
21	浙江美术馆	杭州	上城区	9000	2009年	南山路138号
22	浙江自然博物馆	杭州	下城区	8000	1984年	中山北路581号

续表 3-8

序号	场馆名称	城市	县区	面积/平方米	建成时间	详细地址
23	上虞国际大酒店国际会展中心	绍兴	上虞市	2300	2004 年	城北商业中心
24	金华市农业展览馆	金华	婺城区	8000	2008 年	环城北路 117 号
25	金华市工业品展览中心	金华	婺城区	5000	2008 年	婺州街 1188 号
26	金华美术馆	金华	婺城区	3000	2012 年	宾虹路 1181 号
27	金华科技馆	金华	婺城区	2500	2002 年	双龙南街 828 号
28	义乌国际博览中心	金华	义乌市	106000	2009 年	江东东路 59 号
29	义乌会展体育中心	金华	义乌市	30000	2001 年	宾王路 301 号
30	义乌博物馆	金华	义乌市	3000	1997 年	城中北路 126 号
31	永康国际会展中心	金华	永康市	70000	2011 年	金都路 6 号
32	武义展览中心	金华	武义县	8000	2012 年	中盛路
33	东阳中国木雕城	金华	东阳市	2000	2006 年	世贸大道 188 号
34	温州国际会展中心	温州	鹿城区	41000	2003 年	江滨东路 1 号
35	温州市展览馆	温州	鹿城区	2500	2000 年	车站大道 627 号
36	温州科技馆	温州	鹿城区	15000	2004 年	市府路世纪广场
37	温州博物馆	温州	鹿城区	12000	2003 年	市府路
38	温州市美术馆	温州	鹿城区	1300	2013 年	江滨东路 1 号
39	台州国际会展中心	台州	路桥区	35000	2001 年	区腾达路 901 号
40	温岭会展中心	台州	温岭市	10000	2010 年	中心大道
41	黄岩文化馆	台州	黄岩市	2050	1986 年	劳动南路 9 号
42	嘉兴国际会展中心	嘉兴	经开区	25000	2005 年	新气象路 618 号
43	嘉兴科技馆	嘉兴	经开区	4100	1997 年	友谊街
44	桐乡市科技会展中心	嘉兴	桐乡市	10000	2004 年	振兴东路 456 号
45	中国轻纺城会展中心	绍兴	绍兴县	26689	1999 年	金柯桥大道
46	绍兴世界贸易中心	绍兴	绍兴县	15000	2008 年	柯桥镇
47	德清县会展中心	湖州	德清县	25000	2001 年	云岫南路
48	诸暨市会展中心	绍兴	诸暨市	25000	2004 年	南一路
49	浙江海洋科技会展中心	舟山	定海区	15000	2001 年	海院路 18 号
50	舟山体育展览中心	舟山	定海区	10000	2011 年	体育路 69 号
51	衢州市会展中心	衢州	柯城区	3600	2006 年	衢化路
52	衢州东方会展中心	衢州	柯城区	2268	2005 年	劳动路 1 号

续表 3-8

序号	场馆名称	城市	县区	面积/平方米	建成时间	详细地址
53	嵊州体育馆	绍兴	嵊州市	6000	2010 年	东南路 596 号
54	临安市文体会展中心	杭州	临安市	3500	2013 年	玲珑街道
55	中国动漫博物馆	杭州	滨江区	20000	2013 年	白马湖
56	中国畲族博物馆	丽水	景宁县	600	2011 年	城鹤溪镇
57	上海国际展览中心	上海	长宁区	12000	1992 年	娄山关路 55 号
58	上海光大会展中心	上海	徐汇区	27900	2004 年	漕宝路 66 号
59	上海汽车会展中心	上海	嘉定区	24023	2006 年	博园路 7575 号
60	上海新国际博览中心	上海	浦东区	200000	2001 年	龙阳路 2345 号
61	上海展览中心	上海	静安区	22000	1955 年	延安路 1000 号
62	上海多媒体生活广场会展中心	上海	长宁区	6000	2004 年	长宁路 999 号
63	上海东亚展览馆	上海	徐汇区	7515	2002 年	天钥桥路 666 号
64	上海科技馆	上海	浦东区	65000	2001 年	世纪大道 2000 号
65	上海博物馆	上海	黄浦区	39200	1952 年	武胜路 188 号
66	上海国际会议中心	上海	浦东区	10000	1999 年	滨江大道 2727 号
67	上海农业展览馆	上海	长宁区	12000	1950 年	虹桥路 2268 号
68	上海美术馆	上海	黄浦区	18000	1956 年	南京西路 325 号
69	上海自然博物馆	上海	黄浦区	6300	1960 年	延安东路 260 号
70	上海世博展览馆	上海	浦东区	81000	2010 年	国展路 1099 号
71	上海世贸商城	上海	长宁区	37000	1999 年	延安西路 2299 号
72	南京国际展览中心	南京	玄武区	45000	2000 年	龙蟠路 88 号
73	南京国际博览中心	南京	建邺区	120000	2008 年	燕山路 199 号
74	南京科技馆	南京	雨花台区	20000	2005 年	紫荆花路 9 号
75	南京博物馆	南京	玄武区	84000	2013 年	中山东路 321 号
76	南京美术馆	南京	白下区	700	2003 年	四条巷 12 号
77	江苏省美术馆	南京	玄武区	8000	2009 年	长江路 333 号
78	南京市规划建设展览馆	南京	玄武区	16414	2006 年	玄武门路 22 号
79	苏州国际博览中心	苏州	工业园	69000	2004 年	工业园区
80	苏州国际会议展览中心	苏州	吴江区	15000	1999 年	干将西路 1296 号
81	苏州市国际贸易中心	苏州	姑苏区	10000	2007 年	三香路 128 号
82	苏州市美术馆	苏州	姑苏区	2000	1997 年	沧浪亭后 4 号

续表 3-8

序号	场馆名称	城市	县区	面积/平方米	建成时间	详细地址
83	无锡人湖国际博览中心	无锡	滨湖区	65400	2010 年	清舒道 88 号
84	无锡新体育中心	无锡	滨湖区	6600	2002 年	太湖大道 1500 号
85	无锡中国民族工商业博物馆	无锡	南长区	7300	2007 年	振新路 415 号
86	无锡美术馆	无锡	北塘区	1135	2004 年	县前西街 79 号
87	江阴市体育馆	无锡	江阴市	2000	2004 年	澄江东路
88	常熟博物馆	苏州	常熟市	9100	1997 年	北门大街 1 号
89	常熟市体育馆	苏州	常熟市	6000	1997 年	海虞北路 25 号
90	无锡市博物馆	无锡	南长区	7000	2007 年	惠河路 71 号
91	常州市工业展览馆	常州	天宁区	6000	1998 年	兰陵路 32 号
92	徐州国际会展中心	徐州	云龙区	12000	2000 年	会展路一号
93	徐州展览馆	徐州	泉山区	8000	1969 年	淮海西路
94	徐州博物馆	徐州	云龙区	3000	1959 年	和平路 101 号
95	常州国际展览中心	常州	高新区	20900	1997 年	高新科技园
96	江苏金海国际展览中心	连云港	连云区	18000	2002 年	海棠路
97	昆山科技文化博览中心	苏州	昆山市	12000	2001 年	前进中路 109 号
98	扬州博物馆	扬州	开发区	10000	2005 年	文昌西路 468 号
99	扬州国际会展中心	扬州	开发区	18000	2002 年	文昌西路
100	扬州美术馆	扬州	广陵区	11216	2010 年	维扬路
101	江苏农业展览馆	扬州	开发区	18000	2002 年	文昌西路
102	苏州国际农业精华馆	苏州	吴县市	20000	2012 年	浦庄镇沿湖路
103	泰州国际博览中心	泰州	高港区	12692	2011 年	寺巷镇药城大道
104	太仓工业展览馆	苏州	太仓县	5800	2010 年	郑和中路 309 号
105	太仓现代农业展示馆	苏州	太仓县	6000	2008 年	现代农业示范园
106	南通市体育会展中心	南通	崇川区	20000	2006 年	崇川区园林路
107	镇江体育会展中心	镇江	润州区	12000	2012 年	镇江市润州区
108	江苏运河文化体育会展中心	宿迁	淮海经济区	25000	2012 年	湖滨新城
109	盐城国际会展中心	盐城	经开区	20000	2009 年	黄山南路 9 号

其中，2015 年场馆出租面积超过 5 万平方米的专业展馆共有 31 个，可对外出租面积 167 万平方米。长三角协调会成员城市出租面积 5 万平方米以上场馆一览表，见表 3-9。

表 3-9 长三角协调会成员城市出租面积 5 万平方米以上场馆一览表

序号	展馆名称	城市	室内面积/平方米	室外面积/平方米	展览个数/个	总出租面积/平方米
1	上海新国际博览中心	上海	200000	100000	134	6231480
2	国家会展中心（上海）	上海	400000	100000	42	3990669
3	上海世博展览馆	上海	80000	0	67	1779726
4	南京国际博览中心	南京	96000	30000	26	1034000
5	宁波国际会议展览中心	宁波	77416	10570	43	990500
6	义乌国际博览中心	金华	120000	20000	16	615600
7	苏州国际博览中心	苏州	70000	30000	22	583584
8	无锡太湖国际博览中心	无锡	62400	20000	17	546200
9	南京国际展览中心	南京	45000	28580	31	529939
10	安徽国际会展中心	合肥	106800	20000	22	479000
11	上海国际展览中心	上海	11900	1000	27	438000
12	上海展览中心	上海	21743	15000	33	413612
13	温州国际会展中心	温州	36000	33000	14	360000
14	合肥滨湖国际会展中心	合肥	37000	45700	13	342100
15	台州市国际会展中心	台州	26000	10000	11	333000
16	杭州和平国际会展中心	杭州	26000	10000	20	263908
17	昆山花桥国际博览中心	苏州	40000	12000	8	253000
18	杭州白马湖国际会展中心	杭州	63884	0	8	186000
19	昆山国际会展中心	苏州	48000	0	4	170000
20	永康国际会展中心	金华	75600	0	2	155300
21	上海跨国采购中心	上海	13000	0	15	148000
22	上海世贸商城	上海	20800	0	11	142400
23	中国中部花木城会展中心	合肥	10000	0	3	130000
24	上海汽车会展中心	上海	30000	0	3	129000
25	杭州海外海国际会展中心	杭州	15000	3000	6	106000
26	上海国际会议中心	上海	2738	0	7	97476
27	慈溪会展中心	宁波	16500	20000	4	85000
28	常州太湖国际博览中心	常州	42000	20000	2	70000
29	扬州国际展览中心	扬州	8100	4000	5	66000
30	徐州国际会展中心	徐州	32469	20000	5	63000
31	义乌中国小商品城会展中心	金华	20000	0	3	50000

长三角会展场馆建设与发展的主要特征。通过上述收集数据并得到相关机构的认定，截止到 2015 年 12 月，长三角地区共有各类展览场馆 109 个，场馆总面

积达到287万平方米。其中，超过2万平方米净展位规模以上的展览场馆38个。从地区分布看，上海市有会展场馆15个，浙江省有会展场馆56个，江苏省有会展场馆46个；从不同级别的城市分布看，直辖市（上海）有15个，副省级城市（南京、杭州、宁波）有29个，地级市有会展场馆45个，县域（县级市）有会展场馆28个。从场馆的规模看，10万平方米以上的场馆有3个（上海、南京、义乌各1个），5万~10万平方米的有10个，2万~5万平方米的有23个，1万~2万平方米的有34个，1万平方米以下的有47个。具体分布情况见表3-10。

表3-10　长三角各地市会展场馆数量与面积汇总表

序号	城市名称	场馆数量/个	场馆面积/平方米
1	上海市	15	567938
2	南京市	7	294114
3	杭州市	14	356085
4	宁波市	8	198851
5	苏州市	10	134900
6	无锡市	6	89435
7	南通市	2	21400
8	镇江市	3	24000
9	常州市	2	26900
10	泰州市	1	12692
11	徐州市	3	23000
12	扬州市	4	57216
13	连云港市	1	18000
14	宿迁市	3	53000
15	盐城市	1	20000
16	淮安市	4	20000
17	温州市	5	71800
18	绍兴市	5	42689
19	金华市	10	237500
20	台州市	3	47050
21	嘉兴市	3	39100
22	舟山市	2	25000
23	湖州市	1	25000
24	丽水市	1	600
25	衢州市	2	5868

2015年长三角成员城市专业展览场馆面积统计表，见表3-11。

表3-11 2015年长三角成员城市专业展览场馆面积统计表

全国排序	城市	展馆数量/个	室内展出面积/万平方米	单位展馆面积/万平方米
1	上海市	12	86.21	7.18
5	杭州市	6	21.92	3.65
11	南京市	4	16.72	4.18
17	合肥市	3	13.15	4.38
18	昆山市	4	13.00	3.25
20	无锡市	5	12.85	2.57
30	义乌市	1	9.32	9.32
32	苏州市	2	9.00	4.50
36	宁波市	1	7.74	7.74
38	永康市	1	7.60	7.60
46	泰州市	2	6.20	3.10
51	连云港市	2	5.32	2.66
60	芜湖市	1	4.50	4.50
63	徐州市	2	4.30	2.15
66	盐城市	2	3.50	1.75
67	南通市	2	3.40	1.70
69	温州市	1	3.32	3.32
73	余姚市	1	3.10	3.10
80	绍兴市	1	2.67	2.67
81	台州市	1	2.50	2.50
82	嘉兴市	1	2.50	2.50
90	常熟市	1	2.10	2.10
98	常州市	1	1.80	1.80
101	慈溪市	1	1.65	1.65
112	扬州市	1	1.50	1.50
114	淮安市	1	1.40	1.40
117	海宁市	1	1.19	1.19
118	温岭市	1	1.18	1.18
120	镇江市	1	1.10	1.10
131	宁海县	1	0.80	0.80
137	衢州市	1	0.36	0.36
138	马鞍山市	1	0.20	0.20

（2）会议基础设施情况。长三角是国内会议产业最发达的城市。2014 年，上海、南京、杭州三城市被列为国内会议产业最发达的城市。长三角会议基础设施主要体现在高星级酒店和专业性会议中心。具体见表 3-12。

表 3-12 长三角 4 星及 5 星级酒店分布情况一览表

序号	酒店名称	省份	地市	星级	地理位置
1	杭州歌德大酒店	浙江省	杭州市	5	西湖大道 19 号
2	杭州索菲特西湖大酒店	浙江省	杭州市	5	西湖大道 333 号
3	杭州维景国际大酒店	浙江省	杭州市	5	平海路 2 号
4	雷迪森旅业集团雷迪森大酒店	浙江省	杭州市	5	体育场路 333 号
5	浙江国际大酒店	浙江省	杭州市	5	体育场路 221 号
6	杭州海外海皇冠假日酒店	浙江省	杭州市	5	杭州市上塘路 333 号
7	杭州西湖国宾馆	浙江省	杭州市	5	杭州市杨公堤 18 号
8	浙江世贸君澜大酒店	浙江省	杭州市	5	杭州曙光路 122 号
9	杭州黄龙饭店	浙江省	杭州市	5	曙光路 120 号
10	浙江西子宾馆	浙江省	杭州市	5	南山路 37 号
11	杭州开元名都大酒店	浙江省	杭州市	5	市心中路 818 号
12	杭州第一世界大酒店	浙江省	杭州市	5	杭州市萧山区湘湖路 92 号
13	杭州世外桃源皇冠假日酒店	浙江省	杭州市	5	湘湖路 3318 号
14	浙江金马饭店	浙江省	杭州市	5	通惠中路 218 号
15	杭州太虚湖假日酒店	浙江省	杭州市	5	义桥镇东方文化园内
16	杭州良渚君澜度假酒店	浙江省	杭州市	5	良渚文化村内
17	杭州陆羽山庄度假酒店	浙江省	杭州市	5	径山镇双溪漂流景区内
18	浙江天都城酒店	浙江省	杭州市	5	广厦天都城
19	杭州千岛湖开元度假村	浙江省	杭州市	5	千岛湖镇阳光路 888 号
20	浙江南国大酒店	浙江省	杭州市	5	馆驿里 8 号
21	杭州中都青山湖畔大酒店	浙江省	杭州市	5	锦城镇圣园路 88 号
22	宁波华侨豪生大酒店	浙江省	宁波市	5	柳汀街 230 号
23	宁波凯洲皇冠假日酒店	浙江省	宁波市	5	药行街 129 号
24	宁波南苑饭店	浙江省	宁波市	5	宁波市海曙区灵桥路 2 号
25	宁波万豪酒店	浙江省	宁波市	5	宁波和义路 188 号
26	宁波东港喜来登酒店	浙江省	宁波市	5	宁波彩虹北路 50 号

续表 3-12

序号	酒店名称	省份	地市	星级	地理位置
27	中信宁波国际大酒店	浙江省	宁波市	5	江东北路1号
28	宁波远洲国际大酒店	浙江省	宁波市	5	江北大道99号
29	宁波大榭国际大酒店	浙江省	宁波市	5	大榭开发区信开路111号
30	宁波开元九龙湖度假村	浙江省	宁波市	5	九龙湖镇郎家坪风景区
31	宁波开元名都大酒店	浙江省	宁波市	5	首南中路666号
32	宁波南苑环球酒店	浙江省	宁波市	5	鄞县大道1288号
33	万达索菲特大酒店	浙江省	宁波市	5	四明中路899号
34	宁波石浦半岛酒店	浙江省	宁波市	5	石浦镇金山路218号
35	宁波象山港国际大酒店	浙江省	宁波市	5	丹东街道象山港路1111号
36	太平洋大酒店	浙江省	宁波市	5	南滨江路168号
37	余姚宾馆	浙江省	宁波市	5	舜水南路108号
38	达蓬山大酒店	浙江省	宁波市	5	龙山镇徐福村达蓬山度假区
39	慈溪杭州湾大酒店	浙江省	宁波市	5	寺山路301号
40	恒元大酒店有限公司	浙江省	宁波市	5	滨海一路55号
41	银凤度假村	浙江省	宁波市	5	奉化溪口沙堤村
42	温州万和豪生大酒店	浙江省	温州市	5	江滨东路1号
43	温州华侨饭店	浙江省	温州市	5	信河街1号
44	香格里拉大酒店	浙江省	温州市	5	香源路1号
45	天豪君澜大酒店	浙江省	温州市	5	乐成镇千帆东路277号
46	乐清市金鼎大酒店	浙江省	温州市	5	宁康西路96号
47	嘉兴阳光大酒店	浙江省	嘉兴市	5	嘉兴市中山东路1628号
48	浙江世博大酒店	浙江省	嘉兴市	5	嘉善大道555号
49	嘉善罗星阁宾馆	浙江省	嘉兴市	5	罗星街道车站路335号
50	海洲大饭店	浙江省	嘉兴市	5	海州西路199号
51	海宁皮都锦江大酒店	浙江省	嘉兴市	5	海宁大道302号
52	金银岛国际大酒店	浙江省	嘉兴市	5	武康镇北湖东街818号
53	绍兴市咸亨酒店	浙江省	绍兴市	5	绍兴市鲁迅中路179号
54	绍兴国际大酒店	浙江省	绍兴市	5	绍兴市府山西路100号
55	绍兴开元名都大酒店	浙江省	绍兴市	5	绍兴市人民东路278号
56	绍兴饭店	浙江省	绍兴市	5	绍兴市环山路8号
57	绍兴县富丽华大酒店	浙江省	绍兴市	5	柯桥街道笛扬路1338号

续表 3-12

序号	酒 店 名 称	省份	地市	星级	地 理 位 置
58	绍兴天马君澜大酒店	浙江省	绍兴市	5	柯桥裕民路 1399 号
59	绍兴鉴湖大酒店	浙江省	绍兴市	5	柯岩人道 518 号
60	绿城雷迪森大酒店	浙江省	绍兴市	5	新昌玫瑰大道 688 号
61	诸暨耀江开元名都大酒店	浙江省	绍兴市	5	环城东路 207 号
62	上虞国际大酒店	浙江省	绍兴市	5	市民大道 333 号
63	雷迪森万锦大酒店	浙江省	绍兴市	5	市民大道 555 号
64	锦都酒店	浙江省	绍兴市	5	城中中路 168 号
65	舟山喜来登绿城酒店	浙江省	舟山市	5	临城新区千岛路 101 号
66	台州耀达国际酒店	浙江省	台州市	5	耀达路 318 号
67	临海华侨大酒店	浙江省	台州市	5	临海大道 1 号
68	丽水华侨开元名都大酒店	浙江省	丽水市	5	丽阳街 651 号
69	杭州金溪山庄	浙江省	杭州市	4	杨公堤 39 号
70	杭州海华满陇度假酒店	浙江省	杭州市	4	满觉陇路 2 号
71	浙江宾馆	浙江省	杭州市	4	三台山路 278 号
72	杭州华辰国际饭店	浙江省	杭州市	4	平海路 25 号
73	杭州友华饭店	浙江省	杭州市	4	平海路 53 号
74	杭州红星文化大厦	浙江省	杭州市	4	建国南路 280 号
75	浙江梅地亚新闻交流中心	浙江省	杭州市	4	长生路 18 号
76	杭州马可波罗假日酒店	浙江省	杭州市	4	平海路 38 号
77	杭州香溢大酒店	浙江省	杭州市	4	解放路 108 号
78	杭州新侨饭店	浙江省	杭州市	4	解放路 226 号
79	杭州红楼大酒店	浙江省	杭州市	4	西湖大道 2 号
80	杭州大厦宾馆	浙江省	杭州市	4	武林广场 21 号
81	杭州万华国际酒店	浙江省	杭州市	4	香积寺东路 60 号
82	杭州新金山大酒店	浙江省	杭州市	4	中河北路 3 号
83	华美达广场杭州海华大酒店	浙江省	杭州市	4	庆春路 298 号
84	杭州五洋宾馆	浙江省	杭州市	4	庆春路 48 号
85	浙江大酒店	浙江省	杭州市	4	延安路 595 号
86	杭州大酒店	浙江省	杭州市	4	杭州延安路 546 号
87	浙江饭店	浙江省	杭州市	4	延安路 447 号
88	杭州中豪大酒店	浙江省	杭州市	4	秋涛北路 76 号

续表 3-12

序号	酒店名称	省份	地市	星级	地理位置
89	杭州华辰银座酒店	浙江省	杭州市	4	新塘路 342 号
90	杭州皇冠大酒店	浙江省	杭州市	4	天城路 88 号
91	杭州之江饭店	浙江省	杭州市	4	莫干山路 188 号
92	杭州通信大厦	浙江省	杭州市	4	上塘路 386 号
93	杭州星都宾馆	浙江省	杭州市	4	文晖路 448 号
94	纳德大酒店	浙江省	杭州市	4	湖墅南路 2 号
95	杭州汽车城海外海国际酒店	浙江省	杭州市	4	石祥路 579 号
96	杭州海外海百纳大酒店	浙江省	杭州市	4	沈半路 456 号
97	杭州梅苑宾馆	浙江省	杭州市	4	莫干山路 511 号
98	浙江文华大酒店	浙江省	杭州市	4	文二路 38 号
99	杭州大华饭店	浙江省	杭州市	4	南山路 171 号
100	杭州华美达大酒店	浙江省	杭州市	4	江南大道 3399 号
101	杭州萧山宝盛宾馆	浙江省	杭州市	4	市心中路 618 号
102	杭州凯豪大酒店	浙江省	杭州市	4	体育路 268 号
103	杭州金马国际酒店	浙江省	杭州市	4	文化路 1 号
104	杭州萧山航民宾馆	浙江省	杭州市	4	瓜沥镇航民村
105	杭州明日宾馆	浙江省	杭州市	4	瓜沥镇东灵北路 1 号
106	杭州城市花园酒店	浙江省	杭州市	4	临平人民大道 505 号
107	杭州富邦国际大酒店	浙江省	杭州市	4	临平世纪大道 128 号
108	杭州千岛龙庭开元大酒店	浙江省	杭州市	4	环湖南路 1 号
109	千岛湖饭店	浙江省	杭州市	4	千岛湖镇新安北路 35 号
110	杭州海外海置业度假酒店	浙江省	杭州市	4	千岛湖镇南山开发路 1 号
111	杭州海外海月亮湾大酒店	浙江省	杭州市	4	新安江艾溪路 1 号
112	杭州黄龙月亮湾大酒店	浙江省	杭州市	4	新安江艾溪路 1 号
113	宁波新园宾馆	浙江省	宁波市	4	解放南路 188 号
114	宁波大酒店	浙江省	宁波市	4	中山东路 145 号
115	宁波嘉和大酒店	浙江省	宁波市	4	新典路 108 号
116	宁波文昌大酒店	浙江省	宁波市	4	中山西路 36 号
117	宁波新晶都酒店	浙江省	宁波市	4	百丈东路 1088 号
118	宁波开元大酒店	浙江省	宁波市	4	百丈东路 812 号
119	宁波新舟宾馆	浙江省	宁波市	4	宁波中山东路 678 号

续表 3-12

序号	酒店名称	省份	地市	星级	地理位置
120	宁波天港禧悦酒店	浙江省	宁波市	4	惊驾路 1088 号
121	宁波金港大酒店	浙江省	宁波市	4	扬善路 51 号
122	金陵富春国际大酒店	浙江省	宁波市	4	庐山西路 139 号
123	戚家山宾馆	浙江省	宁波市	4	小港东海路 20 号
124	老板娘新光大酒店	浙江省	宁波市	4	明州路 789 号
125	镇海九龙山庄	浙江省	宁波市	4	九龙湖风景区
126	招宝山饭店	浙江省	宁波市	4	城关鼓楼东路 21 号
127	宁波钱湖悦庄	浙江省	宁波市	4	东钱湖安石路 777 号
128	浙海大酒店	浙江省	宁波市	4	古林镇联丰中路 88 号
129	象山黄金海岸大酒店	浙江省	宁波市	4	松兰山旅游度假区
130	天明山温泉大酒店	浙江省	宁波市	4	深圳镇南溪
131	开元新世纪大酒店	浙江省	宁波市	4	桃源中路 159 号
132	中塑石浦大酒店	浙江省	宁波市	4	新建北路 232 号
133	慈溪国际大酒店	浙江省	宁波市	4	新城大道 625 号
134	沈师桥大酒店	浙江省	宁波市	4	观海卫镇师宓路口
135	中益商务酒店	浙江省	宁波市	4	青少年宫北路 100 号
136	温州奥林匹克大酒店	浙江省	温州市	4	民航路 8 号
137	温州国际大酒店	浙江省	温州市	4	人民中路 1 号
138	温州国贸大酒店	浙江省	温州市	4	黎明西路 1 号
139	温州江心海景酒店	浙江省	温州市	4	江心西园
140	温州顺生大酒店	浙江省	温州市	4	鹿城路 36 号
141	温州万豪大酒店	浙江省	温州市	4	火车站东首
142	温州王朝大酒店	浙江省	温州市	4	民航路 2 号
143	温州维多利亚大酒店	浙江省	温州市	4	马鞍池东路 320 号
144	新南亚大酒店	浙江省	温州市	4	东游路 71 号
145	温州云天楼假日皇都大酒店	浙江省	温州市	4	过境公路 2099 号
146	温州瑶溪王朝大酒店	浙江省	温州市	4	瑶溪镇瑶溪风景名胜区
147	温州市将军大酒店	浙江省	温州市	4	将军桥过境公路 1558 号
148	温州东瓯大酒店	浙江省	温州市	4	温州大道东建大厦
149	温州梦江大酒店	浙江省	温州市	4	瓯北阳光大道
150	永嘉人人国际酒店	浙江省	温州市	4	瓯北镇双塔路

续表 3-12

序号	酒店名称	省份	地市	星级	地理位置
151	平阳县国际大酒店	浙江省	温州市	4	鳌江镇市府路
152	苍南万豪商务大酒店	浙江省	温州市	4	站前大道 118 号
153	瑞安国际大酒店	浙江省	温州市	4	万松东路 555 号
154	钱塘阳光假日酒店	浙江省	温州市	4	阳光路 8 号
155	雁荡山山庄	浙江省	温州市	4	雁荡山霄霞路 8 号
156	乐清新世纪大酒店	浙江省	温州市	4	乐成镇宁康东路 150 号
157	嘉兴浦京大酒店	浙江省	嘉兴市	4	雅山东路 233 号
158	嘉兴奥林匹克大酒店	浙江省	嘉兴市	4	油车港奥星路 287 号
159	嘉善宾馆	浙江省	嘉兴市	4	谈公北路 1 号
160	嘉善梅园大酒店	浙江省	嘉兴市	4	解放西路 1 号
161	杭州湾国际酒店	浙江省	嘉兴市	4	百尺北路 168 号
162	海宁玉龙国际商务酒店	浙江省	嘉兴市	4	许村镇市场路 201 号
163	海宁市凯元国际酒店	浙江省	嘉兴市	4	火车站广场 65 号
164	平湖圣雷克大酒店	浙江省	嘉兴市	4	当湖路 398－506 号
165	桐乡国际大酒店	浙江省	嘉兴市	4	梧桐街道庆丰中路 2 号
166	钱塘新世纪大酒店	浙江省	嘉兴市	4	庆丰南路 6 号
167	桐乡东方大酒店	浙江省	嘉兴市	4	振兴中路 23 号
168	桐乡市乌镇黄金水岸大酒店	浙江省	嘉兴市	4	乌镇青镇路 8 号
169	桐乡市银园大酒店	浙江省	嘉兴市	4	庆丰南路
170	群英山庄	浙江省	湖州市	4	埭溪镇红旗村石郎
171	湖州天煌大酒店	浙江省	湖州市	4	龙溪北路 168 号
172	湖州国际大酒店	浙江省	湖州市	4	红旗路 117 号
173	湖州浙北大酒店	浙江省	湖州市	4	红旗路南街口
174	德清新雅兰大酒店	浙江省	湖州市	4	武康镇武源街 659 号
175	新福大酒店	浙江省	湖州市	4	武康镇永安街 121 号
176	长兴县国际大酒店	浙江省	湖州市	4	雉城镇太湖大道 1 号
177	安吉香溢度假村	浙江省	湖州市	4	灵峰旅游度假区
178	安吉国际假日酒店	浙江省	湖州市	4	递铺镇胜利西路 48 号
179	百汇大酒店	浙江省	湖州市	4	胜利东路 8 号
180	安吉新缘通国际酒店	浙江省	湖州市	4	递铺胜利西路 260 号
181	中汇大酒店	浙江省	湖州市	4	胜利东路 377 号

续表 3-12

序号	酒 店 名 称	省份	地市	星级	地 理 位 置
182	银泰大酒店	浙江省	绍兴市	4	绍兴人民西路 255 号
183	秦望大酒店	浙江省	绍兴市	4	城南大道 515 号
184	鑫洲海湾大酒店	浙江省	绍兴市	4	二环北路 50 号
185	绍兴县金昌开元大酒店	浙江省	绍兴市	4	柯桥金柯桥大道 1277 号
186	泰坦国际大酒店	浙江省	绍兴市	4	七星街道泰坦大道 97 号
187	浙江百瑞五泄度假村	浙江省	绍兴市	4	五泄风景区
188	诸暨西子宾馆	浙江省	绍兴市	4	南屏路 28 号
189	诸暨大酒店	浙江省	绍兴市	4	城关镇滨江中路 1 号
190	海亮商务酒店	浙江省	绍兴市	4	店口镇中央大道海亮大厦
191	振越大酒店	浙江省	绍兴市	4	暨阳路 122 号
192	诸暨七彩国际大酒店	浙江省	绍兴市	4	大唐朝镇开元西路 357 号
193	上虞宾馆	浙江省	绍兴市	4	丁界寺新河路 2 号
194	嵊州宾馆	浙江省	绍兴市	4	剡湖街道北艇路 218 号
195	金华市世贸大饭店	浙江省	金华市	4	八一北街 737 号
196	金华国贸景澜大饭店	浙江省	金华市	4	双溪西路 369 号
197	金华五星大酒店	浙江省	金华市	4	人民西路 701 号
198	浙江明招温泉国际大酒店	浙江省	金华市	4	明招路 8 号
199	开禧廊桥酒店	浙江省	金华市	4	溪南街 5 号
200	浦江国际开元大酒店	浙江省	金华市	4	人民东路 1 号
201	浦江塔山大酒店	浙江省	金华市	4	环城东路 59 号
202	义乌大酒店	浙江省	金华市	4	宾王路 103 号
203	华美达广场之江大酒店	浙江省	金华市	4	城中北路 9 号
204	义乌市凯信大酒店	浙江省	金华市	4	宾王路 217 号
205	伊美广场酒店	浙江省	金华市	4	城中中路 128 号
206	义乌市颐和大酒店	浙江省	金华市	4	工人北路 2 号
207	义乌银都酒店	浙江省	金华市	4	宾王路 168 号
208	最佳西方义乌海洋酒店	浙江省	金华市	4	福田路 99 号
209	东阳市横店国贸大厦	浙江省	金华市	4	横店镇康庄南街 18 号
210	东磁大厦	浙江省	金华市	4	横店华夏大道 233 号
211	浙江横店国际会议中心大酒店	浙江省	金华市	4	横店镇万盛南街 199 号
212	华夏大酒店	浙江省	金华市	4	东阳市南市路 359 号

续表 3-12

序号	酒店名称	省份	地市	星级	地理位置
213	花园大厦	浙江省	金华市	4	南马镇花园村工业区
214	永康明珠大酒店	浙江省	金华市	4	紫微北路 8 号
215	永康宾馆	浙江省	金华市	4	江城路四号
216	帝京大酒店	浙江省	衢州市	4	通荷路 168 号
217	衢州国际大酒店	浙江省	衢州市	4	柯城区三衢路 127 号
218	友好饭店	浙江省	衢州市	4	衢州市区上街
219	浙江衢州东方集团	浙江省	衢州市	4	上街 96 号
220	衢州饭店	浙江省	衢州市	4	三衢路 189 号
221	衢州圣效大酒店	浙江省	衢州市	4	大桥路 38 号
222	龙游国际饭店	浙江省	衢州市	4	龙州街道荣昌路 188 号
223	江山国际大酒店	浙江省	衢州市	4	江东一区 15 号
224	普陀山大酒店	浙江省	舟山市	4	普陀山梅岑路 93 号
225	普陀山息耒小庄	浙江省	舟山市	4	普陀山香华街 1 号
226	新华侨饭店	浙江省	舟山市	4	环城东路 12 号
227	舟山新钻石楼大酒店	浙江省	舟山市	4	人民南路 176 号
228	舟山中瀚大酒店	浙江省	舟山市	4	兴普大道 99 号
229	舟山市普陀海天台宾馆	浙江省	舟山市	4	朱家尖南沙度假村路
230	岱山华侨饭店	浙江省	舟山市	4	高亭镇蓬莱路 161 号
231	方远国际大酒店	浙江省	台州市	4	市府大道 298 号
232	台州花园山庄	浙江省	台州市	4	开发区康平路赤龙山脚
233	台州开元大酒店	浙江省	台州市	4	东环大道 458 号
234	台州丽廷凤凰山庄	浙江省	台州市	4	解放南路 77－1 号
235	三友国际大酒店	浙江省	台州市	4	路桥区泰隆街 998 号
236	台州太平洋王子国际饭店	浙江省	台州市	4	西路桥大道 2 号
237	台州新都国际大酒店	浙江省	台州市	4	东路桥大道 1 号
238	玉环大酒店	浙江省	台州市	4	城关玉兴东路
239	天台宾馆	浙江省	台州市	4	国清寺旁
240	台州东方大酒店	浙江省	台州市	4	城关城北东路 179 号
241	温岭国际大酒店	浙江省	台州市	4	三星大道 158 号
242	温岭新世界国际大酒店	浙江省	台州市	4	大溪方山大道 1 号
243	临海君泰大酒店	浙江省	台州市	4	巾山东路 137 号

续表 3-12

序号	酒 店 名 称	省份	地市	星级	地 理 位 置
244	台州国贸大饭店	浙江省	台州市	4	巾山中路 101 号
245	临海远洲国际大酒店	浙江省	台州市	4	崇和路 238 号
246	正达开元大酒店	浙江省	台州市	4	鹤城镇新大街 8 号
247	缙云县香溢大酒店	浙江省	台州市	4	仙都路 99 号
248	元立国际饭店	浙江省	台州市	4	妙高镇东街 95 号
249	云和皇成国际大酒店	浙江省	丽水市	4	仙宫大道 8 号
250	畲乡鸿宾大酒店	浙江省	丽水市	4	团结西路 129 号
251	上海世纪酒店	上海市	静安区	5	威海路 500 号
252	上海金茂君悦大酒店	上海市	浦东区	5	世纪大道 88 号金茂大厦
253	上海静安希尔顿大饭店	上海市	静安区	5	华山路 250 号
254	虹桥迎宾馆	上海市	长宁区	5	虹桥路 1591 号
255	华亭宾馆	上海市	徐汇区	5	漕溪北路 1200 号
256	上海锦江汤臣洲际大酒店	上海市	浦东区	5	张杨路 777 号
257	锦江饭店	上海市	卢湾区	5	茂名南路 59 号
258	新锦江大酒店	上海市	卢湾区	5	长乐路 161 号
259	花园饭店（上海）	上海市	卢湾区	5	茂名南路 58 号
260	和平饭店	上海市	黄浦区	5	南京东路 20 号
261	上海万豪虹桥大酒店	上海市	长宁区	5	虹桥路 2270 号
262	虹桥喜来登上海太平洋大饭店	上海市	长宁区	5	遵义南路 5 号
263	东锦江大酒店	上海市	浦东区	5	杨高南路 889 号
264	上海波特曼丽嘉酒店	上海市	静安区	5	南京西路 1376 号上海商城
265	上海红塔大酒店	上海市	浦东区	5	东方路 889 号
266	上海威斯汀大酒店	上海市	黄浦区	5	河南中路 88 号
267	西郊宾馆	上海市	长宁区	5	虹桥路 1921 号
268	浦东香格里拉大酒店	上海市	浦东区	5	富城路 33 号
269	紫金山大酒店	上海市	浦东区	5	东方路 778 号
270	上海兴国宾馆	上海市	长宁区	5	兴国路 78 号
271	富豪环球东亚酒店	上海市	徐汇区	5	衡山路 516 号
272	上海扬子江万丽大酒店	上海市	长宁区	5	延安西路 2099 号
273	上海国际会议中心东方滨江大酒店	上海市	浦东区	5	滨江大道 2727 号
274	上海锦沧文华大酒店	上海市	静安区	5	南京西路 1225 号

续表 3-12

序号	酒 店 名 称	省份	地市	星级	地 理 位 置
275	上海银星皇冠假日酒店	上海市	长宁区	5	番禺路 400 号
276	衡山宾馆	上海市	徐汇区	5	衡山路 534 号
277	南新雅大酒店	上海市	黄浦区	5	南京东路 719 号
278	悦华大酒店	上海市	奉贤区	5	奉贤区江海路 88 号
279	上海中油阳光大酒店	上海市	浦东区	5	东方路 969 号
280	上海 JW 万豪酒店	上海市	黄浦区	5	南京西路 399 号
281	外高桥皇冠假日酒店	上海市	浦东区	5	杨高北路 1000 号
282	上海大厦	上海市	虹口区	5	北苏州路 20 号
283	上海东郊宾馆	上海市	浦东区	5	金科路 1800 号
284	上海古象大酒店	上海市	黄浦区	5	九江路 595 号
285	上海世茂佘山艾美酒店	上海市	松江区	5	佘山林荫新路 1288 号
286	上海新世界李盛大酒店	上海市	黄浦区	5	南京西路 88 号
287	上海淳大万丽酒店	上海市	浦东区	5	联洋新社区长柳路 100 号
288	上海松江开元名都大酒店	上海市	松江区	5	人民北路 1799 号
289	裕景大饭店	上海市	浦东区	5	浦东大道 535 号
290	上海龙之梦达酒店	上海市	长宁区	5	延安西路 1116 号
291	千禧海鸥	上海市	长宁区	5	延安西路 2588 号
292	上海世贸皇家艾美酒店	上海市	黄浦区	5	南京东路 789 号
293	上海复旦皇冠假日酒店	上海市	杨浦区	5	邯郸路 199 号
294	上海豫园万里酒店	上海市	黄浦区	5	河南南路 159 号
295	上海世纪皇冠假日酒店	上海市	浦东区	5	民生路 1433 号
296	南郊宾馆	上海市	奉贤区	5	南桥新城展园路 398 号
297	上海兴荣豪庭大酒店	上海市	浦东区	5	浦东大道 2288 号
298	上海大酒店	上海市	黄浦区	5	九江路 505 号
299	上海东方佘山索菲特大酒店	上海市	松江区	5	泗泾镇泗陈公路 3388 弄
300	上海浦西洲际酒店	上海市	闸北区	5	恒丰路 500 号
301	上海龙之梦万丽酒店	上海市	长宁区	5	长宁路 1018 号
302	上海斯格威大酒店	上海市	黄浦区	5	打浦路 15 号
303	上海世博洲际酒店	上海市	浦东区	5	雪野路 1188 号
304	上海宏泉丽笙大酒店	上海市	普陀区	5	桃浦路 210 号
305	上海宏安瑞士大酒店	上海市	静安区	5	愚园路 1 号

续表 3-12

序号	酒 店 名 称	省份	地市	星级	地 理 位 置
306	上海新发展亚太万豪酒店	上海市	普陀区	5	普陀区大渡河路 158 号
307	上海外滩半岛酒店有限公司	上海市	黄浦区	5	中山东一路 32 号
308	上海日航饭店	上海市	长宁区	5	延安西路 488 号
309	上海浦东星河湾酒店	上海市	浦东区	5	锦绣路 2588 号
310	上海浦东丽思卡尔顿大酒店	上海市	浦东区	5	世纪大道 8 号上海国企中心
311	上海甸园宾馆有限公司	上海市	黄浦区	4	长阳路 2558 号
312	上海滨江欣景大酒店	上海市	黄浦区	4	中山南路 36 号
313	上海金仓永华大酒店	上海市	宝山区	4	宝山区水产路 2659 号
314	衡山北郊宾馆	上海市	宝山区	4	宝山区沪太路 4788 号
315	上海新崇明大酒店有限公司	上海市	崇明县	4	城桥镇鼓浪屿 777 号
316	上海西郊假日酒店	上海市	青浦区	4	沪青平公路 2000 号
317	上海西藏大厦万怡酒店	上海市	徐汇区	4	虹桥路 100 号
318	浦东绿地铂丽酒店	上海市	浦东区	4	川沙路 5500 号
319	华美达新园酒店	上海市	徐汇区	4	漕宝路 509 号
320	上海海景海港大酒店	上海市	奉贤区	4	海杰路 1588 号
321	同济君禧大酒店	上海市	杨浦区	4	彰武路 50 号
322	上海君丽大酒店	上海市	长宁区	4	上海市遵义路 448 号
323	金水湾大酒店	上海市	闸北区	4	恒丰路 308 号
324	新协通国际大酒店	上海市	黄浦区	4	北京东路 398 号
325	上海浦东丽晟假日酒店	上海市	浦东区	4	环龙路 55 号
326	嘉汇华美达大酒店	上海市	徐汇区	4	天钥桥路 327 号
327	东怡大酒店	上海市	浦东区	4	丁香路 555 号
328	吉臣酒店	上海市	静安区	4	万航渡路 818 号
329	锦荣国际大酒店	上海市	闸北区	4	共和新路 2750 号
330	上海寰鑫富贵天地大酒店	上海市	嘉定区	4	宝安公路 3189 号
331	上海新晖豪生大酒店	上海市	松江区	4	文诚路 765 号
332	上海陕西商务酒店	上海市	静安区	4	延安中路 658 号
333	明城大酒店	上海市	浦东区	4	崂山路 600 号
334	圣淘沙大酒店	上海市	奉贤区	4	南桥路 1 号
335	上海临港豪生国际酒店	上海市	南汇区	4	新元南路 555 号
336	上海临港大酒店	上海市	南汇区	4	大团镇南芦公路 888 号

续表 3-12

序号	酒店名称	省份	地市	星级	地理位置
337	中祥大酒店	上海市	闸北区	4	中兴路 1558 号
338	延安饭店	上海市	静安区	4	延安中路 1111 号
339	迎园饭店	上海市	嘉定区	4	清河路 150 号
340	上海古井假日酒店	上海市	普陀区	4	长寿路 700 号
341	金外滩宾馆	上海市	黄浦区	4	广东路 525 号
342	上海宾馆	上海市	静安区	4	乌鲁木齐北路 505 号
343	上海嘉瑞酒店	上海市	浦东区	4	潍坊路 328 号
344	斯波特大酒店	上海市	徐汇区	4	南丹路 15 号
345	上海浦东福朋喜来登酒店	上海市	浦东区	4	浦东南路 2111 号
346	上海奥林匹克俱乐部	上海市	徐汇区	4	中山南二路 1800 号
347	滨江欣景大酒店	上海市	黄浦区	4	外咸瓜街 39 号
348	上海九龙宾馆	上海市	虹口区	4	溧阳路 601 号
349	江苏饭店	上海市	普陀区	4	武宁路 888 号
350	嘉定宾馆	上海市	嘉定区	4	嘉定博乐路 100 号
351	上海汽车工业中心蓝宫大饭店	上海市	嘉定区	4	博乐南路 125 号
352	青松城大酒店	上海市	徐汇区	4	肇嘉浜路 777 号
353	天平宾馆	上海市	徐汇区	4	天平路 185 号
354	海伦宾馆	上海市	黄浦区	4	南京东路 505 号
355	通茂大酒店	上海市	浦东区	4	浦东松林路 357 号
356	上海光大会展中心国际大酒店	上海市	徐汇区	4	漕宝路 66 号
357	海鸥饭店	上海市	虹口区	4	黄浦路 60 号
358	美仑大酒店	上海市	长宁区	4	武夷路 789 号
359	上海富豪东亚酒店	上海市	徐汇区	4	零陵路 800 号
360	上海美丽园龙都大酒店	上海市	静安区	4	延安西路 369 号
361	上海浦东机场华美达大酒店	上海市	浦东区	4	浦东机场启航路 1100 号
362	上海浦东华美达大酒店	上海市	浦东区	4	浦东新金桥路 18 号
363	虹桥宾馆	上海市	长宁区	4	延安西路 2000 号
364	兰生大酒店	上海市	杨浦区	4	曲阳路 1000 号
365	国际饭店	上海市	黄浦区	4	南京西路 170 号
366	远洋宾馆	上海市	虹口区	4	东大名路 1171 号
367	上海海神诺富特大酒店	上海市	浦东区	4	浦东大道 728 号

续表3-12

序号	酒店名称	省份	地市	星级	地理位置
368	上海虹口世纪大酒店	上海市	虹口区	4	溧阳路1111号
369	建国宾馆	上海市	徐汇区	4	漕溪北路439号
370	上海国际贵都大饭店	上海市	静安区	4	延安西路65号
371	上海浦东假日酒店	上海市	浦东区	4	浦东东方路899号
372	上海广场长城假日酒店	上海市	闸北区	4	恒丰路585号
373	瀚海明玉大酒店	上海市	杨浦区	4	周家嘴路1888号
374	银河宾馆	上海市	长宁区	4	中山西路888号
375	上海齐鲁万怡大酒店	上海市	浦东区	4	浦东东方路838号
376	城市酒店（上海）	上海市	黄浦区	4	陕西南路5－7号
377	王宝和大酒店	上海市	黄浦区	4	九江路555号
378	宝隆美爵酒店	上海市	虹口区	4	逸仙路180号
379	宝山集团宝山宾馆	上海市	宝山区	4	牡丹江路1813号
380	宝安大酒店	上海市	浦东区	4	东方路800号
381	东湖宾馆	上海市	徐汇区	4	东湖路70号
382	南京侨鸿皇冠假日酒店	江苏省	南京市	5	汉中路89号
383	南京金陵饭店	江苏省	南京市	5	汉中路2号
384	南京维景国际大酒店	江苏省	南京市	5	中山东路319号
385	南京索菲特银河大酒店	江苏省	南京市	5	山西路9号
386	苏宁环球套房饭店	江苏省	南京市	5	广州路188号
387	索菲特钟山高尔夫酒店	江苏省	南京市	5	环陵路9号
388	南京丁山花园大酒店	江苏省	南京市	5	察哈尔路90号
389	南京古南都饭店	江苏省	南京市	5	广州路208号
390	南京状元楼酒店	江苏省	南京市	5	夫子庙状元境九号
391	南京金丝利喜来登酒店	江苏省	南京市	5	汉中路169号
392	南京益来城市名人酒店	江苏省	南京市	5	中山北路30号
393	玄武饭店	江苏省	南京市	5	中央路193号
394	江苏省会议中心	江苏省	南京市	5	中山东路307号
395	苏州吴宫喜来登大酒店	江苏省	苏州市	5	新市路259号
396	江苏国泰宾馆有限公司	江苏省	苏州市	5	带城桥路99号
397	苏州香格里拉大酒店	江苏省	苏州市	5	塔园路168号
398	苏州金鸡湖大酒店	江苏省	苏州市	5	国宾路168号
399	苏州中茵皇冠假日酒店	江苏省	苏州市	5	星港街168号

续表 3-12

序号	酒店名称	省份	地市	星级	地理位置
400	雅都大酒店	江苏省	苏州市	5	三香路 488 号
401	昆山一醉皇冠酒店	江苏省	苏州市	5	前进中路 216 号
402	昆山瑞士大酒店	江苏省	苏州市	5	前进中路 387 号
403	虞山锦江饭店	江苏省	苏州市	5	虞山镇北门大街 8 号
404	常熟国际饭店有限公司	江苏省	苏州市	5	黄河路 288 号
405	常熟中江广场皇冠假日酒店	江苏省	苏州市	5	开元大道 6 号
406	常熟天铭国际大酒店	江苏省	苏州市	5	海虞北路 12 号
407	太仓金陵花园酒店	江苏省	苏州市	5	人民北路 11 号
408	太仓锦江国际大酒店	江苏省	苏州市	5	经济开发区上海东路 89 号
409	馨苑度假村	江苏省	苏州市	5	长安南路 279 号
410	华芳金陵国际酒店	江苏省	苏州市	5	张家港市长安中路 388 号
411	张家港国贸酒店	江苏省	苏州市	5	人民中路 42 号
412	苏州同里湖大饭店有限公司	江苏省	苏州市	5	同里镇九里湖路 8 号
413	无锡凯宾斯基酒店	江苏省	无锡市	5	永和路 18 号
414	无锡国际饭店	江苏省	无锡市	5	县前东街 118 号
415	无锡太湖饭店	江苏省	无锡市	5	梅园环湖路
416	无锡金陵大饭店	江苏省	无锡市	5	解放东路 1000 号
417	无锡中国饭店	江苏省	无锡市	5	工运路 18 号
418	无锡木棉花大酒店	江苏省	无锡市	5	运河西路 288 号
419	江阴泓升苑酒店	江苏省	无锡市	5	人民中路 289 号
420	江阴海澜大酒店	江苏省	无锡市	5	新桥镇陶新路 8 号
421	宜兴宾馆	江苏省	无锡市	5	宜兴市人民路 2 号
422	驿都金陵大酒店	江苏省	盐城市	5	世纪大道 603 号
423	泰州宾馆	江苏省	泰州市	5	迎宾路 88 号
424	常州富都商贸饭店	江苏省	常州市	5	通江大道 398 号
425	天目湖国际饭店	江苏省	常州市	5	天目湖中心大道 8 号
426	江苏天目湖宾馆有限公司	江苏省	常州市	5	天目湖旅游度假区
427	天目湖贵宾酒店	江苏省	常州市	5	天目湖旅游度假区
428	溧阳宾馆有限公司	江苏省	常州市	5	西大街 118 号
429	常州大酒店有限公司	江苏省	常州市	5	延陵西路 53 号
430	太湖湾金陵大饭店	江苏省	常州市	5	太湖湾旅游度假区
431	扬州迎宾馆	江苏省	扬州市	5	友谊路 48 号

续表 3-12

序号	酒店名称	省份	地市	星级	地理位置
432	南通新有斐大酒店	江苏省	南通市	5	濠南路 8 号
433	连云港云台宾馆	江苏省	连云港市	5	苍梧路 27 号
434	徐州开元名都大酒店	江苏省	徐州市	5	湖西路 1 号
435	南京珍珠饭店有限公司	江苏省	南京市	4	珠江路 389 号
436	南京军区华东饭店	江苏省	南京市	4	北京西路 67 号
437	南京国际会议大酒店	江苏省	南京市	4	中山陵四方城 2 号
438	南京国信大酒店	江苏省	南京市	4	长江路 88 号
439	山水大酒店	江苏省	南京市	4	龙蟠中路 118 号
440	江苏金梦都宾馆	江苏省	南京市	4	梦都路 30 号
441	江苏新世纪大酒店	江苏省	南京市	4	龙蟠路 133 号
442	南京曙光国际大酒店	江苏省	南京市	4	龙蟠路 107 号
443	南京中山大厦	江苏省	南京市	4	中山路 200 号
444	金陵晶元大酒店	江苏省	南京市	4	江东北路 386 号
445	江苏锦江南京饭店	江苏省	南京市	4	中山北路 259 号
446	南京华美达怡华酒店	江苏省	南京市	4	中山北路 45 号
447	南京新纪元大酒店	江苏省	南京市	4	中山路 251 号 -1
448	南京水秀苑大酒店	江苏省	南京市	4	百家湖佳湖西路 11 号
449	南京中心大酒店	江苏省	南京市	4	中山路 75 号
450	江苏凤凰台饭店有限公司	江苏省	南京市	4	湖南路 47 号
451	南京高楼门饭店	江苏省	南京市	4	高楼门 62 号
452	黄埔大酒店	江苏省	南京市	4	黄埔路 2-2
453	南京大吉温泉度假村	江苏省	南京市	4	汤泉镇鹞子山
454	苏州上田大酒店	江苏省	苏州市	4	道前街 89 号
455	苏州乐乡饭店	江苏省	苏州市	4	观前街大井巷 18 号
456	苏州市冠云大酒店	江苏省	苏州市	4	桐泾北路 538 号
457	苏州金阊乾生元大酒店	江苏省	苏州市	4	石路山塘街 45 号
458	苏州星程丽都大酒店	江苏省	苏州市	4	干将西路 168 号
459	苏州新世纪大酒店	江苏省	苏州市	4	广济路 23 号
460	苏州君太新奥商务酒店	江苏省	苏州市	4	河桥路天福里 58 号
461	苏州胥城大厦	江苏省	苏州市	4	三香路 333 号
462	江苏商旅美居酒店	江苏省	苏州市	4	凤里街 336 号
463	汉庭快捷苏州竹辉路店	江苏省	苏州市	4	竹辉路 235 号

续表 3-12

序号	酒店名称	省份	地市	星级	地理位置
464	吴江同里湖度假村	江苏省	苏州市	4	同里镇新填街和尚圩
465	吴江宾馆	江苏省	苏州市	4	鲈乡南路 2155 号
466	盛世锦江国际大酒店	江苏省	苏州市	4	盛泽镇盛泽大道 88 号
467	吴江市新世纪国际酒店	江苏省	苏州市	4	平望镇平波台 3 号
468	常熟森林大酒店	江苏省	苏州市	4	虞山北路 79 号
469	常熟市恒隆东航国际大酒店	江苏省	苏州市	4	方塔街 106 号
470	常熟凯悦国际酒店	江苏省	苏州市	4	东南开发区金都路 1 号
471	常熟华联宾馆	江苏省	苏州市	4	海虞南路 75 号
472	常熟时风国际假日酒店	江苏省	苏州市	4	海虞南路 62 号
473	常熟市虞城大酒店	江苏省	苏州市	4	海虞南路 64 号
474	张家港市长江大酒店	江苏省	苏州市	4	金港镇长江西路 99 号
475	苏州凯莱大酒店	江苏省	苏州市	4	干将东路 535 号
476	雅戈尔富宫大酒店	江苏省	苏州市	4	观前街宫巷 63 号
477	苏州饭店	江苏省	苏州市	4	十全街 345 号
478	苏州市广场酒店	江苏省	苏州市	4	人民路 1168 号
479	苏州竹辉饭店	江苏省	苏州市	4	竹辉路 168 号
480	金澄锦江国际饭店	江苏省	苏州市	4	太平镇兴太路 260 号
481	南亚宾馆	江苏省	苏州市	4	阳澄湖东路 1 号
482	苏州豪仕登大酒店	江苏省	苏州市	4	东吴北路 41 号
483	苏州太仓陆渡宾馆	江苏省	苏州市	4	郑和中路 78 号
484	昆山威尼斯假日酒店	江苏省	苏州市	4	正仪镇民权路 18 号
485	昆山龙乐宝曼酒店	江苏省	苏州市	4	迎宾西路 3555 号
486	昆山宾馆	江苏省	苏州市	4	人民北路 99 号
487	吴江盛虹国际酒店	江苏省	苏州市	4	盛泽镇舜新南路 2008 号
488	吴江汇丰国际花园酒店	江苏省	苏州市	4	震泽镇镇南东路 699 号
489	吴江松陵饭店有限公司	江苏省	苏州市	4	中山北路 51 号
490	苏州新城花园酒店	江苏省	苏州市	4	狮山路 1 号
491	苏州玄朗精品酒店	江苏省	苏州市	4	干将东路 818 号
492	无锡锦江大酒店	江苏省	无锡市	4	中山路 218 号
493	无锡港丽酒店	江苏省	无锡市	4	中山路 187 号
494	无锡黄金海岸大酒店	江苏省	无锡市	4	北大街蔡墅巷 1 号
495	无锡锦仑大酒店	江苏省	无锡市	4	五爱北路 58 号

续表 3-12

序号	酒店名称	省份	地市	星级	地理位置
496	无锡太湖花园度假村	江苏省	无锡市	4	山水东路 8 号
497	无锡山明水秀大饭店	江苏省	无锡市	4	蠡溪路 999 号
498	无锡大饭店	江苏省	无锡市	4	梁清路 1 号
499	无锡锡州花园酒店	江苏省	无锡市	4	二泉中路 68 号
500	无锡湖滨饭店	江苏省	无锡市	4	环湖路 388 号
501	无锡舜天碧波度假村	江苏省	无锡市	4	马山碧波支路 9 号
502	宜兴国际饭店	江苏省	无锡市	4	通贞观路 52 号
503	宜兴大酒店	江苏省	无锡市	4	东山西路 70 号
504	无锡锡海花园酒店	江苏省	无锡市	4	中桥苏锡路 207 号
505	无锡 1881 半岛酒店	江苏省	无锡市	4	蠡湖新城环湖路 1881 号
506	无锡兴澄大饭店	江苏省	无锡市	4	人民东路 161 号
507	江阴国际大酒店	江苏省	无锡市	4	澄江西路 299 号
508	江阴来富岛大酒店	江苏省	无锡市	4	朝阳路 105－109 号
509	海燕大酒店	江苏省	泰州市	4	扬子江南路 2 号
510	江苏（靖江）扬子江大酒店	江苏省	泰州市	4	中洲路 28 号
511	泰州市美丽华大酒店	江苏省	泰州市	4	凤凰东路 66 号
512	姜堰黄河大酒店	江苏省	泰州市	4	姜堰人民中路 100 号
513	靖江国际大酒店	江苏省	泰州市	4	人民中路 159 号
514	常州海阳国际大酒店	江苏省	常州市	4	通江中路 207 号
515	江苏金坛九九宾馆	江苏省	常州市	4	金坛横街 18 号
516	溧阳假日酒店	江苏省	常州市	4	罗湾路 99 号
517	常州金陵明都大饭店	江苏省	常州市	4	和平北路 258 号
518	常州金陵江南大饭店	江苏省	常州市	4	通江中路 500 号
519	常州阳光国际大酒店	江苏省	常州市	4	怀德北路 35 号
520	常州锦江国际大酒店	江苏省	常州市	4	通江中路 599 号
521	金坛颐丰大酒店	江苏省	常州市	4	金城镇丹阳门中路 188 号
522	常州新都大酒店	江苏省	常州市	4	飞龙东路 66 号
523	锦海国际大酒店	江苏省	常州市	4	常武中路 89 号
524	常州香树湾花园酒店	江苏省	常州市	4	汉江路 2 号
525	中天凤凰大酒店	江苏省	常州市	4	通江中路 555 号
526	和平假日大饭店	江苏省	常州市	4	和平北路 132 号
527	金坛樱花大酒店	江苏省	常州市	4	西门大街 88 号

续表 3-12

序号	酒 店 名 称	省份	地市	星级	地 理 位 置
528	常州万豪花都大酒店	江苏省	常州市	4	晋陵中路 580 号
529	溧阳天目湖静泊山庄	江苏省	常州市	4	天目湖旅游度假区
530	宿迁江山大酒店	江苏省	宿迁市	4	江山大道 88 号
531	宿迁中山水天大酒店	江苏省	宿迁市	4	发展大道 70 号
532	宿迁枫华丽致酒店	江苏省	宿迁市	4	泰山路
533	扬州京江大酒店	江苏省	扬州市	4	舜天路 168 号
534	仪征市黎明大酒店	江苏省	扬州市	4	真州西路 121 号
535	扬州市西园大酒店有限公司	江苏省	扬州市	4	丰乐上街 1 号
536	扬州花园国际大酒店	江苏省	扬州市	4	江阳中路 263 号
537	扬州京华大酒店	江苏省	扬州市	4	文昌中路 559 号
538	江苏淮左名都大酒店	江苏省	扬州市	4	邗江中路 158 号
539	扬州新世纪大酒店	江苏省	扬州市	4	维扬路 101 号
540	高邮加州阳光大酒店	江苏省	扬州市	4	秦邮路 138 号
541	扬州人家大酒店	江苏省	扬州市	4	解放南路 88 号
542	怡景半岛酒店	江苏省	扬州市	4	滨河西路 12 号
543	海奥国际商务酒店	江苏省	扬州市	4	宝应大道 66 号
544	江苏长江大酒店	江苏省	镇江市	4	扬子西路 18 号
545	丹阳新世纪国际大酒店	江苏省	镇江市	4	经济开发区东方路 85 号
546	镇江英皇酒店	江苏省	镇江市	4	通港路 69 号
547	镇江宾馆	江苏省	镇江市	4	中山西路 92 号
548	徐州金陵金源大酒店	江苏省	徐州市	4	淮海西路 33 号
549	徐州市富兴源大酒店	江苏省	徐州市	4	建设北路 68 号
550	徐州市汉园宾馆	江苏省	徐州市	4	解放南路 246 号
551	嘉利国际酒店	江苏省	徐州市	4	津浦西路 202 号
552	南通四季花园酒店	江苏省	南通市	4	濠西路 1 号
553	南通华通大酒店	江苏省	南通市	4	青年中路 88 号

（3）交通基础设施情况。根据点轴开发理论，中心城市对外扩散主要沿着交通干线向外拓展。同样，受中心城市会展业发展影响的长三角会展业，同样受到区域交通基础设施影响。

相关研究表明，4 小时以内车程的参展商和客商，愿意选择乘坐高铁参加会展活动；4 小时以外车程的参展商和客商，更愿意选择民航出行。而对于境外客商而言，国际航空则是唯一的选择。因此，城市民航业的发展、尤其是国际航空航线的发展对于城市会展业会产生较大的影响。从统计的数据看，长三角协调会30个成员城市中有16个城市设有民航机场，其中开通国际航线的有10个。但根据民航运行的实际情况看，只有上海、南京、杭州三个城市的民航线路对举办会展活动有较为基本的支撑，其他城市的国际民航线路较少，而且多集中在港澳台和泰国、韩国等国家，应属旅游线路，而对参展需求较大的欧美航线却无法提供足够的支撑。因此，国际航线数量较少仍然是困扰长三角协调会成员城市会展业国际化的重要瓶颈之一。

长三角协调会成员城市民用航空情况一览表，见表3-13。

表3-13　长三角协调会成员城市民用航空情况一览表

城市名称	国际航线（含港澳台）	国内航线	备　注
上海市	111	99	
南京市	20	60	
杭州市	35	86	
宁波市	16	35	
合肥市	10	33	
温州市	18	43	
义乌市	1	18	
舟山市		9	不含已建未开通或停运
徐州市	6	19	
常州市		16	
连云港市		19	
无锡市	4	19	
南通市		10	
盐城市	2	19	
衢州市		3	不含已建未开通或停运
台州市		7	

（二）会展管理体制情况

长三角协调会30个城市的会展主管部门根据自身的特征可分为四大类。一是有独立设置或虽然挂靠在某个部门但承担市政府会展业领导小组办公室职能的会展业主管部门，如杭州、宁波、南京、无锡、合肥等城市；一类是将会展业管理职能放在商务局，这是长三角协调会成员城市中主要的会展业主管部门设置模式，具体业务一般放在商贸业发展处等处室；还有一类是将会展办设在贸促会、发改委、经信委或其他部门。具体情况及职能，见表3-14。

表 3-14　长三角协调会成员城市会展业主管部门及职能一览表

城市	主管部门	业务处室	主要职能
上海	市商务委	会展业处、服务业发展处	推进内贸会展业发展，协调和指导各类内贸展会
南京	市贸促会、会展办	展览部（出国展览管理办公室）	组织本地区企业参加在世界各地区举办的各种综合性和专业性的国际博览会、展览会；负责本地区出国展览的管理、协调和申报；主办或承办在南京举行的各类综合性国际博览会和专业性展览会
苏州	市商务局、会展办	服务贸易和商贸服务业处	负责在苏州举办的来华展的向上转报申请工作，并做好年度业务情况的汇总；承担商贸服务业（含餐饮业、住宿业、会展业等）的行业管理工作；承担苏州市会展业发展工作领导小组办公室部署的具体工作
无锡	市贸促会、会展办	贸促会展览部	根据全市经济社会发展战略目标，提出全市会展业发展的工作思路、总体规划和目标任务，研究会展经济的发展状况，拟定促进全市会展业发展的相关政策及实施办法；规范市场秩序，整合会展资源，发挥对全市会展业的协调服务功能，按市场化、国际化、专业化的运作方式，积极引进国内外知名品牌展会，扶持和打造地方品牌展会；积极引进、扶持和培育本地会展骨干企业，通过政策引导，加大扶持力度，促进本地会展企业向规模化、专业化、品牌化方向发展；组织开展会展专业人才的培训和交流，积极与大专院校联手，完善会展人才的培养机制，大力培育本地会展专业队伍。鼓励国内外会展人才落户无锡，着重引进一批具有先进理念、擅长包装策划、熟悉市场运作的会展专业人才；负责对全市会展业的数据统计和分析工作，征集、汇总全市会展项目，对外发布会展经济信息；研究制订本地会展行业的自律与协调制度，推动会展行业协会的建设，建立政府、行业协会、企业联动的会展业促进机制；开展国际交流与合作，大力实施国际化战略，不断加强与国际展览联盟（UFI）等国际会展组织的联系，促进与相关国家和城市在国际会展业发展领域的交流与合作；负责无锡会展业发展专项资金的使用和管理工作；其他市会展业发展联席会议交办的工作
南通	市发改委	市场运行和消费促进处	承担商贸服务业（含国内会展业等）的行业管理工作
常州	市商务局	商贸服务管理处	负责国内展览业等商贸服务业的行业管理
镇江	市商务局	国际联络展览处	扩大同世界各国、各地区商会、协会等经贸团体及有关国际组织的联络，建立合作关系；邀请和接待境内外贸易界人士代表团来访；组织经贸代表团赴境外洽谈贸易和经济合作；承办国外相应机构和工商企业界在我市举办的经贸洽谈活动；组织参加国际博览会和专业性展览会，主（承）办本市赴境外经贸展览会
徐州	市商务局	商贸服务管理处	负责国内展览业等商贸服务业的行业管理
扬州	市发改委	服务业处	负责会展等服务业发展规划的制订及行业管理工作
泰州	市商务局	市场运行与商贸服务业处	负责国内展览业等商贸服务业的行业管理

续表 3-14

城市	主管部门	业务处室	主要职能
连云港	市商务局	商贸服务管理处	负责国内展览业等商贸服务业的行业管理
淮安	市商务局	运行和消费促进处（挂“服务贸易处”牌子）	负责商贸服务业（含餐饮业、住宿业、会展业等）的行业管理工作
盐城	市商务局	商贸服务管理处	负责餐饮业、住宿业、国内展览业等商贸服务业的行业管理
宿迁	市商务局	商贸服务管理处	负责国内展览业等商贸服务业的行业管理
杭州	市政府会展办		负责西湖博览会的总体策划和日常工作的综合协调；受理西湖博览会的项目申报，指导、督查西湖博览会项目的组织实施工作；负责筹集西湖博览会办会资金，管理西湖博览会的经费、资产和投资；承担西湖国际博览会组织委员会的日常工作，牵头与协调组委会各办事机构的工作；研究制订全市会展业发展规划；受委托研究起草有关发展会展业的地方性法规、规章草案；负责承办有关重大会展节庆活动报批的具体事项；负责全市重大会展、节庆活动的组织指导和协调管理；组织开展会展节庆行业的对外交流与合作；承办市委、市政府及西湖博览会组委会交办的其他工作
宁波	市政府会展办		贯彻落实上级服务业发展政策，研究提出并组织实施促进全市会展业发展的重大政策；研究提出全市会展业发展战略、规划和工作计划；指导、协调各县（市）区和市有关部门发展会展业；协调市有关部门做好会展项目的监督管理和重点会展活动的服务保障工作；指导宁波市会展业促进会等行业中介机构和重点专业会展场馆做好相关服务工作；协助做好全市重要会展活动的策划、组织和实施工作；负责全市会展业发展的年度考核考评、统计分析、项目评估、产业报告等工作；负责专业会展主体培育引进，协助市有关部门做好会展人才引进培训工作，做好会展业营销推广工作；承担市会展工作领导小组的日常工作；承办上级交办的其他事项
温州	市商务局（会展办）	商贸发展处	推进流通产业结构调整，研究拟订现代会展等流通方式发展规划、政策，并组织实施
台州	市商务局	商贸发展秩序处	推进流通产业结构调整，研究拟订现代会展等流通方式发展规划、政策，并组织实施
绍兴	市商务局、节会办	商务局市场发展处	推进流通产业结构调整，研究拟订现代会展等流通方式发展规划、政策，并组织实施；承担国内会展行业管理
嘉兴	市发改委、市商务局	服务业发展处（经贸流通处）、市场发展处	研究制订全市服务业发展战略、规划和政策措施，衔接平衡服务业主要行业发展专项规划并组织实施；对服务业发展中重大问题进行研究并提出对策建议；提出全市服务业发展的年度工作目标和重点，组织实施对各县（市、区）和各有关部门服务业发展目标和工作年度考核；推进流通产业结构调整，组织拟订并实施现代会展等流通方式发展规划、政策；负责会展行业（国内）管理
湖州	市商务局	商贸发展处	推进现代会展等现代流通方式的发展

续表 3-14

城市	主管部门	业务处室	主要职能
衢州	市商务局	商贸发展处	研究拟订连锁经营、物流配送、现代会展、电子商务等流通方式发展规划、政策，并组织实施；承担商贸服务业（含餐饮业、住宿业）行业管理工作；承担国内会展行业管理工作
丽水	市商务局	电子商务处（商发处）	研究拟订现代会展等流通方式发展规划、政策，并组织实施；承担国内会展行业管理
金华	商务局、贸促会		负责全市流通产业促进体系建设，推进流通产业结构调整，推进现代会展等流通方式的发展
舟山	市商务局	商贸发展秩序处（电子商务处）	组织拟订现代流通服务业的发展战略、行业规划、标准和政策措施并组织实施；拟订优化流通产业结构、深化流通体制改革的政策措施并组织实施；组织实施企业参加国内贸易相关展会；组织实施外贸展会参展和自办展会工作
合肥	市商务局、会展办	会展经济发展处	负责全市会展业及会展项目的管理、指导和协调；负责重要展会项目审核、报批及登记备案；研究会展经济的发展状况，拟定会展业发展相关政策及实施办法，规范会展市场秩序；负责会展专项资金的申报；负责与各地会展业界的沟通、协调和有关项目的合作；负责指导市会展行业协会的工作；组织指导我市企业参加国内外展会
芜湖	市贸促会 市商务局	市贸促会、商务局服贸与口岸科	审批、组织、管理、协调全市各项会展活动； 承担会展业促进与管理，规划、指导境内外各类非商业性办展活动
马鞍山	市贸促会	展览部	组织本地区企业参加在世界各地区举办的各种综合性和专业性的国际博览会、展览会；负责本地区出国展览的管理、协调和申报；主办或承办在马鞍山举行的各类综合性国际博览会和专业性展览会
淮南	市商务局	市场体系建设科	制定服务业的发展规划，研究拟定服务业改革、发展政策，承担服务业的行业管理工作；按有关规定会展等新型服务业的行业指导和监督管理
滁州	市商务局	对外贸易科	参与各类对外经贸交易会、洽谈会等贸易促进活动，推进外贸促进体系的建设

（三）县域会展业发展情况

县域会展也发展迅速是长三角会展业的一个主要特征之一。据统计，长三角有 30 余个县域城市会展业发展迅速，不仅有自己的品牌项目，许多城市还设立会展主管部门、出台政策法规、制定产业规划，对会展业的发展起到十分重要的作用，成为县域经济发展的重要抓手之一。

近年来，县域会展经济得到系统突破。依托块状经济、常年展市场举办会展项目，通过建设会展场馆打造城市综合体成为县域会展经济发展的重要特征。东北地区的相关城市，把发展县域会展业作为吸引外部资源、振兴老工业基地的重要手段；长三角地区的相关城市，把发展会展业作为提升县域经济的重要手段。2015 年，全国共有 20 个县级城市举办展览项目，办展数量 261 个，总展出面积达到 303.95 万平方米。义乌、昆山等通过举办高层次、综合性会展项目提升城市的综合竞争力；余姚的塑览会、海宁的皮革展，温岭的泵与电机展、工量刃具展，永康的五金展、门业展等都通过举办与本地块状经济、特色产业相结合的展览项目，对本地特色产业的发展带来重要的提升作用。

2015 年县域会展城市情况一览表，见表 3-15。

表 3-15 2015 年县域会展城市情况一览表

序号	城市	办展数量/场	办展面积/万平方米	办展数量占比/%	办展面积占比/%	平均面积/万平方米
1	昆山市	56	71.20	0.60	0.62	1.27
2	义乌市	32	68.46	0.34	0.59	2.14
3	永康市	29	46.17	0.31	0.40	1.59
4	余姚市	18	28.65	0.19	0.25	1.59
5	常熟市	44	18.85	0.47	0.16	0.43
6	温岭市	14	15.07	0.15	0.13	1.08
7	慈溪市	19	14.80	0.20	0.13	0.78
8	海宁市	19	12.25	0.20	0.11	0.64
9	宁海市	9	8.42	0.10	0.06	0.71
10	嵊州市	3	5.30	0.01	0.05	6.00
11	桐乡市	3	4.20	0.03	0.03	1.33
12	诸暨市	2	3.60	0.01	0.03	3.60

（四）会展项目举办情况

（1）主要展览项目基本情况。据初步统计，2015 年长三角 30 个城市共举办会展项目 6336 个。其中，展览项目 1879 个，大型会议论坛 3786 个，特色节庆项目 671 个。主要展览项目情况见表 3-16。

表 3-16 2015 年中国展览项目按面积排序 TOP100 项目列表

全国排序	举办城市	展览名称	展会面积/万平方米
3	上海市	第 36 届中国（上海）国际家具博览会	36.67
4	上海市	第十六届上海国际汽车工业展览会	34.65
7	上海市	上海国际汽车零配件、维修检测设备及服务用品展	28.00
11	上海市	2015 中国国际汽车零部件博览会	25.00

续表 3-16

全国排序	举办城市	展 览 名 称	展会面积/万平方米
13	上海市	第十七届中国国际工业博览会	23.97
14	上海市	中国国际工业博览会	23.97
15	上海市	上海国际广告技术设备展览会	23.91
16	上海市	第九届中国国际汽车商品交易会	23.91
23	上海市	中国国际纺织面料及辅料（秋冬）博览会	21.33
24	上海市	第20届中国国际厨房、卫浴设施展览会	21.00
28	上海市	第15届CBME孕婴童展、CBME童装展、Cool Kids Fashion上海时尚童装展	20.00
29	上海市	第二十届中国国际建博会	20.00
31	上海市	第二十一届中国国际家具展览会	19.55
34	上海市	中国国际家用纺织品及辅料（秋冬）博览会	17.05
35	杭州市	第十六届中国杭州国际汽车工业展览会	16.17
43	上海市	第二十四届上海国际酒店用品博览会	15.37
44	上海市	国际太阳能产业及光伏工程展览会	15.08
45	天津市	中国天津第二十二届投资贸易洽谈会暨第十一届PECC国际贸易投资博览会	15.00
46	上海市	第二届中国（上海）钢筋加工与连接技术设备展览会	15.00
47	上海市	上海国际绿色建筑建材博览会	15.00
49	上海市	第十五届世界制药展	14.73
50	上海市	第二十五届中国国际自行车展览会	14.34
53	上海市	中国（上海）国际乐器展览会	13.80
54	上海市	中国（广州）国际广告标识展（上海站）	13.80
55	上海市	第十八届中国国际焙烤展	13.80
56	上海市	第二十届中国国际美容化妆品博览会（上海CBE）	13.80
57	上海市	第17届中国国际地面材料及铺装技术展览会	13.80
58	上海市	国际美容化妆洗涤用品展	13.68
59	上海市	中国国际五金展	13.39
60	上海市	第二十七届中国国际五金博览会暨春季（127届）全国五金商品交易会	13.39
68	南京市	2015南京全国秋季糖酒会	12.60
75	苏州市	第七届苏州家具展览会	12.00
84	上海市	2015第25届中国华东进出口交易会	11.50
92	上海市	中国国际缝制设备展览会	10.70

续表 3-16

全国排序	举办城市	展览名称	展会面积/万平方米
94	上海市	中国国际服装服饰展览会	10.68
95	上海市	第十九届中国国际食品添加剂和配料展览会暨第二十五届全国食品添加剂生产应用技术展示会	10.61
96	上海市	中国国际纺织面料及辅料（春夏）博览会	10.60
101	上海市	2015 年上海国际纺织工业展览会	10.35
120	上海市	第八届荷兰阿姆斯特丹国际水展 AQUATECH CHINA	10.00
121	上海市	第 25 届中国华东进出口商品交易会	10.00
124	马鞍山市	中国·马鞍山海峡两岸兰花展	10.00
128	上海市	第十六届中国国际食品和饮料展览会	9.79
136	上海市	中国国际海事技术会议和展览会	9.54
138	义乌市	中国汽车后市场博览会	9.32
140	上海市	第二十六届国际制冷、空调、供暖、通风及食品冷冻加工展览会	9.20
142	上海市	中国国际数码互动娱乐产品及技术应用展览会	9.20
143	上海市	中国国际皮革展	9.20
144	上海市	中国（上海）墙纸、布艺、地毯及家居软装饰展览会	9.20
147	上海市	第二十届中国（上海）国际墙纸、布艺展览会	9.20
149	沈阳市	第十四届中国沈阳国际装备制造业博览会	9.10
150	上海市	埃森切割展	9.06
164	南京市	第三十三届中国江苏国际自行车、新能源电动车及零部件交易会	8.80
174	上海市	第十四届中国国际玩具及模型展览会，中国国际玩具、幼教用品及设备展览会	8.30
178	上海市	上海国际食品饮料及餐饮设备展览会	8.05
179	上海市	上海国际机床机器人及智能工厂展览会	8.05
180	上海市	2015 年中国国际海事技术学术会议和展览会	8.05
181	上海市	第十一届广州国际 LED 展（上海站）	8.05
183	上海市	第二十届中国国际质量控制与测试工业设备展览会	8.05
184	上海市	第二十届中国国际涂料、油墨及黏合剂展览会，第二十八届中国国际表面处理、涂装及涂料产品展览会	8.05
185	上海市	第二十届北京埃森焊接与切割展览会	8.05
186	上海市	第 26 届绿色建筑材料博览会	8.05
187	上海市	第 17 届上海国际机床展览会	8.05
188	上海市	2015 亚洲国际动力传动与控制技术展览会	8.05

续表 3-16

全国排序	举办城市	展览名称	展会面积/万平方米
190	上海市	中国国际服装服饰博览会（秋季）	8.03
191	上海市	2015 年中国国际门窗幕墙博览会	8.03
192	上海市	第十三届中国国际门窗幕墙博览会	8.03
193	上海市	第 20 届中国国际建筑贸易博览会	8.03
194	上海市	第十九届中国国际宠物水族用品展览会	8.00
195	上海市	亚洲国际动力传动与控制技术展览会	8.00
203	苏州市	第四届中国（昆山）品牌产品进口交易会	8.00
205	永康市	第六届中国（永康）国际门业博览会	8.00
206	宁波市	第二十届宁波国际住宅产品博览会	8.00
208	永康市	第 20 届中国五金博览会	8.00
212	上海市	第 73 届中国国际医疗器械（春季）博览会	7.95
213	上海市	第 73 届全国药品交易会	7.95
217	南京市	第十四届南京国际汽车展览会	7.80
221	义乌市	第 21 届中国义乌国际小商品博览会	7.60
222	连云港市	中国（连云港）丝绸之路国际物流博览会	7.60
223	义乌市	第八届中国义乌国际森林产品博览会	7.60
226	苏州市	中国（苏州）房车展	7.50

（2）项目分类特征描述。根据国内外惯例，对长三角 30 个成员城市会展项目，按照各细分行业 TOP3 项目进行分类统计，具体情况见表 3-17。

表 3-17 2015 年长三角成员城市各细分行业 TOP3 展览情况

分类	排序	城市	展览名称	面积/平方米
办公用品	2	上海市	中国国际文具及办公用品展览会	24680
包装	2	上海市	第二十一届上海国际加工包装展览会	46000
表面处理	1	上海市	第二十八届中国国际表面处理、涂装及涂料产品展览会	80500
	2	苏州市	第 10 届苏州国际表面处理展览会	30000
测绘仪器	2	上海市	中国国际衡器展览会	31400
宠物	1	上海市	第十九届中国国际宠物水族用品展览会	80000
	2	上海市	亚洲宠物展览会	42000
厨卫	1	上海市	第 20 届中国国际厨房、卫浴设施展览会	210000
电池	3	上海市	第七届中国上海国际电池产品及技术展览会	11500

续表 3-17

分类	排序	城市	展 览 名 称	面积/平方米
电机	1	苏州市	昆山电子电机暨设备博览会	45000
	3	温岭市	中国泵与电机展览会	30000
电力电工	1	上海市	第十五届中国国际电力电工设备与技术展览会	46000
	2	上海市	国际电力设备及技术展览会　第九届国际电工装备展览会	34000
电线电缆	2	宁波市	第五届郑州国际电线电缆及材料设备展暨线缆附件、原辅材料采购交易会	30000
调味品添加剂	1	上海市	第 19 届中国国际食品添加剂和展览会暨第 25 届全国食品添加剂技术展示会	106082
	2	上海市	2015 中国（国际）调味品及食品配料博览会	35000
动力传动	1	上海市	亚洲国际动力传动与控制技术展览会	96000
房交会	2	宁波市	第二十届宁波国际住宅产品博览会	70736
纺织纺机	1	上海市	中国国际纺织面料及辅料（秋冬）博览会	213272
	2	上海市	中国国际家用纺织品及辅料（秋冬）博览会	170520
	3	上海市	中国国际缝制设备展览会	115000
佛事祭祀	3	南京市	南京国际佛事文化用品展览会	23000
服装配饰	1	上海市	中国国际服装服饰展览会	100000
	3	宁波市	宁波国际服装服饰博览会	50000
工业仪器	1	上海市	第二十届北京埃森焊接与切割展览会	92600
	2	上海市	第二十届中国国际质量控制与测试工业设备展览会	80500
工业制造	1	上海市	第十七届中国国际工业博览会	239732
	3	常州市	第三届常州国际工业装备博览会	40000
管材	3	上海市	第九届上海国际不锈钢展览会	20000
光电	2	上海市	2015 慕尼黑上海激光、光电展	57500
	3	上海市	2015 中国国际光电建筑展览会	23000
广告设备	1	上海市	上海国际广告技术设备展览会	239089
	2	上海市	中国（广州）国际广告标识展（上海站）	138000
轨道智能交通	1	上海市	第十届中国国际轨道交通展	23000
	2	上海市	第十一届中国国际轨道交通技术展览会	23000
航空航天	1	上海市	第二届上海国际航空维修及工程技术展览会	57500
	3	上海市	第四届上海国际航空服务产业博览会	15580
烘焙烘烤	1	上海市	第十八届中国国际焙烤展	138000
	3	上海市	2015 中国焙烤设备及原辅料（秋季）展览会	30000

续表 3-17

分类	排序	城市	展览名称	面积/平方米
户外休闲	2	南京市	亚洲户外用品展览会	52000
	3	上海市	亚洲（夏季）运动用品与时尚展	37020
化工	3	上海市	第十四届中国国际化工展览会	17000
婚博会	1	上海市	2015 中国（上海）婚博会	59000
	2	广州市	2015 春季中国（广州）婚博会	34128
集成电路	2	上海市	第 24 届中国国际电子电路展览会	35000
	3	苏州市	第十一届华东电路板暨表面贴装展览会	21000
家电	1	上海市	中国家电博览会	57500
家居博览会	3	上海市	中国（上海）墙纸、布艺、地毯及家居软装饰展览会	92000
家具	1	上海市	第 36 届中国（上海）国际家具博览会	366737
建筑建材	2	上海市	2015 第二十三届中国国际建筑装饰展览会	200000
健康产业	2	上海市	第十七届亚洲食品配料中国展、健康天然原料中国展	69000
胶粘	3	上海市	2015 第 11 届上海国际胶粘带、保护膜及光学膜展览会（模切展）	26000
节能环保	1	无锡市	第六届 IEPZ 国际环保设备/技术交易会	110000
	2	上海市	第 11 届中国（上海）国际建筑节能及新型建材展览会	80500
安全防护	2	上海市	第 90 届中国劳动保护用品交易会	46000
酒店用品	2	上海市	第二十四届上海国际酒店用品博览会	153700
科学仪器	2	南京市	第十二届南京国际科学仪器及实验室装备展览会	21700
口腔器材	3	上海市	第十九届中国国际口腔器材展览会暨学术研究会	34000
乐器	1	上海市	中国（上海）国际乐器展览会	138000
美容美发	2	上海市	第二十届中国国际美容化妆品博览会（上海 CBE）	138000
	3	上海市	国际美容化妆洗涤用品展	136805
门窗墙幕	2	上海市	第十三届中国国际门窗幕墙博览会	100000
	3	上海市	2015R + T Asia – 中国国际门及门禁系统展览会	42000
LED	3	上海市	第十一届广州国际 LED 展（上海站）	80500
摩托车	3	上海市	2015 第六届中国国际摩托车、电动车及零部件交易会	20000
农机	2	南京市	第八届中国（江苏）国际农业机械展览会	52000
暖通制冷	1	上海市	第二十六届国际制冷、空调、供暖、通风及食品冷冻加工展览会	92000
	2	上海市	第 11 届中国（上海）室内供暖、热泵及通风设备展览会	60000
皮革	1	上海市	中国国际皮革展	92000

续表 3-17

分类	排序	城市	展览名称	面积/平方米
汽车用品	2	义乌市	中国汽车后市场博览会	93200
汽车制造	1	上海市	第十六届上海国际汽车工业展览会	346459
	2	上海市	上海国际汽车零配件、维修检测诊断设备及服务用品展览会	280000
热处理	3	上海市	上海国际铸造、锻造、热处理展览会	12340
肉类工业	3	南京市	第三届中国（南京）肉类工业展览会	14800
生物科技	2	上海市	上海国际生物发酵产品与技术装备展览会	23900
石油石化	3	上海市	第七届中国国际海洋石油天然气展览会	57500
食品饮料	1	南京市	2015 南京全国秋季糖酒会	126000
	3	上海市	中国国际食品和饮料展	115000
手机	1	南京市	天翼手机交易会暨移动互联网论坛	52000
	2	上海市	世界移动通信博览会	37000
	3	上海市	世界移动大会 · 上海	34500
水处理	1	上海市	AQUATECH China 上海国际水展	63482
	2	上海市	荷兰阿姆斯特丹水处理展中国展	50000
丝绸	1	上海市	第 25 届中国丝绸交易会	23000
塑料橡胶工业	3	上海市	第十七届中国国际橡胶技术展览会，第九届亚洲埃森轮胎展	46000
太阳能光伏	1	上海市	第九届上海国际太阳能产业及光伏工程（上海）展览会暨论坛	160000
	2	上海市	2015 中国（上海）国际太阳能技术展览会	57500
特许加盟	2	上海市	国际特许加盟（上海）展览会	23000
体育用品	3	上海市	上海（国际）赛事文化及体育用品博览会	34000
五金展	1	上海市	中国国际五金展	133883
	2	上海市	第二十七届中国国际五金博览会暨春季（127 届）全国五金商品交易会	133883
	3	上海市	第 23 届中国国际五金博览会	130000
物流	2	连云港市	中国（连云港）丝绸之路国际物流博览会	76000
	3	上海市	亚洲国际物流技术与运输系统展	57500
橡胶轮胎	1	上海市	中国国际橡胶技术展/亚洲艾森轮胎展	46000
消费电子	3	上海市	亚洲消费电子展	23000

续表 3-17

分类	排序	城市	展览名称	面积/平方米
信息科技	2	无锡市	中国国际物联网（传感网）博览会	62400
休闲娱乐	1	上海市	中国国际数码互动娱乐产品及技术应用展览会	92000
	2	杭州市	第十一届中国国际动漫节产业博览会	65000
畜牧业	2	南京市	中国饲料工业展览会暨畜牧业科技成果推介会	64000
眼镜	1	上海市	第十五届中国（上海）国际眼镜业展览会	59000
医药	2	上海市	第73届全国药品交易会	79499
	3	南京市	中国国际医药原料药、中间体、包装、设备交易会	64000
冶金	2	上海市	第十五届中国国际冶金工业展览会	53470
应急减灾	3	上海市	第七届上海国际减灾应急与安全博览会	37020
游艇	1	上海市	中国（上海）国际游艇展，第二十届中国国际船艇及其技术设备展览会	50000
渔业	3	上海市	中国国际海事技术会议和展览会	95360
园林景观	1	上海市	第17届上海国际园林景观及别墅配套设施博览会	80500
孕婴童	1	上海市	第15届 CBME 孕婴童展、CBME 童装展	200000
	2	上海市	中国国际童车及婴童用品展览会	115000
照明	2	上海市	第十届中国（上海）国际照明展	52653
	3	上海市	上海国际专业灯光音响展览会	34500
植物花卉	2	马鞍山市	中国·马鞍山海峡两岸兰花展	100000
制药机械原料	3	上海市	第十五届世界制药展	147260
智能建筑	2	上海市	中国上海智慧城市及智能产品展览会	11500
自行车电动车	1	上海市	第二十五届中国国际自行车展览会	143432
电子展	2	上海市	上海国际机床机器人及智能工厂展览会	80500
摄影	1	上海市	第28届中国上海国际婚纱摄影器材展览会暨国际儿童摄影、主题摄影展览会	70000
模型玩具	1	上海市	第十四届中国国际玩具及模型展览会，中国国际玩具、幼教用品及设备展览会	144000

（3）规模以上展览项目情况。2015 年，长三角协调会成员城市共举办 3.5 万平方米以上专业会展项目 149 个。具体情况见表 3-18。

表 3-18 2015 年长三角成员城市 3.5 万平方米以上会展项目

序号	项 目 名 称	城市	展览面积/平方米	举办地点
1	第 36 届上海家具博览会	上海	400000	国家会展中心（上海）
2	第 16 届上海汽车工业博览会	上海	350000	国家会展中心（上海）
3	第 21 届中国国际家居博览会	上海	290000	上海新国际博览中心
4	2015 上海国际汽车零配件展	上海	266315	国家会展中心（上海）
5	第 17 届中国国际工业博览会	上海	230000	国家会展中心（上海）
6	第 20 届中国国际厨房、卫浴设施展览会	上海	210000	上海新国际博览中心
7	第 15 届中国孕婴童装用品展	上海	205000	上海新国际博览中心
8	第 15 届中国国际纺织面辅料博览会	上海	200000	国家会展中心（上海）
9	2015 中国国际汽车商品交易会	上海	200000	国家会展中心（上海）
10	第 24 届上海酒店用品博览会	上海	200000	上海新国际博览中心
11	第 27 届中国国际五金博览会	上海	160000	国家会展中心（上海）
12	第 19 届国际太阳能及光伏产业博览会	上海	160000	上海新国际博览中心
13	2015 中国国际家纺及辅料博览会	上海	160000	国家会展中心（上海）
14	第 23 届上海国际广告技术设备展览会	上海	159000	国家会展中心（上海）
15	第 20 届中国国际美容博览会	上海	150000	上海新国际博览中心
16	第 18 届中国国际焙烤展览会	上海	150000	上海新国际博览中心
17	第 15 届世界制药原料中国展	上海	150000	上海新国际博览中心
18	第 25 届中国国际自行车展览会	上海	140000	国家会展中心（上海）
19	第 17 届国际地面材料及辅装技术展览会	上海	138000	上海新国际博览中心
20	2015 国际绿色建筑建材博览会	上海	138000	上海新国际博览中心
21	第 20 届中国（上海）墙纸、布艺、地毯及家居软装饰博览会	上海	130000	上海新国际博览中心
22	2015 中国国际医疗器械设计制造技术展览会	上海	130000	国家会展中心（上海）
23	第 14 届中国国际日用消费品博览会	宁波	120000	宁波国际会展中心
24	第 7 届苏州家具展览会	苏州	120000	苏州国际博览中心
25	2015 中国义乌国际小商品博览会	金华	120000	义乌国际博览中心
26	2015 台州住宅产品博览会	台州	120000	台州国际会展中心
27	第 93 届全国糖酒商品交易会	南京	120000	南京国际博览中心
28	第 15 届中国国际五金展	上海	120000	国家会展中心（上海）
29	第 109 届日用百货商品交易会	上海	115000	上海新国际博览中心
30	第 13 届中国国际数码互动娱乐展览会	上海	115000	上海新国际博览中心
31	第 16 届中国国际食品与饮料博览会	上海	115000	上海新国际博览中心

续表 3-18

序号	项 目 名 称	城市	展览面积/平方米	举办地点
32	第 25 届华东进出口商品交易会	上海	115000	上海新国际博览中心
33	2015 国际缝制设备展览会	上海	115000	上海新国际博览中心
34	第 12 届安徽国际汽车展览会	合肥	110000	合肥滨湖国际会展中心
35	第 19 届中国食品添加剂及配料展览会	上海	106000	国家会展中心（上海）
36	第 23 届中国国际服装服饰博览会	上海	106000	国家会展中心（上海）
37	2015 中国上海国际乐器展览会	上海	103500	上海新国际博览中心
38	第 17 届上海纺织工业展览会	上海	100000	上海新国际博览中心
39	第 8 届上海国际水展	上海	100000	国家会展中心（上海）
40	佛兴 2015 上海酒店用品展览会	上海	100000	国家会展中心（上海）
41	2015 中国（上海）改装车展览会	上海	100000	上海汽车会展中心
42	第 11 届中国（南京）国际软件产品及信息服务交易博览会	南京	100000	南京国际博览中心
43	2015 中国国际纺织面辅料（春夏）博览会	上海	100000	国家会展中心（上海）
44	第 13 届中国（合肥）苗木花卉交易大会	合肥	100000	中国中部花木城会展中心
45	2015 中国国际服装服饰（秋季）博览会	上海	100000	国家会展中心（上海）
46	第 14 届南京国际汽车博览会	南京	96000	南京国际博览中心
47	2015 中国国际皮革展	上海	92000	上海新国际博览中心
48	2015 中国国际门窗幕墙博览会	上海	90000	国家会展中心（上海）
49	2015 中国宁波国际家具博览会	宁波	90000	宁波国际会展中心
50	第 19 届中国国际宠物水族用品展	上海	90000	国家会展中心（上海）
51	第 20 届北京埃森焊接切割产品展	上海	84700	上海新国际博览中心
52	2015 亚洲国际动力传动与控制技术展	上海	80320	上海新国际博览中心
53	第 15 届中国（上海）国际眼镜业展	上海	80000	上海世博展览馆
54	第 11 届上海国际 LED 照明展	上海	80000	上海新国际博览中心
55	第 15 届中国国际冶金工业展览会	上海	80000	国家会展中心（上海）
56	第 27 届中国国际婚纱摄影器材展	上海	80000	上海世博展览馆
57	第 20 届中国国际建筑贸易博览会	上海	80000	国家会展中心（上海）
58	第 4 届中国（昆山）品牌产品进口交易会	苏州	80000	昆山国际会展中心
59	第 13 届无锡国际汽车改装展览会	无锡	80000	无锡太湖国际博览中心
60	2015 中国国际海事技术展览会	上海	80000	上海新国际博览中心
61	第 28 届中国国际婚纱摄影器材展	上海	80000	上海世博展览馆

续表 3-18

序号	项 目 名 称	城市	展览面积/平方米	举办地点
62	第 33 届中国江苏国际自行车新能源电动车及零部件交易会	南京	80000	南京国际博览中心
63	第 6 届中国永康国际门业展览会	金华	78000	永康国际会展中心
64	2015 中国五金博览会	金华	77300	永康国际会展中心
65	2015 中国汽车后市场博览会	金华	76000	义乌国际博览中心
66	第 8 届中国义乌国际森林产品博览会	金华	76000	义乌国际博览中心
67	2015 亚洲太阳能光伏创新技术博览会	上海	75000	上海国际会议中心
68	第 14 届中国国际玩具及教育设备展	上海	69000	上海新国际博览中心
69	第 20 届中国国际涂料展	上海	67150	上海新国际博览中心
70	2015 中国国际瓦楞展	上海	67000	上海新国际博览中心
71	2015 中国家电博览会	上海	63250	上海新国际博览中心
72	第 17 届上海国际机床机器人及智能工厂展览会	上海	60500	上海新国际博览中心
73	2015 中国南京国际新能源汽车与电动车展	南京	60000	南京国际博览中心
74	第 28 届中国上海国际半导体展览会	上海	60000	上海新国际博览中心
75	第 16 届中国环境保护博览会	上海	60000	上海新国际博览中心
76	2015CME 中国机床展	上海	60000	国家会展中心（上海）
77	第 23 届宁波国际汽车展	宁波	60000	宁波国际会展中心
78	第 26 届无锡太湖国际机床及模具展	无锡	60000	无锡太湖国际博览中心
79	第 5 届中国无锡国际文化艺术产业博览会	无锡	60000	无锡太湖国际博览中心
80	2015 上海国际烘焙博览会	上海	60000	国家会展中心（上海）
81	第 8 届中国江苏国际农业机械展览会	南京	60000	南京国际博览中心
82	2015 中国（上海）春季婚博会	上海	60000	上海世博展览馆
83	第 7 届中国上海国际进出口轴承展览会	上海	60000	上海光大会展中心
84	第 27 届无锡太湖国际机床及模具展	无锡	60000	无锡太湖国际博览中心
85	2015 中国杭州文化创意产业博览会	杭州	60000	白马湖国际会展中心
86	2015 中国夏季婚博会（上海）	上海	59000	上海世博展览馆
87	2015 中国秋季婚博会（上海）	上海	59000	上海世博展览馆
88	第 21 届中国家具设备及材料博览会	上海	59000	上海世博展览馆
89	2015 中国冬季婚博会（上海）	上海	59000	上海世博展览馆
90	2015 中国国际汽车制造技术与设备展	上海	57500	上海新国际博览中心
91	2015 中国国际制造技术与装备模具展	上海	57500	上海新国际博览中心
92	第 13 届上海国际广告标识展	上海	57500	上海新国际博览中心

续表 3-18

序号	项 目 名 称	城市	展览面积/平方米	举办地点
93	2015 中国国际婴童用品展览会	上海	57500	上海新国际博览中心
94	第 86 届中国电子展	上海	57500	上海新国际博览中心
95	2015 慕尼黑上海家电展	上海	57500	上海新国际博览中心
96	第 21 届上海国际加工包装展览会	上海	56000	上海新国际博览中心
97	第 16 届中国国际农用化学及植保展	上海	54000	上海新国际博览中心
98	第 20 届中国（上海）国际游艇展	上海	52000	上海世博展览馆
99	2015 上海国际珠宝首饰展览会	上海	52000	上海世博展览馆
100	第 13 届“魅力之都”温州国际汽车展	温州	50000	温州国际会展中心
101	第 10 届中国义乌物化产业交易博览会	金华	50000	义乌国际博览中心
102	2015 中国义乌世界电商大会及网络商品展	金华	50000	中国小商品城会展中心
103	2015 第 4 届义乌进口商品展	金华	50000	义乌国际博览中心
104	第 18 届亚洲宠物展览会	上海	50000	上海世博展览馆
105	第 10 届亚洲户外用品展	南京	50000	南京国际博览中心
106	第 17 届中国江苏国际服装家纺面料展	南京	50000	南京国际博览中心
107	2015 中国义乌国际旅游产业博览会	金华	50000	义乌国际博览中心
108	2015 中国（宁波）进口商品展览会	宁波	50000	宁波国际会展中心
109	第 2 届中国（无锡）秋季渔具博览会	无锡	50000	无锡太湖国际博览中心
110	2015 春季合肥中国国际汽车展交会	合肥	50000	合肥滨湖国际会展中心
111	2015 中国（南京）国际烘焙展览会	南京	50000	南京国际展览中心
112	第 11 届中国国际动漫游戏博览会	上海	48000	上海世博展览馆
113	第 8 届中国南京国际汽车展览会	南京	48000	南京国际博览中心
114	第 5 届亚洲自行车展览会	南京	48000	南京国际博览中心
115	第 24 届宁波国际汽车博览会	宁波	47570	宁波国际会展中心
116	第 15 届中国国际电力电工设备展览会	上海	46000	上海新国际博览中心
117	第 14 届亚太国际橡胶塑料工业展览会	上海	46000	上海新国际博览中心
118	第 90 届中国劳动保护用品交易会	上海	45000	上海新国际博览中心
119	2015 中国国际汽车产业博览会	上海	45000	上海新国际博览中心
120	第 23 届中国国际建筑装饰展览会	上海	44700	上海新国际博览中心
121	第 11 届上海国际金属工业展览会	上海	44600	上海新国际博览中心
122	第 10 届中国（安徽）国际糖酒交易会	合肥	44500	安徽国际会展中心
123	2015 中国昆山电子电机设备博览会	苏州	44500	花桥国际博览中心
124	2015 中国学前教育用品博览会	南京	42279	南京国际展览中心

续表 3-18

序号	项目名称	城市	展览面积/平方米	举办地点
125	2015 上海紧固件专业展览会	上海	42000	上海世博展览馆
126	第 11 届亚洲门窗及遮阳技术展览会	上海	42000	上海新国际博览中心
127	第 17 届中国塑料博览会	宁波	42000	余姚中塑国际会展中心
128	第 19 届中国国际口腔器材展览会	上海	42000	上海世博展览馆
129	2015 年苏州上花夏季渔具博览会	苏州	40000	苏州国际博览中心
130	2015 中国国际饮料科技展	上海	40000	上海新国际博览中心
131	第 8 届中国上海矿山起重运输机械展	上海	40000	上海新国际博览中心
132	第 9 届中国合肥国际家用电器展览会	合肥	40000	合肥滨湖国际会展中心
133	第 3 届中国常州国际机床模具展览会	常州	40000	常州西太湖国际博览中心
134	2015 中国无锡渔具博览会	无锡	40000	无锡太湖国际博览中心
135	2015 年苏州上花冬季渔具博览会	苏州	40000	苏州国际博览中心
136	2015 亚洲国际物流技术与运输系统展	上海	40000	上海新国际博览中心
137	2015 年国际微商品牌博览会	杭州	40000	白马湖国际会展中心
138	2015 上海国际幼教用品及装备博览会	上海	40000	上海新国际博览中心
139	第 16 届中国清洁博览会（上海展）	上海	38000	上海世博展览馆
140	第 7 届上海国际石化技术装备博览会	上海	38000	上海新国际博览中心
141	第 15 届中国国际染料工业博览会	上海	37000	上海世博展览馆
142	2015 上海国际啤酒饮料技术设备博览会	上海	37000	上海国际展览中心
143	2015 慕尼黑上海光博会	上海	36960	上海新国际博览中心
144	第 16 届中国杭州国际面料辅料博览会	杭州	36000	杭州和平国际会展中心
145	第 9 届中国国际物流科技博览会	苏州	36000	昆山国际会展中心
146	第 75 届中国国际医药原料及包装博览会	南京	36000	南京国际博览中心
147	2015 中国饲料工业及畜牧业成果会	南京	36000	南京国际博览中心
148	2015 中国国际合成革展览会	温州	35000	温州国际会展中心
149	2015 中国国际铝业展览会	上海	35000	上海新国际博览中心
150	2015 第 16 届中国国际机械工业博览会	宁波	35000	宁波国际会展中心

（4）商务部支持引导展会情况。为有效发挥重点展会示范效应，引导展览行业健康发展，商务部 2015 年继续对带动效应好、行业影响大、产业特色鲜明、区域特点显著的展会进行鼓励和支持。经各地方、有关部门和行业中介组织推荐，专家委员会评审及网上公示，商务部确定了 190 项展会作为 2015 年引导支持展会。除 5 个巡回展外，主办城市明确的项目有 185 个。其中，长三角城市协

调会成员城市共有63个会展项目。在长三角协调会的30个成员城市中，共有1个城市的会展项目受到资助。其中上海市47个，南京市3个，宁波市2个，苏州市2个，台州市2个，金华市2个，杭州市1个，合肥市1个，绍兴市1个，扬州市1个，徐州市1个。具体名单见表3-19。

表3-19　2015年长三角协调会成员城市商务部支持引导展会一览表

序号	展会名称	举办地
1	中国国际玩具及教育设备展览会	上海市
2	中国（上海）国际电子展览会	上海市
3	中国国际缝制设备展	上海市
4	中国（上海）国际眼镜业展览会	上海市
5	中国国际家具展览会	上海市
6	中国柯桥国际纺织品博览会（秋季）	绍兴市
7	中国国际家用纺织品及辅料（秋冬）博览会	上海市
8	中国国际焙烤展览会	上海市
9	全国糖酒商品交易会	南京市（秋季）
10	中国国际自行车展览会	上海市
11	上海国际汽车零配件、维修检测诊断设备及服务用品展览会	上海市
12	中国国际纺织面料及辅料博览会	上海市
13	中国（上海）国际乐器展览会	上海市
14	上海国际网络购物大会	上海市
15	上海国际电力设备及技术展览会	上海市
16	中国国际冶金工业展览会	上海市
17	中国国际服装服饰博览会	上海市
18	中国国际皮革展览会	上海市
19	世界制药原料中国展	上海市
20	中国国际铸造博览会	上海市
21	中国国际农用化学品及植保展览会	上海市
22	中国国际汽车商品交易会	上海市
23	中国（上海）国际家具博览会	上海市
24	中国工艺美术大师作品暨国际艺术精品博览会	扬州市
25	中国针棉织品交易会	上海市
26	中国国际胶粘剂及密封剂展览会	上海市
27	中国国际针织博览会	上海市
28	中国制冷、空调与热泵节能博览会	上海市
29	中国塑料交易会	台州市

续表 3-19

序号	展　会　名　称	举办地
30	上海国际酒店用品博览会	上海市
31	中国国际五金博览会	上海市
32	中国肉业博览会	上海市
33	中国茶业交易会	上海市
34	中国五金博览会	永康市
35	中国·徐州新能源汽车、电动三轮车及零部件展览会	徐州市
36	全国农药交流会暨农化产品展览会	上海市
37	上海国际尚品家居及室内装饰展览会	上海市
38	中国泵与电机展览会	温岭市
39	中国国际物流科技博览会	昆山市
40	上海国际轨道交通展览会	上海市
41	苏州家具展览会	苏州市
42	中国劳动保护用品交易会	上海市
43	全球零售自有品牌产品亚洲展	上海市
44	中国国际旅游交易会	上海市
45	中国国际健康产品展览会	上海市
46	南京国际时尚消费品博览会	南京市
47	中国（永康）国际门业博览会	永康市
48	中国国际医药（工业）展览会暨技术交流会	上海市
49	中国国际时尚发制品及美发用品展览会	上海市
50	中国徽菜产业发展大会暨安徽餐饮博览会	安徽省
51	中国（余姚）国际塑料博览会	余姚市
52	中华老字号博览会	上海市
53	中国国际医药原料药/中间体/包装/设备交易会	上海市
54	上海国际口腔设备器材博览会	上海市
55	中国国际汽车改装博览会	上海市
56	中国健康产业品牌博览会	上海市
57	上海进口商品博览会	上海市
58	中国国际制造技术、装备与模具展览会	上海市
59	中国国际摩托车、电动车及零部件交易会	上海市
60	南京家装主材博览会	南京市
61	中国国际机械工业展览会	宁波市
62	世界制药机械、包装设备与材料中国展	上海市
63	中国中华老字号精品博览会	杭州市

(5) 长三角各主要会展城市展览情况。按照长三角成员城市会展业发展情况，对会展项目进行分城市比较，具体见表3-20。

表3-20　2015年全国城市展览统计表

国内排名	城市	办展数量/场	办展面积/万平方米	办展数量占比/%	办展面积占比/%	平均面积/万平方米
1	上海市	749	1511.55	8.07	13.06	2.02
12	杭州市	297	265.44	3.20	2.29	0.89
15	南京市	225	224.93	2.42	1.94	1.00
19	合肥市	181	185.50	1.95	1.60	1.02
21	长春市	123	170.86	1.33	1.48	1.39
22	宁波市	136	152.13	1.47	1.31	1.12
28	苏州市	80	110.38	0.86	0.95	1.38
35	无锡市	69	76.60	0.74	0.66	1.11
38	昆山市	56	71.20	0.60	0.62	1.27
39	义乌市	32	68.46	0.34	0.59	2.14
45	嘉兴市	61	54.30	0.66	0.47	0.89
46	温州市	54	53.03	0.58	0.46	0.98
49	永康市	29	46.17	0.31	0.40	1.59
58	马鞍山市	34	34.03	0.37	0.29	1.00
60	徐州市	36	33.50	0.39	0.29	0.93
61	常州市	29	33.40	0.31	0.29	1.15
62	台州市	19	32.82	0.20	0.28	1.73
65	余姚市	18	28.65	0.19	0.25	1.59
69	南通市	32	26.50	0.34	0.23	0.83
72	盐城市	42	26.11	0.45	0.23	0.62
77	扬州市	28	21.53	0.30	0.19	0.77
79	泰州市	19	20.95	0.20	0.18	1.10
84	常熟市	44	18.85	0.47	0.16	0.43
87	芜湖市	35	18.53	0.38	0.16	0.53
88	绍兴市	21	18.05	0.23	0.16	0.86
90	温岭市	14	15.07	0.15	0.13	1.08
94	慈溪市	19	14.80	0.20	0.13	0.78
95	连云港市	5	14.70	0.05	0.13	2.94
99	海宁市	19	12.25	0.20	0.11	0.64
114	宁海市	9	6.42	0.10	0.06	0.71

（6）UFI认证项目及会员情况。截止到2015年底，长三角协调会30个城市共有25个项目获得国际展览联盟（UFI）认证。其中上海20个，宁波、金华（义乌）各2个，南京1个。长三角协调会成员城市共有28个机构为UFI成员。其中上海22个，金华（义乌）2个，南京、杭州、宁波和苏州市各1个。

（五）长三角协调会成员城市主要会展企业情况

长三角会展业的快速发展，其主体是会展企业及相关办展机构。此外，政府及相关部门在政府主导型会展项目的举办过程中也发挥着十分重要的作用。表3-21是办展面积在10万平方米以上的机构和企业的情况。

表3-21　长三角协调会成员城市主要机构办展情况一览表

序号	企业名称	所在城市	办展数量/场	办展面积/平方米
1	上海博华国际展览有限公司	上海	13	1026000
2	汉诺威米兰国际展览（上海）有限公司	上海	6	733500
3	上海市国际展览有限公司	上海	2	407500
4	上海新格雷展览服务有限公司	上海	6	336010
5	上海国际展览有限公司	上海	4	297000
6	WES上海环球国际展览有限公司	上海	3	290000
7	法兰克（上海）展览有限公司	上海	2	266315
8	上海万耀企龙展览有限公司	上海	13	253000
9	安徽中设国际会展有限公司	合肥	9	252000
10	浙江省商务厅	杭州	3	248000
11	上海国际展览中心有限公司	上海	8	246000
12	江苏三角洲国际会展有限公司	无锡	5	240000
13	上海东浩国际贸易服务（集团）有限公司	上海	1	230000
14	法兰克福展览（上海）有限公司	上海	8	207800
15	江苏省经济和信息化委员会	南京	4	206000
16	上海现代国际展览有限公司	上海	4	200000
17	上海贸发展览服务有限公司	上海	2	200000
18	温州德纳展览有限公司	温州	6	183000
19	上海荷瑞会展有限公司	上海	4	180000
20	江苏省商务厅	南京	3	177000
21	上海世博集团上海现代展览有限公司	上海	5	172010
22	上海协生展览有限公司	上海	2	164000
23	浙江中国小商品城集团股份有限公司	金华	5	161000
24	上海市环境科学信息技术交流中心	上海	1	160000

续表 3-21

序号	企 业 名 称	所在城市	办展数量/场	办展面积/平方米
25	上海伏勒密展览服务有限公司	上海	1	160000
26	苏州市人民政府	苏州	2	160000
27	江苏省政府外事办	南京	2	160000
28	昆山市人民政府	苏州	2	160000
29	江苏省环境保护厅	南京	2	159000
30	东浩集团上海国际展览有限公司	上海	1	159000
31	上海申仕展览服务有限公司	上海	5	152500
32	上海百文会展有限公司	上海	1	150000
33	杜塞尔多夫展览（上海）有限公司	上海	8	145500
34	世博集团上海外经贸商务展览有限公司	上海	3	143500
35	台州市国际会展中心有限公司	台州	2	135000
36	上海东贸展览服务有限公司	上海	6	132000
37	宁波市人民政府	宁波	2	128000
38	上海大陆工具发展有限公司	上海	1	120000
39	中国国际贸促会南京分会	南京	1	120000
40	中国国际贸促会无锡支会	无锡	2	120000
41	义乌市人民政府	金华	1	120000
42	无锡市机械工业联合会	无锡	1	120000
43	台州市路桥区房地产协会	台州	1	120000
44	无锡市经济和信息化委员会	无锡	2	119500
45	德国科隆展览中国有限公司	上海	6	119250
46	上海高登商业展览有限公司	上海	8	118500
47	上海励闻展览服务有限公司	上海	3	117000
48	上海歌华展览服务有限公司	上海	6	116600
49	安徽省汽车经销商商会	合肥	1	110000
50	台州市迪威展览有限公司	台州	5	105000
51	南京百慕展览有限公司	南京	5	105000
52	上海纺织技术服务展览有限公司	上海	1	100000
53	沪鑫堡展览（上海）有限公司	上海	1	100000
54	欧尼优展览（上海）有限公司	上海	2	100000
55	澳特沙龙（上海）会展服务有限公司	上海	1	100000
56	上海国际汽车城开发服务有限公司	上海	1	100000
57	南京市软件行业协会	南京	1	100000

(六) 长三角主要会展城市综合指数排名情况

根据国家商务部城市的展览业发展指数评价标准,以 2015 年数据作为衡量城市会展业发展水平的标准。该评价指标主要采用展览数量(场)、展览面积(万平方米)、专业展馆数量(个)、专业展览馆室内面积(万平方米)、管理机构数量(个)、UFI 会员单位(个)、UFI 认证项目(个)、TOP100 展览项目数量(个)和 TOP3 展览项目数量(个)等 9 个指标进行综合评价,最终评比结果见表 3-22。

(七) 长三角会展教育科研服务情况

长三角会展教育科研工作在国内具有十分重要的地位。2002 年,上海师范大学和浙江万里学院与北京第二外国语学院、广州大学等四所院校,率先在国内开设会展管理本科人才培养工作。由于当时国家教育部尚未设立会展类本科专业,因此,上海师范大学在旅游管理本科专业开设“会展旅游管理”课程模块,浙江万里学院在国际经济与贸易专业开设“国际会展与服务贸易”课程模块。在启动人才培养工作的同时,相关高校也结合长三角会展产业发展和各地区会展产业发展的实际情况,通过多种途径开展会展科研工作。会展教育科研工作呈现出高速发展的态势。

(1) 会展本科专业设置情况。2004 年,国家教育部结合 2010 年上海世博会对会展人才的需要,批准上海师范大学和上海外经贸学院开设会展经济与管理本科专业。这是我国首次批准设立会展类本科专业。此后,浙江万里学院、上海应用技术学院、上海大学、上海第二工业大学、浙江大学城市学院、华东师范大学、上海工程技术大学、东华大学等高校先后获准设立会展经济与管理专业。2006 年,东华大学获准设立会展艺术与技术专业;2007 年,上海工程技术大学设立会展艺术与技术专业;2008 年,上海大学设立会展艺术与技术专业。全国设立会展艺术与技术专业 3 个,全部为长三角高校设立。至此,长三角会展本科专业 21 所,占全国 101 所会展经济与管理专业的 20% 以上;会展专业建设和人才培养工作的高速发展,也体现出长三角会展业在国内的重要地位。长三角城市开设会展经济与管理专业高校一览表,见表 3-23。

(2) 会展专科人才培养工作。截止到 2016 年 11 月,长三角共有 36 家高职高专院校设立会展策划与管理、会展服务与管理、会展旅游管理等专科专业,累积毕业生 8210 名,累积在校生 6500 名。在发展的过程中,高职高专院校紧密结合会展产业对人才的需求特点,立足实用性、操作性会展人才的培养工作,一批会展专科人才投身到会展产业发展中,为长三角会展业的发展做出了应有的贡献。在此基础上,高职高专院校重视会展人才培养的改革和专业建设工作。截止到 2016 年底,长三角区域共设立省级会展专业建设和教学改革项目 12 项,地市级会展专业建设和教学改革项目 30 余项。完成会展实验室建设 17 个,建立各类实践教学基地 200 余个。

表 3-22　2015 年长三角城市展览业发展综合指数列表

排名	城市	2015 年展览数量/场	2015 年展览面积/万平方米	2015 年专业场馆数量/个	2015 年专业场馆室内面积/万平方米	2015 年度展览管理机构/个	2015 年度 UFI 会员单位/个	2015 年度 UFI 认证项目/个	TOP100 展览项目数量/个	TOP3 展览项目数量/个	城市展览业发展指数
1	上海市	749	1511. 55	12	81. 3	3	22	21	65	98	441. 69
12	杭州市	297	265. 44	7	35	15	2	0	1	1	65. 94
13	南京市	225	224. 93	4	16. 72	3	1	1	3	9	61. 36
18	合肥市	181	185. 50	3	13. 15	2	0	0	0	0	38. 47
19	宁波市	136	152. 13	1	7. 74	3	1	2	1	3	36. 99
24	苏州市	80	110. 38	6	22. 3	1	1	0	3	3	28. 97
34	义乌市	32	68. 46	1	9. 32	1	2	2	3	1	19. 18
36	无锡市	69	76. 60	5	12. 85	1	0	0	0	2	18. 45
41	昆山市	56	71. 20	1	5	0	0	0	0	0	13. 32
47	嘉兴市	61	54. 30	1	2. 5	0	0	0	0	0	11. 88
50	温州市	54	53. 03	1	3. 32	2	0	0	0	0	11. 34
54	永康市	29	46. 17	1	7. 6	0	0	0	2	0	10. 38
57	马鞍山市	34	34. 03	1	1. 5	1	0	0	1	1	9. 15
63	徐州市	36	33. 50	2	4. 3	0	0	0	0	0	7. 58
65	常州市	29	33. 40	1	1. 8	0	0	0	0	1	7. 52

续表 3-22

排名	城市	2015 年展览数量/场	2015 年展览面积/万平方米	2015 年专业场馆数量/个	2015 年专业场馆室内面积/万平方米	2015 年度展览管理机构/个	2015 年度UFI 会员单位/个	2015 年度UFI 认证项目/个	TOP100展览项目数量/个	TOP3 展览项目数量/个	城市展览业发展指数
66	盐城市	42	26.11	0	0	0	0	0	0	0	6.81
67	常熟市	44	18.85	1	2.06	0	0	0	0	0	6.59
69	南通市	32	26.50	2	3.4	0	0	0	0	0	6.39
73	芜湖市	35	18.53	1	4.5	1	0	0	0	0	6.00
77	台州市	19	32.82	1	2.5	0	0	0	0	0	5.53
81	扬州市	28	21.53	1	1.5	0	0	0	0	0	5.20
82	余姚市	18	28.65	1	3.1	1	0	0	0	0	5.18
83	泰州市	19	20.95	2	6.2	0	0	0	0	0	4.81
84	连云港市	5	14.70	2	5.32	1	0	0	1	1	4.80
90	绍兴市	21	18.05	1	2.67	1	0	0	0	0	4.37
92	温岭市	14	15.07	1	1.18	0	0	0	0	1	4.13
99	慈溪市	19	14.80	1	1.65	0	0	0	0	0	3.65
101	海宁市	19	12.25	1	1.19	0	0	0	0	0	3.34
120	宁海市	9	6.42	1	0.8	0	0	0	0	0	1.72

表 3-23 长三角城市开设会展经济与管理专业高校一览表

序号	学 校	城市	备 注
1	上海师范大学	上海	上海市旅游会展人才高地
2	上海对外经贸大学	上海	
3	上海第二工业大学	上海	
4	上海应用技术学院	上海	
5	上海外国语大学贤达经济人文学院	上海	
6	上海理工大学	上海	
7	上海工程技术大学	上海	
8	东华大学	上海	
9	华东师范大学	上海	
10	上海大学	上海	
11	浙江万里学院	宁波	国家级特色专业、省优势专业
12	浙江大学城市学院	杭州	省新兴特色专业
13	浙江树人学院	杭州	
14	杭州师范大学	杭州	
15	浙江传媒学院	杭州	
16	浙江外国语学院	杭州	
17	上海财经大学浙江学院	金华	
18	三江学院	南京	

（3）会展科研与学科建设工作。在做好人才培养工作的基础上，长三角区域的高校和科研院所也十分重视会展学科建设工作，并借助 2010 年上海世博会的有利时机，强化会展科研工作，使会展科研工作呈现出理论研究与应对性研究相结合的态势。截至 2016 年 11 月，长三角“两省一市”共设立省级以上会展相关研究课题 11 项，副省级城市设立研究课题 17 项，省厅级研究课题 21 项，地市级研究课题 120 余项。主要研究方向包括会展业发展的宏观研究、会展产业与先进制造业融合互动、接轨上海世博会、会展产业与旅游产业互动关系等。此外，为做好上海世博会相关工作，上海世博会事务协调局先后就世博会相关问题开展各种立项研究 60 余项，各省市设立的关于上海世博会场馆设计、场馆建设、布展服务等方面的研究课题 20 余项。浙江省、杭州市也针对举办 G20 峰会、世界互联网大会等大型国际会展项目设立相关课题开展研究。

四、长三角会展业发展的基本特征

长三角地区是国内乃至全球会展业最发达的地区，初步形成了在国内外空间布局最合理、会展基础设施最完备、会展项目类型最齐全的区域会展业特征。

（一）城市空间布局特征

长三角是国内外会展业空间布局最优化的地区之一。经过几十年的持续发展和不断提升，已经初步形成较为完整的体系和比较优化的空间布局。主要特征包括：

（1）“一主两翼”的空间布局特征。东部是以上海为中心的区域会展业发展增长极核；南部是以杭州、宁波、台州、温州、义乌等城市构成的会展城市群，杭州、绍兴、宁波、舟山构成的节庆产业带和杭州、宁波、嘉兴构成的环杭州湾会议金三角城市空间格局；北部是以苏州、无锡、南京、合肥、芜湖等构成的长江沿岸会展经济带。

（2）由东向西的会展业发展演进格局。近年来，长三角协调会成员单位构成的区域城市群会展业的发展呈现出由东向西逐步快速提升的特征。2000 年以前，区域会展业的发展主要集中在上海、南京、宁波等城市；2000 年之后，杭州、无锡、义乌等城市的会展业逐步得到快速提升；随着 2002 年上海世博会的成功申办和 2010 年成功举办，江苏、浙江两省的会展业借助接轨上海世博会的机会得到快速发展。2012 年以来，会展业的发展逐步向安徽接近江苏、浙江的城市拓展。

（3）由高量级城市向低量级城市逐步扩散。随着会展业的不断拓展，县域城市会展业发展迅速，地市级城市会展业也有较明显的提升，因此，区域中心城市、副中心城市会展项目数量和规模所占比重在逐步下降。会展业发展呈现以区域中心城市为核心、区域副中心城市为支撑，逐步向地市级城市、县级城市，甚至是镇级城市发展的趋势。这种趋势具有典型的会展业发展趋势特征。

（二）场馆布局特征

为形象反映长三角地区会展场馆的空间格局状况及其分布特征，本研究根据以上空间分布以及时间演进的详细数据，使用 ArcGIS10.1 对相关数据进行分析处理，分析了长三角会展场馆空间布点状况、长三角会展场馆数量分布状况、长三角会展场馆面积分布状况，并在此基础上，进一步作了会展场馆空间核密度分析和空间自相关分析（如图 3-11 ~ 图 3-13 所示）。

（1）场馆空间分布特征。根据图 3-11 可以看出，长三角 25 个城市均有会展场馆，反映出长三角地区各城市都重视会展业的发展。但总体而言，不同城市间数量与规模的差异较大，反映出各城市会展业发展的不平衡性。在长三角 25 个城市中，会展场馆数量超过 10 个的城市和地区有 4 个，为上海、苏州、杭州和金华。会展场馆数量在 5 ~ 10 个之间的城市有 5 个，为宁波、南京、无锡、温州和绍兴。会展场馆数量在 2 个以下的有 9 个城市。而场馆超过 10 个的城市贯穿直辖市、副省级城市、较大的市和地级市，也反映出不同级别的城市，只要重视会展业发展，会展产业都可以得到快速提升。

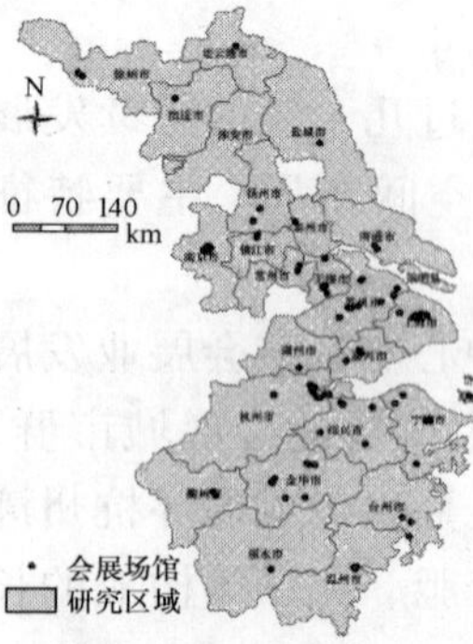

图 3-11 长三角会展场馆布点情况

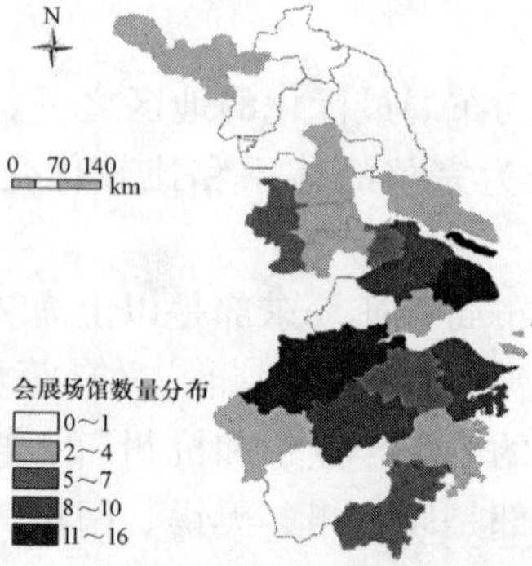

图 3-12 长三角会展场馆数量分布

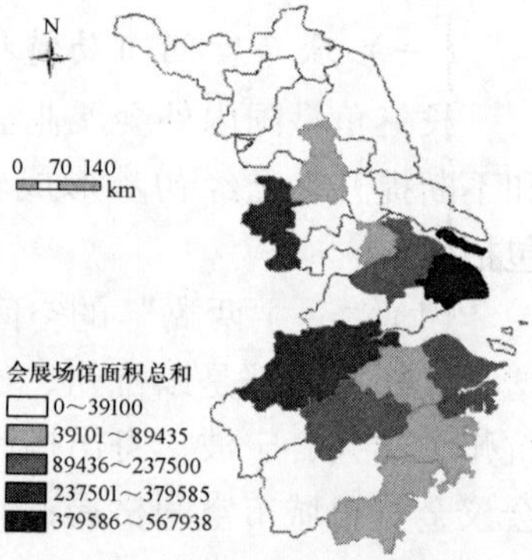

图 3-13 长三角会展场馆面积分布

从场馆的分布格局看，长三角地区会展场馆成环状带状交叉的格局。会展场馆以上海为中心，苏州、无锡、杭州、宁波形成半环形拱状场馆分布带。围绕苏州、无锡、杭州、宁波，又形成以上述 4 个区域为中心的环状分布特征。此外，江苏省以大中型城市为节点，形成苏州、无锡、南京的带状分区空间格局；浙江省则形成以杭州、宁波、台州、温州、义乌等城市构建的环状会展场馆分布带。

（2）场馆数量格局特征。从图 3-12 中分析，按照图中颜色由深到浅的变化，长三角会展场馆分布密度最高的是上海、杭州地区；宁波、金华、苏州等地区次之；南京、绍兴、温州等地再次之。其中上海市的会展场馆数量较多，会展业发展的整体水平较高；南京、杭州作为省会城市，会展业发展的质量也较高，这说明了管理资源在城市会展业发展中的重要作用。会展场馆分布的格局与城市及地区的经济发展水平、区域中心城市的财政收入、政府对会展业的重视程度及形成的产业定位有着紧密关系。南京市作为省会城市，尽管经济发展水平并不突出，但管理资源及区位资源发挥了重要作用，因此，南京会展场馆的建设规模在长三角地区处于较高的位置。

（3）场馆面积格局特征。从图 3-13 中分析，按照图中颜色由深到浅的变化，长三角地区会展场馆面积分布图中颜色最深的是上海，其次为杭州、南京等城市，再次为宁波、苏州和金华。数据表明，长三角地区会展场馆面积最大的为上海，超过 50 万平方米；面积在 20 万 ~50 万平方米之间的城市有 3 个，为杭州、南京、金华；面积在 10 万 ~20 万平方米之间的城市有 2 个，为宁波和苏州。依据会展业相关标准，展出面积在 2 万平方米以上的会展项目为规模以上会展项目，5 万平方米的项目为大中型会展项目，10 万平方米以上为大型会展项目。从长三角的场馆面积看，可举办大型会展项目的场馆只有 3 个，占总数的 2.6%；举办中型会展项目的场馆为 10 个，占总数的 8.5%；举办 2 万 ~5 万平方米会展项目的中型会展场馆有23个，占总数量的20%；而场馆面积在2万平方米以下的小型会展场馆有81个，占总数量的70%。这说明会展场馆的数量虽多，但面积偏小，也导致场馆的平均展出规模较小，难以适应会展业发展规模化的需要。

（4）空间核密度分析。为进一步探讨长三角会展场馆空间分布密度情况，深入了解与分析长三角会展场馆的集中分布特征，本研究运用Arcgis10.1对长三角会展场馆进行空间核密度分析。研究首先将长三角会展场馆的经纬度坐标进行空间可视化处理，进一步运用ArcToolbox中的Spatial Analyst工具进行核密度分析，将场馆面积作为赋值输入population字段，最终得到长三角会展产业的空间核密度分布情况，如图3-14所示。

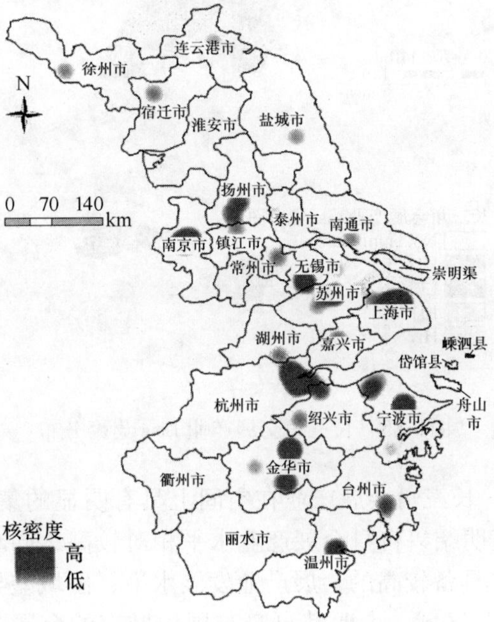

图3-14 长三角会展产业核密度分布

由图3-14可知，长三角会展场馆分布主要集中于苏南、浙北及上海等地区。根据其核密度空间分布状况，研究发现长三角会展场馆具体分布于上海、南京、无锡、苏州、扬州、杭州、宁波、绍兴、金华和温州等城市。其中，杭州、上海两市的核密度最高，核面积最大，表明其会展场馆数量多、面积大，从而反映出杭州、上海两市的会展产业发展水平领跑长三角，已成为长三角地区会展产业发展的核心区域。对江苏省而言，南京、无锡、苏州和扬州四市的核密度较高。而浙江省除杭州之外，宁波、绍兴、金华三市的核密度相对较高，金华的义乌市、温州市区的会展场馆分布较多，也形成了单独的核分布。此外，从苏北、浙西南两区域的会展产业核分布状况中不难看出，其会展产业发展水平较弱。

（5）空间自相关分析。为揭示长三角会展场馆的空间聚类格局态势，本研究运用全局空间自相关方法，以长三角 25 个城市为研究单位，计算得到长三角会展场馆分布的全局 Moran's I 指数为 0.0784。由此可知，长三角会展场馆在空间上呈现较为明显的集聚分布。然而全局空间自相关分析无法反映会展场馆在长三角各地市范围内的聚类分布情况，因此，本研究根据公式，结合 Arcgis10.1 测算得到 Local Moran's I 指数及 Lisa 分布图，用以反映长三角会展场馆的空间集聚程度与分布特征，具体结果如图 3-15 所示。

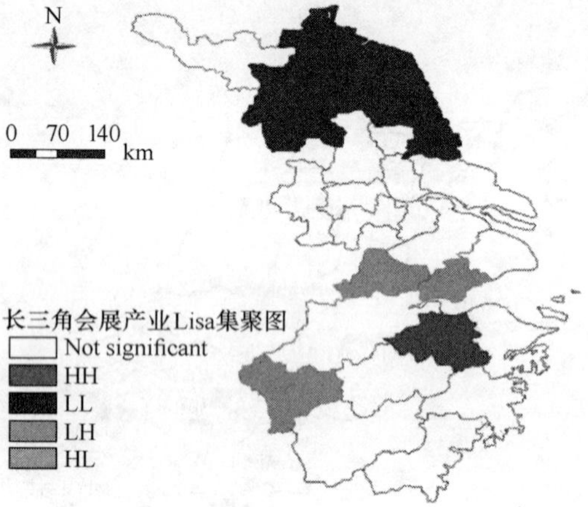

图 3-15 长三角会展产业 Lisa 集聚分布

由图 3-15 可知，长三角会展产业在空间上具有明显的集聚分布特征。其中，绍兴为 HH 区域，表明绍兴自身会展产业水平相对较高，同时绍兴周边城市如杭州、宁波、金华同样具备较高的会展产业发展水平，区域差异较小；淮安、连云港、盐城和宿迁为 LL 区域，表明其自身与周边城市的会展产业发展均较弱，反映长三角会展产业发展的低值集聚区域主要分布于苏北地区；此外，湖州、嘉兴和衢州三市为 LH 区域，表明其会展产业发展具有空间离散的分布态势，从而反映其自身会展产业发展水平较低，而周边城市的会展产业发展水平较高，两者存在较大的区域差异。

（三）长三角会展场馆的时间演进特征

（1）会展场馆时间变化趋势。2002～2013 年，长三角地区展览设施呈现快速发展的趋势。长三角地区会展场馆的数量从 2001 年底的 37 个增长为 2013 年的 117 个。11 年间，新增展览场馆 76 个，为 2002 年以前会展场馆总量的 2 倍以上。从时间演进情况分析，尽管各年度建成的场馆数量略有差异，但考虑立项时间和建设周期等因素，从较长的时间区间看，各年度建成场馆数量仍处于较均衡的状态，反映出会展场馆建设投入的稳定发展趋势（如图 3-16 和图 3-17 所示）。

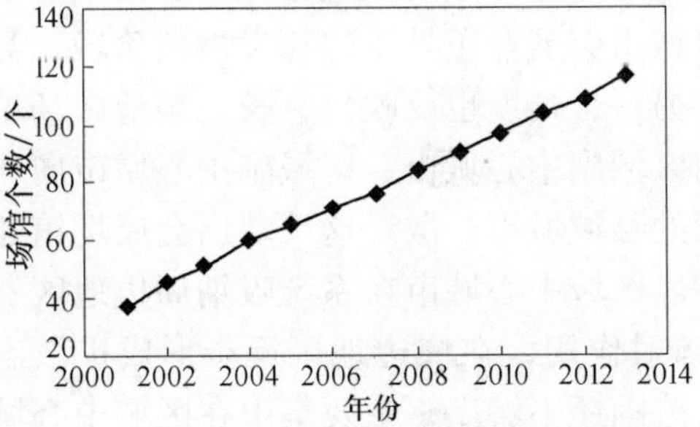

图 3-16　2001～2013 年长三角会展场馆数量变化趋势图

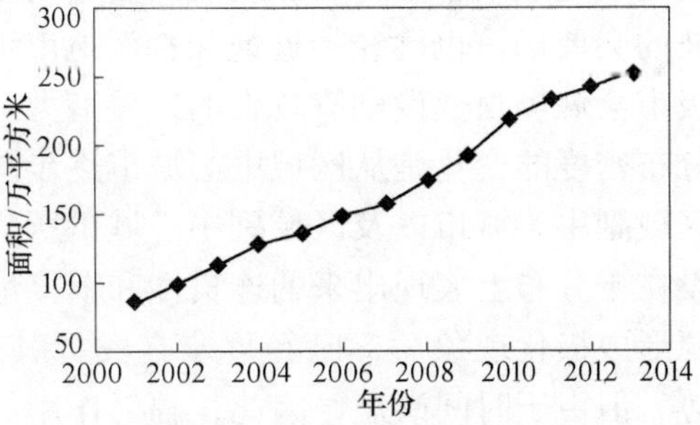

图 3-17　2001～2013 年长三角会展场馆面积变化趋势图

（2）长三角会展场馆空间布局及扩散特征。通过对相关数据的构图及分析表明，长三角地区展览场馆建设呈现出以上海为区域中心，南京、苏州、无锡、杭州、宁波为区域副中心，由中心向周边地区呈涟漪状扩散的态势。其中区域中心城市上海是直辖市，也是国际化大都市，在长三角会展业发展中位居核心地位，是整个区域会展产业的增长极；南京、苏州、无锡、杭州、宁波等副省级城市和较大的市，在整个区域会展业发展中位居承上启下的地位，在接受上海市会展业的辐射过程中，也向周边的地级市和县级市产生辐射作用。不同级别的城市会展业形成梯度分明的区域辐射作用圈。地域密度变化与城市的级别、城市规模、城市人口数量以及人均可支配收入有着较强的关联度，同时也与城市的 GDP 总量以及财政收入有较为密切的关联。其中以上海、杭州、南京、宁波、苏州五个城市的分布密度最高，这也同四个城市在长三角地区的整体地位相关联。此外，无锡、温州、台州等城市的会展场馆密度稍低，也基本符合城市地位与会展业之间的有机联系。唯一差异较大的是义乌市作为县级市，其会展场馆的规模已经超过杭州、宁波、苏州、无锡等城市，位居长三角城市第三位，是会展场馆建设与城市级别反差较大的城市。进一步分析，本研究发现，义乌市将会展业列为城市经济与社会发展的战略，市政府全力支持，周边地区发达的经济条件也为义乌会展业的发展创造条件。从管理资源、区位资源的角度看，义乌会展业的特殊性也就不难理解。整体看，长三角地区会展场馆空间布局主要由区域中心城市上海向南京、杭州、宁波、苏州、无锡等区域副中心城市拓展，而后又逐步向地级市和县级城市拓展，呈现出多重环状扩散特征；在时间演进方面，也是逐步由区域副中心城市向地级市、县级城市逐步发展的态势。

（3）长三角会展业自相关特征。从图 3-18 中可以看出，2001～2013 年 13 年间，区域中心城市上海市的场馆数量增加的幅度较小；副省级城市呈现出 2009

年以前快速增长，2009 年之后增速放缓的态势；地级市呈现较大幅温度的稳定增长；县级市在经过初期缓慢增长后，在 2009 年有较大的增幅。这表明，长三角地区的直辖市上海已经呈现出会展场馆饱和状态，副省级城市杭州、南京、宁波的会展场馆也已经趋近饱和；而地市级城市会展业正处于快速发展的阶段，县级市会展场馆建设则有较大的发展潜力。另一个角度也反映出，长三角地区场馆分布密度的变化是从区域中心城市逐步向区域副中心城市、区域副中心城市向非区域副中心城市以及区域副中心城市所属的县域城市扩散。这反映出会展场馆建设在于分布上表现出来的连贯性和衔接性。区域中心城市在系统吸纳周边地区资源形成极化现象后，已经逐步在发挥其辐射作用，在周边地区逐步形成扩散态势。但由于时间尚短，因此，辐射作用的范围还不够广，主要集中在区域中心城市周边地区。随着时间进一步延展，这种辐射作用也将进一步扩大范围。

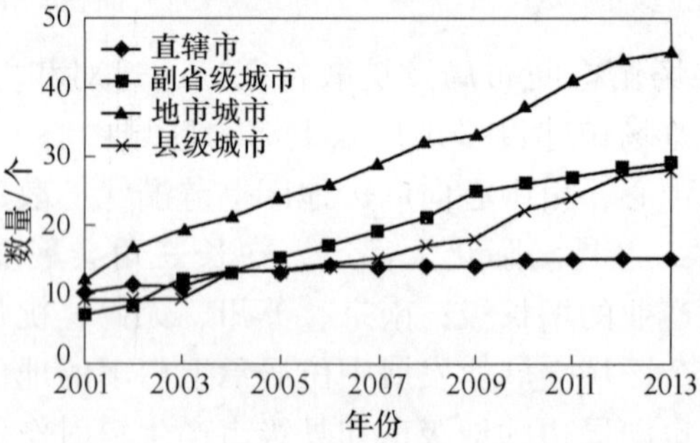

图 3-18　2001 ~ 2013 年长三角不同类型城市会展场馆面积变化趋势对照图

（四）长三角会展场馆空间格局时空演化影响因素

（1）城市地位。从空间分布看，长三角地区会展场馆的空间布局与城市的地位、距离区域中心城市、副中心城市的距离，以及区域交通枢纽的发达程度有着十分密切的关系。区域内较大的场馆主要分布在直辖市、计划单列市、副省级省会城市和较大的市，这说明对于会展业以及基础设施而言，城市的级别与城市的经济总量、财政收入、人口数量、人均可支配收入有着较密切的关联度。此外，展览设施的建设还与政府的重视程度相关，集中体现在会展业定位、规划、政策扶持力度等因素方面。

尽管各年度建成的场馆数量略有差异，但考虑立项时间和建设周期等因素，从较长的时间区间看，各年度建成场馆数量仍处于较均衡的状态，反映出会展场馆建设投入的稳定发展趋势。尽管每年各城市展览场馆都在持续地增加，但增长的向量方向是由区域中心向周边地区扩散、由区域副中心城市向周边扩散的态势。从这个意义上讲，空间布局的拓展分布符合增长极理论关于增长极向周边地区形成辐射，辐射作用呈现出阻尼振动的相关规律。

（2）地理位置。国内外相关研究认为，中心城市的扩散作用只有在其经济发展到较高水平时才会表现得较为明显。从空间分布的关联度看，长三角地区会展场馆建设有着较强的关联性。距离长三角区域中心城市越近，会展场馆的分布密度越高，这也呈现出长三角地区会展业发展承接区域中心城市的辐射作用对城市会展业发展的关联度较高。从场馆的面积以及空间布局看，场馆的规模与城市的级别呈现出较强的关联度。这也说明城市展览业的发展与城市的地理位置和周边地区产业发展的整体水平有较密切的关联。

从区域分布情况看，浙江省新增场馆 41 个，江苏省新增场馆 30 个，而上海市新增展览场馆只有 5 个，表明城市的级别越高、规模越大、地理位置条件越优越，会展业先期基础越好，新增会展设施的数量越少。从城市级别看，直辖市新增会展场馆 5 个，副省级城市新增会展场馆 19 个，地级市新增会展场馆 30 个，县（县级市）新增会展场馆 22 个。反映出城市的会展业起步早晚，受区域中心城市的空间距离的影响，与城市会展基础设施的建设水平，对新增展览设施的需求度有着较为直接的关联。会展业逐步形成中心城市集聚、二线城市跨越式发展、县域会展经济方兴未艾的格局。这表明区域中心城市及副中心城市的辐射作用也在逐步显现。

（3）产业政策。近年来，长三角地区各级政府都十分重视会展业的发展，许多城市都将发展会展业作为经济转型升级、创新发展的重要突破点。宁波市、苏州市都把会展业列为国务院《长江三角洲地区区域规划》城市发展目标定位。宁波市将会展业列为城市经济社会发展的战略型产业，提出建设区域性国际会展之都的工作目标。义乌市高度重视会展业发展，提出建设国际会展名城，提升义乌经济发展的工作目标。为促进会展业健康可持续发展，宁波、杭州、南京、苏州等城市都出台会展业扶持政策，推进会展业的快速发展，也反映出会展产业起步初期，政府对会展产业的支持力度影响会展业的发展。

（4）展贸经济。长三角地区是我国经济最发达的地区，国际贸易是区域经济发展的重要组成部分。近年来，长三角城市十分重视发展展贸经济，通过举办常年展、短期展吸引更多的境内外客商，使展贸经济成为促进展览场馆基础设施建设的重要因素。如宁波市通过举办大型国际化会展项目，建设进口商品常年展示交易中心等手段，促进国际贸易发展；义乌通过国家设立国际贸易综合改革实验区，将进出口作为会展业服务的主攻方向；杭州市借助会展业对人流、物流、资金流、信息流的带动效应，将会展业与国际旅游目的地建设有机结合，使会展成为促进国际服务贸易的重要组成部分。经济发展的需求与贸易模式的创新、经贸与会展业的深度结合，是促进会展业发展的重要驱动因素。

（5）交通设施。相关研究表明，高铁背景下的长三角城市群交通网络空间向心性集聚分布更显著，空间关联性更强。会展业是人流、物流、资金流、信息流高度集聚的产业活动，对城市基础设施具有较高的要求。点轴开发理论认为，区域中心城市的辐射作用主要沿交通干线向周边地区扩散。2002 年以来，长三角地区民航、铁路、公路运输呈现跨越式发展的态势。尤其是 2010 年 7 月沪宁高铁、2010 年 10 月沪杭高铁开通后，长三角城市的交通基础设施得到跨越式提升。交通基础设施的不断完善，优化了城市的交通环境，也进一步推进了会展场馆的建设以及空间布局的延伸。

（6）重大活动。1999 年 12 月，在国际展览局第 126 次全体大会上，中国政府正式宣布申办 2010 年世博会。2002 年 12 月 3 日，经国际展览局大会投票表决，中国获得 2010 年世博会举办权。为办好中国首个综合性世界博览会，上海市政府与江苏省、浙江省紧密合作，形成了长三角两省 24 个城市深度参与举办上海世博会的格局。这一切有力地推动了长三角相关城市会展业的发展，区域展览基础设施的建设呈现出快速发展的态势。从分析数据看，在 112 个场馆中，只有 37 个是 2001 年以前建成的，2002 年以后建成的场馆数量为 80 个，为 2001 年以前建成场馆的 2 倍以上。其中从数量上看，2004 年会展场馆的数量增加较快；从面积上看，在 2004 年和 2010 年两个年份，呈现出较大的增幅。反映出自 2002 年上海市成功申办和 2010 年正式举办世博会以来，长三角地区会展业受上海世博会的影响增长速度加快，场馆基础设施建设的数量与规模也不断扩大与提升。

此外，文化资源是会展业主要的资源依托，在举办会展活动的过程中，又伴生着大量的文化产品，政府不需要额外增加财政资金，就可以促进文化产业的发展，为老百姓提供更多的文化消费渠道。因此，长三角地区大力发展文化产业的整体目标，也是客观上促进会展业发展、进而推动会展场馆建设的重要动因。

（五）项目布局特征

从国内会展场馆的空间分布特征以及 2015 年长三角协调会成员城市 2 万平方米以上会展项目的空间布局分布情况可以看出，长三角协调会 30 个成员城市会展项目的分布有非常鲜明的特征。主要体现在以下方面：

（1）城市能级对会展项目有最直接的影响。从 2015 年长三角协调会 30 个成员城市会展项目的数量看，上海市、南京市、杭州市、合肥市、宁波市、苏州市、无锡市、温州市会展项目数量处于较靠前的位次；从城市的行政级别看，基本上呈现出直辖市、副省级省会城市、省会城市、计划单列市、较大的市到地级市梯次分布的格局。这是因为不同城市的管理资源、设施资源和服务资源对城市会展业的发展具有较大的影响。

（2）设施资源对会展项目分布有最紧密的影响。从 30 个城市的高层次会展项目布局看，高层次会展项目的数量与城市基础设施的整体水平，包括城市交通基础设施的质量、场馆的规模等具有直接的关联。在长三角 30 个城市中，上海、南京、合肥、苏州、无锡、金华、宁波、杭州、温州等城市的会展场馆规模较好，与该城市举办大型高层次（省政府主办的会展项目数量）有较为紧密的关系。在上述城市中，较为特殊的是金华市，尽管金华市区没有大规模的会展场馆，但义乌、永康等地的会展场馆具有较大的规模，并借助自身的管理优势、产业优势举办了数量较多的省级以上的会展项目，其中不乏国家级会展项目。

（3）产业资源对会展项目的主题具有较大的影响。从当前国内外会展业发展与产业关系看，专业类会展项目一般趋近于以产地为主题的项目以及以市场为主题的会展项目。前者主要依靠产业资源，为客商提供优良的产品。如宁波的宁波国际服装服饰博览会、文具礼品展、中国塑博会，温州的眼镜展等；后者主要以主要消费市场为动因，通过集聚国内外设备、原材料、产品等，为会展项目举办地及周边地区提供服务。基于上述分析，长三角专业类会展项目的主要特征在于紧密结合块状经济特征，形成与块状经济紧密结合的专业类主题会展项目。

（4）文化资源对节庆产业发展形成较大影响。从长三角协调会30个成员城市节庆活动的特征看，文化资源具有较强的支撑特征。几乎每个地市都有与自身鲜明文化特征相结合的节庆项目，如淮南的豆腐节、盱眙的龙虾节、宁波的开渔节、嘉兴的粽子节、杭州的文化节等。这些节庆活动既依托地方的优势产品，也与当地的特色文化紧密相连，形成集产业资源、区位资源、文化资源、管理资源于一身的特色节庆产品。

（5）县域会展经济成为区域会展经济的重要特色。从长三角现有的县域会展城市发展展览业的基本情况看，主要有两种模式。一是结合常年展市场举办会展活动。如余姚结合塑料城、有色金属市场和皮毛市场举办塑博会、铜博会和皮毛展，海宁结合皮革城举办皮革展，绍兴县（现更名为柯桥区）结合纺织城举办纺织展，义乌结合小商品市场举办义博会。二是依托本地及周边地区的块状经济及优势产业举办会展活动。如温岭结合泵机产业举办泵机展，嵊州结合电机产业举办电机展等。从宁海的实际情况出发，文具产业具有国际品牌特征，模具产业具有区域品牌特征，应该是未来发展专业类会展项目的重要支撑，此外还可以举办车展、家具展、服装展、食品展、年货展等常规性消费类项目，形成专业类、消费类相结合的县域会展业项目体系。在做好2～3个有影响力的专业品牌的基础上，重点发展服务与本地生产与消费的小型会展项目。

五、会展业对长三角区域经济发展作用分析

会展既是现代服务业的重要组成部分，也是文化产业和创意产业的重要组成部分。会展产业在拉动相关产业发展的同时，还对提升城市品牌和城市功能，丰富城市文化生活等方面发挥着重要的作用，具体体现在以下方面。

（一）会展产业对城市经济发展具有拉动作用

作为新兴产业，会展产业由于产业链长，可借助现有产业资源，极大发挥政

府公共服务的作用，以及能够优化产业结构、促成衍生产业发展、扩大内需等特征，对经济发展具有十分重要的意义。主要体现在以下几个方面：

（1）会展产业对经济的拉动作用。会展业在服务业产业链中位置靠前，受其他产业影响小，是服务业的重要先导产业，它可以对相关产业产生重要的拉动作用，并通过构建较为系统完善的产业链，与上下游产业之间形成密切的联系，对上下游产业的发展产生较大的作用，并不断衍生出相关的产业。

从长三角已经测算会展业对经济拉动作用的南京、杭州、宁波等城市的情况看，每举办 1 平方米的会展项目，对经济拉动作用的数额高达 6000 元。以此推算，2015 年度长三角地区会展产业对经济的拉动作用高达 3100 亿元，是旅游产业拉动作用的 1/3 左右。

（2）政府的会展产业政策具有信号放大作用。政府对会展产业的政策扶持具有十分重要的意义，尤其是在产业发展的初期。这种促进作用就好比一个三极管。政府的政策扶持就如在三极管的基极上施加一个信号，将社会相关的资源通过集电极进行集聚，最终通过产业的形式在发射极发射出去。这种政策的效应在产业发展的过程中具有重要意义，体现了政府政策对产业发展的促进作用。

以宁波市为例。2003 年以前，宁波市只有会展主营企业 3 家，会展辅助服务机构 11 家，会展项目 32 个。2003 年，宁波市政府出台了《关于加快宁波市会展业发展的实施意见》，会展业得到了快速发展。2007 年 6 月，宁波市出台了《关于进一步加快推进宁波市会展业发展的实施意见》，并出台了相关的扶持政策，会展企业的数量、会展项目的数量都有了很大的提升。2009 年，宁波市已经有会展企业 37 家，会展辅助服务机构 637 家，逐步形成了围绕会展业的衍生产业。2008 年，除上交税金 1220 万元外，还能够解决 12000 个就业岗位，为和谐社会建设做出了必要的贡献。

（3）发展会展产业具有拉动内需的作用。会展业与人民文化生活息息相关，随着生活水平的提升，参与类项目成为娱乐的重要选择。会展产业不仅可以通过展览活动为市民提供参观和参与的机会，还可以通过举办会议和节庆等项目丰富群众文化生活，是文化产业发展从政府主导型向市场运作型转化的重要途径。

无论是上海世博会 7300 万人的消费激增，还是各城市会展项目平均对经济拉动作用的分析，我们都可以感受到会展业对经济拉动作用的力量。据对南京、宁波、苏州等城市的调研表明，对于专业类展会，每举办 1 平方米展会可带来 350 元的消费拉动作用；而对于消费类展会，每举办 1 平方米的会展项目，带来的消费拉动作用可达到 480 元。此外，展会也刺激了居民的消费热情。有关专家的研究表明，同样类型的产品，会展场馆的氛围对消费者购买情绪有较大的刺激作用，容易激发消费者的购买欲望，在展会上被购买的可能性是在商场被购买的可能性的 2 倍。

（二）会展业对优化产业结构具有引导作用

会展业具有能耗低、排放少、占用不可再生资源少等特征，因此，具有较明显的生态可持续发展特征。对于优化区域产业结构、提升区域的综合竞争能力具有重要的作用。

（1）会展活动具有转换器的作用。它可以通过举办相关的活动，将第一产业、第二产业转换为第三产业，还可以将第三产业从一种存在形式转换为另一种形式，这种形式可以延长产业链、提升产业及产品的附加值。通过发展会展业，可以增加服务业的总量、提升服务业的发展水平，促进现代服务业的发展。

（2）会展产业具有生态可持续发展的作用。会展产业具有产业风险低、占用不可再生资源少、能耗低、排放量少等特点，在国际金融危机形势严峻、能源紧缺的大背景下，发展会展产业具有可持续发展意义，对城市和经济的生态化发展具有十分重要的促进作用。

根据中国会展经济研究会相关研究机构的研究资料表明，会展产业10000万元的收益，形成的废气排放几乎为零，对能源的消耗为120元左右，对耕地等不可再生资源的占用仅为10平方米，远低于房地产、物流和旅游产业的相关值（以产业持续发展10年为计算单位），因此，会展产业具有较强的生态可持续发展特征。按照2008年度长三角区域平均每平方千米土地产出4921万元的结果比较，每平方千米会展设施产生的GDP数额为136700万元，几乎高出GDP平均数值的1倍还多。

（3）会展业具有产业集聚作用。根据神经经济学原理，会展产业能够形成注意力经济效应。在经济全球化时代，促成人流、物流、信息流和资金流的有序流动，最终形成产业集聚。这是在区域经济发展过程中，在不过多投入资金的情况下，构建产业集聚区的有效手段之一。

（4）会展业能够促进区域产业结构的优化升级。顶级的会展项目和大型的国际会议项目，对产业升级的作用更大。1970年的大阪世博会，为日本促成了六大城市圈之一的关西经济带，使原有的以重工业为主体的产业区域转变为高科技产业、信息产业、物流产业、商贸产业、会展产业、金融服务产业、环保产业和中介产业为中心的产业区域，加快了现代服务业的国际化步伐。

从长三角会展产业发展的实际情况看，2015年长江三角洲地区实现地区生产总值13.8万亿，会展产业产生的GDP为3100亿元，占长三角GDP比重的2.25%，已经超过发达国家会展产业占GDP的比重。

（三）会展业对社会发展具有促进作用

会展产业具有较强的注意力经济效应和产业溢出效应，在区域会展产业发展的过程中，能够形成对文化产业的补充作用，也能够促进城市功能的完善和市民素质的提高，对城市精神文明建设有较大的促进作用。

（1）会展业能够加快推进城市功能的完善。会展业对城市的功能具有较高的要求，也客观上促成了城市功能的加快提升。2000 年德国汉诺威世博会带动了城市和区域的基础设施建设，特别是轨道交通设施和高速公路，为该区域的未来发展打下了良好基础。同时，汉诺威市还进行了 ISDN 网络建设，也为城市进一步发展创造了条件。世博会的“世界项目”使汉诺威和下萨克森州的许多旅游及其他设施获得改造和更新，成为地区发展的积极因素。

同样，长三角区域会展产业的发展也对城市功能的提升产生了巨大的推进作用。2015 年，长三角地区五星级酒店的数量为 106 个。2010 年上海世博会筹办期间，上海市共投入城市基础设施建设资金 3000 亿元，对城市的交通设施、服务设施和环境整治工作提供了强有力的保障。上海市借助举办世博会的有利时机，对黄浦江两岸的多个大型工厂企业进行了动迁工作，解决了市中心产业布局情况。据有关专家预测，世博会结束后，永久馆周边区域的土地升值，将大大弥补举办世博会的资金投入，实现世界博览会投入产出的良性循环，这也应是会展业对城市发展和城市功能提升带来的影响。2016 年杭州 G20 峰会和连续举办三届的乌镇世界互联网大会，都在很大程度上优化了城市的基础设施水平，提升了城市的管理水平、服务水平和城市形象。

（2）会展业可提升城市的品牌及品质。通过举办大行会展活动，可以使城市在各项硬件建设中强化国际意识、环境意识、生态意识，营造独特文化氛围，使各种系统更加规范化与现代化，从而与国际化发展接轨。也可以进一步提升城市的管理水平，提高城市的文明程度，扩大城市的国际知名度。上海世博会筹办期间，就得到了国内外的高度关注。

杭州市连续举办西湖博览会以来，每年都会吸引大量的国外客商来参观、旅游、休闲和消费。据西湖博览会组委会提供的数据表明，第十届西博会共举办了 102 个会议、展览、文体和观光活动项目（展览 28 个，会议 32 个，节庆活动 42 个），其中国际性项目 57 个，占项目总数的 55. 88%，展览境外展位比例达 22. 55%。项目数量、项目质量、国际化程度、经济指标、亲民程度、节俭力度、参与人数等均创历届西博会新高，本届西博会完成贸易成交额 108 亿元，协议引进外资 10. 49 亿美元，协议引进内资 127. 78 亿元人民币，接待中外游客 1020 万人次。西湖博览会的成功举办，进一步提升了“天堂西湖”在国际上的知名度，扩大了旅游景区的国际化影响，吸引了更多的国际游客。

会展业是促进和谐社会发展的润滑剂。举办会展活动，吸引大量区外参展商和客商，能够提高零售业的水平，增加经营者收入，满足个体经营者的经济需求。也能够增加市民的自豪感和荣誉感，以最佳的精神状态展示城市文明。在一定程度上可以化解社会矛盾，促进城市文明建设。

在宁波举办展会期间，主办单位和参展企业举办了“同一首歌”、“春天送你一首诗”等大型文化项目，一些街道自发组织相关的文艺活动，开展社区文化活动，寓教于乐，在活跃市民生活的同时，也促进了市民提高自身素质的自觉性，在一定程度上化解了社会矛盾。据宁海开游节的相关统计，在2003年以前，3～5月份上访人数月均33人，举办开渔节后，上访人数有较大幅度降低。2008年，全市上访人数仅有50余人，比2002年降低了83%。举办会展活动，提高了市民的责任感和荣誉感，各级政府和社会团体自觉地为维护城市的综合环境，开展多项服务，有效地提高了城市和谐社会建设的水平。2006年和2008年，宁波市连续被评为全国文明城市，会展活动发挥了不可或缺的作用。

六、“十三五”国内外会展产业态势分析

随着我国经济实力不断提升和国际影响力逐渐加大，我国需要承担更多的国际责任。会展业是搭建国际合作交流的重要平台，必将在对外开放的过程中发挥重要的作用。但是，我们也应该清醒地看到，未来一段时期国内外的形势面临着许多不确定的因素，将对我国会展业的快速发展，对长三角会展业的系统提升带来多角度的影响。

（一）国内外会展形势分析

“十三五”既是我国经济和社会发展的关键时期，也具有许多发展过程中的不确定因素。对于长三角会展业而言，发展的机遇大于不确定因素，未来一段时期，将迎来较大的发展空间。

（1）发展机遇。“一带一路”经济区战略、人民币进入特别提款权篮子、亚洲基础设施投资银行的建立，都对长三角会展业的发展带来良好的国际环境，国际会展中心的建立，也将进一步促进国际会展项目向以上海为中心的长三角城市群转移。

1）国际机遇。随着“一带一路”经济区战略的全面推进，加强与“一带一路”沿线国家合作是会展业发展的大趋势。亚投行建设、国际货币基金组织执董会决定将人民币纳入特别提款权（SDR）等都有利于国内会展企业走向世界，提升会展业的国际化水平。中国作为世界上消费最活跃的国家，在国际会展机构抢占亚洲会展市场的过程中具有举足轻重的作用。宁波作为外向型经济城市展会，拥有世界大港的资源优势，在客观上为全球会展业向中国、尤其是长三角地区转移创造了良好的条件。

2）国内机遇。“十三五”是中国经济发展的重要战略机遇期。深化改革、创新驱动、简政放权，将释放出巨大的内需潜力，也有助于会展业全面发展。国务院《关于进一步促进展览业改革发展的若干意见》明确展览业经济、社会、文化、生态功能定位，为会展业进一步扩大影响、提升质量提供了有利的条件。国务院批复商服贸发［2015］329号《关于建立促进展览业改革发展部际联席会

议制度的请示》，同意建立促进展览业改革发展部际联席会议制度，也有利于推动会展业联动发展。

3）区域优势。长三角区域是国内会展业最发达的区域，上海国家会展中心建设为已初步形成国内大型会展项目逐步向长三角地区转移的态势，这种“虹吸”现象必将对系统提升长三角会展业的整体实力、品牌价值带来积极作用。

（2）面临挑战。与此同时，会展业的发展在全球面临挑战。长三角作为国内外会展业发展迅速的区域，也必将受到会展业发展大趋势的影响，会展业发展面临一定的不确定性。

1）国际挑战。当前世界经济的总体增长速度趋缓，局部地区不稳定的因素增多，既不利于企业参展，也不利于办展企业拓展国际市场。美国全力推行跨太平洋伙伴关系协议、德国提出工业 4.0 战略，国际贸易规则和国际技术标准的变化、国际贸易保护主义强化与全球贸易规则重构相交织，也将对会展国际化带来一定的障碍。

2）国内挑战。中国经济处在“增长速度换挡期、结构调整阵痛期、前期刺激政策消化期”三期叠加阶段，向“新常态”过渡阶段各种不稳定、不确定因素依然较多，经济发展面临严峻挑战，将在一定程度上影响会展业快速发展。互联网经济虽然有助于会展业的信息传播和网络服务体系构建，但对实体会展也将带来一定的冲击，形成会展项目空心化现象。

（二）长三角会展业自身存在的问题

尽管长三角是国内会展业最发达的地区，但我们仍然可以清晰地看到，在长三角会展业发展的过程中，仍然存在着许多实际问题，制约和影响着会展业的快速发展。突出表现在以下方面：

（1）区域会展业发展不够均衡。从长三角城市经济协调会 30 个成员城市会展业发展的现状看，呈现出明显的不均衡特征。一是会展基础设施发展不均衡，尚有近 10 个城市没有专业的会展场馆；二是会展产业政策不均衡，多数城市缺少足够的资金支持会展业发展，部分城市的会展业扶持资金在国内处于较高水平，呈现出明显的差异化特征；三是会展产业规模差异较大，区域中心城市、区域副中心城市、地市级城市间会展业发展差距明显；未来一段时期，将呈现稳定的趋势。

（2）会展管理体制不完善。多数城市没有独立或相对独立的会展主管部门。多数城市会展产业管理往往是部门中某个处室中最薄弱的一项职能，难以发挥政府在推动会展产业发展中的特殊作用。随着政府管理职能转变和简政放权改革的推进，一部分展会活动审批权限下放，甚至一些非国际性展会活动取消了审批。这本是市场化进程中的一件大好事，但由于一些展会活动相关部门和机构管理、协调制度改革相对滞后，由此导致了一些非国际性展会活动报批没有部门受理，场馆租赁、安全、消防备案需要批文，活动主办方陷入两难的尴尬境地。

(3) 政府主导型展会问题突出。在长三角多数城市中，政府主导型会展项目依然是会展业的主体，这也在一定程度上挤压了市场化展会的发展空间，影响了会展产业的健康发展。此外，为了加快展览行业发展，更好发挥展览对经济发展的促进作用，地方政府出台优惠政策，吸引和推动开发更多展览活动落户当地，取得了较好的成效，有力地推动了全国展览行业的发展。但也出现了一些负面的影响，出现了某些城市间优惠政策竞争的现象，政府看得见的手强势介入和过分介入，某种程度地违背了市场规律，扭曲了市场机制，干扰了市场力量的自发调剂，影响了展会活动的经济、社会效果。

(4) 营改增税制改革不同步，企业税负问题需重视。营改增税制改革之前，参照旅游等代理经营行业税收办法，展览行业企业可以享受代收代付纳税待遇，实行差额纳税办法，扣除馆租、设计搭建、物流运输等款项后缴纳营业税。营改增税改后，中央不承认营业税条件下地方出台的项目抵扣纳税法，一律实行增值税发票抵扣制度，但由于营改增税制改革不同步，或因为会展场馆、酒店、餐饮等未试行税改拿不到增值税发票，或由于因为税制改革因素开不出增值税发票，或因为税率换算、代开手续繁杂等多种原因不愿开出增值税发票，能够拿到的增值税发票不多，实际可以抵扣的项目很少。与营改增税制改革之前相比，展览企业实际税负加重，业内反应甚为强烈，需要有关部门引起足够重视。

(5) 自律体系有待健全，行业秩序有些混乱。近年来，我国展览行业发展较为迅速，但行业自律体系建设落后于会展实际发展需要。权威性全国行业中介组织缺失，行业各类服务标准建设滞后，行业诚信体系尚待加强，名称仿冒、含混，内容仿制、雷同，虚假宣传、名不副实，展会侵权、骗展骗会现象时有发生。业内经营秩序有些混乱，不利于中国会展产业健康发展，做大做强。

(三) 趋势与特点

在持续贯彻中央八项规定和经济进入新常态的大背景、大形势之下，展览业经过一段时间的调整后，受国务院出台展览业政策的影响，2015 年全国会展业取得较快增长。国内会展业出现了一些新的趋势和新的特点。

(1) 宏观把控推动促进力度加大。按照全国清理和规范庆典研讨会论坛活动工作领导小组的统一部署，商务部牵头对中央和国家机关、人民团体、相关社团以及各省（自治区、直辖市）党委、人大、政府、政协举办的展会活动进行了摸底普查和清理规范，引导各级党政机关主办展会逐步向专业化、市场化方向发展。国务院《关于进一步促进展览业改革发展的若干意见》已经正式颁布实施，展览业第一次在国务院层级文件中从产业的角度加以全面阐述和推进，说明国家更高层面对展览业发展的重视。为配合落实国务院文件精神，国内相关城市也积极落实国务院文件精神，制定相应的规章和文件。浙江、福建、黑龙江、吉林、江苏、湖北、山西、河北、云南、四川、重庆、陕西、新疆等先后制定出台落实国务院文件精神，进一步促进展览业改革发展的若干意见的实施方案。这些举措，必将对我国展览业的持续、健康发展产生积极而又深远的影响。

（2）市场力量推动展览行业发展。2015 年，展览业市场化进程进一步加快。政府展会项目积极实施服务外包，武汉光博会、亚欧博览会、绵阳科博会、沈阳制博会等一批政府展会项目在 2014 年的服务外包实践中继续取得新的成功经验。在积极筹备全国会展行业协会的进程中，市场力量推动行业中介组织建设取得突破性进展，广东筹备成立了广东会展组展者协会，四川等一些省市也相继成立了一些市场推动的会展行业中介组织；全国会展企业自发推进的东和会展企业联盟也在紧锣密鼓的筹备之中。会展行业标准建设取得新的进展，行业规范提上议事日程，2014 年《会议分类与术语》、《会展业节能降耗工作规范》、《四川省会展装修企业资质等级标准》等一批国家标准、行业标准和地方标准获得批准，颁布实施。

（3）展览企业上市融资取得突破性进展。2014 ~ 2015 年展览企业新三板上市有了重大突破。大连北方国际展览股份有限公司、苏州和氏设计营造股份有限公司在北京上市成功，上海米奥兰特展览股份有限公司也于 2014 年最后一天成功登陆新三板，成为国内组织出展的企业上市第一家；鹏璨文化创意发展（上海）有限公司则于 2014 年成功在上海股权交易中心挂牌。尚格展览集团、常州灵通展览用品股份有限公司等一批展览企业，也在积极创造条件，准备在上海、深圳主板或中小板上市。

（4）国际会展企业进入中国市场步伐加快。2014 ~ 2015 年，国际会展企业进入中国市场步伐加快，收购中国展会项目，联合成立合资企业运营展会，缔结战略合作关系共同开发会展项目，方式灵活多样。中国展会项目收购成为其进入中国会展市场的重要方式。据有关机构统计，2014 年 1 ~ 10 月，亚洲共发生会展购并案例 18 起，其中就有 8 起发生在中国：英国 ITE 展览集团收购中国涂料展 50% 股权；塔苏斯（Tarsus）收购 SIUF（内衣展）50% 股权；博闻公司（UBM）收购上海天盛展览有限公司大部分股权（包括标识和自动贩售机展）。此外，外资会展企业还与国内相关机构合作，成立合资企业，共同举办展会：英国 i2i 会展集团与中国纺织行业贸促会合作，共同举办中国国际针织博览会；法兰克福会展公司与广东玩具协会合作举办广州国际玩具及模型展览会和广州童车及婴童用品展览会；成都博览局与励展、博闻公司（UBM）、意大利罗马会展公司建立了战略合作关系；博闻公司（UBM）继 2013 年北京举办会展网络营销培训班后，2014、2015 年继续在成都举办培训班。

（5）国家战略催生新的展会项目。2015 年 3 月，国家发改委、外交部、商务部联合发布《推动共建丝绸之路经济带和 21 世纪海上丝绸之路的愿景与行动》，提出要继续发挥中国－东盟博览会、中国－亚欧博览会、中国国际投资贸易洽谈会，以及中国－南亚博览会、中国－阿拉伯博览会、中国西部国际博览会、中国－俄罗斯博览会的作用。此外，中国－中东欧博览会、中国－东北亚博览会等也积极推进通过搭建展览平台扩大与相关国家的合作。“一带一路”沿线省市和展览业界积极支持国家战略，纷纷提出了更多的相关展会建议和设想，全国范围内将逐渐形成各有侧重、主题鲜明、特色突出的“一带一路”对外交流合作平台格局，推动“一带一路”沿线国家建立更加紧密的经贸联系。“展览会—国家对外合作战略支点城市—自由贸易区先行先试”等成为展览推动区域合作的重要手段。

（6）展览业“走出去”步伐加快。2015～2016 年，我国展览企业和相关机构走出国门，在境外自主办展取得重大进展。配合李克强总理出访，中国高铁等先进装备展览开始出现在欧洲、非洲的一些国家；德国汉诺威工业展和信息展、法兰克福书展等，中国连续被邀请成为主宾国。一批中国展览企业和机构积极努力，大胆尝试，境外自主办展不断取得新进展，上海米奥兰特公司在约旦举办的国际展览会成为首例中国公司境外办展获得 UFI 认证的项目。

（7）绿色会展引起高度关注。随着生态建设日益得到重视，绿色会展理念得到普遍认同，已经形成业界共识，被提上业界议事日程。商务部归口制定的《会展业节能降耗工作规范》于 2014 年 11 月正式发布。政府主导型展会率先垂范、推广、实践绿色会展理念和标准。2014 年 1 月商务部对广交会提出了绿色会展明确要求，要求 2017 年第 120 届广交会要全部实现“绿色会展”的目标；京交会承办机构也在 2014 年第三届京交会提出了“绿色会展”理念，提前举办了“绿色会展”培训讲座，开展了“绿色会展”达标评比，尝试了“绿色会展”效果评估。众多市场化展会也积极响应，努力践行简约化绿色会展理念，推广运用标准化、可循环、再利用会展工程材料。

（8）会展教研服务得到系统提升。2015 年，国家教育部共批 14 所高校设立会展经济与管理本科专业，使国内会展经济与管理专业的数量达到 98 所，也表明我国会展教育科研工作的主体数量不断增加，质量逐步提升。“十三五”期间，高校会展专业在为产业提供人才服务的同时，也将积极参加产业研究工作，为政府决策提供支撑，为产业创新提供服务。这些，都有利于发挥教科研在服务区域会展经济发展中的作用。

七、长三角会展业合作发展建议

“十三五”期间，长三角城市间的合作将进一步得到提升，会展业间的合作也将迎来新的契机。因此，要借助成功举办杭州 G20 峰会、乌镇世界互联网大会，以及成功申办 2021 年扬州世界园艺博览会、杭州亚运会的有利时机，发挥后世博、后G20时代会展业的后续效应，重视发挥会展业对经济拉动的特殊作用，重视发挥大型国际化会展项目提升城市注意力经济效应，优化城市空间布局、提升产业竞争力、搭建国内外合作交流平台等作用，系统推进区域会展业合作，提升区域会展业的国际竞争力。

（一）全面落实国务院文件精神，加快展览业改革发展步伐

《国务院关于进一步促进展览业改革发展的若干意见》（国发［2015］15号）阐明了展览业发展对经济社会发展的重要意义，指出了我国展览业发展中存在的问题，指明了展览业改革发展的方向和实现路径，确定了展览业管理协调的体制及工作机制，明确了政府与市场的关系及政府在展览业发展中的作用和职责，提出了展览业管理促进的政策体系和市场化建设措施、全国展览业布局和产业链打造。国务院文件要求各地区、各部门加强组织领导，健全工作机制，强化协同配合。国务院15号文件具有划时代的重要意义，具有极强的时效性、针对性、引导性和实操性。对于长三角各城市会展业而言，当务之急是要认真研究制订贯彻落实国务院文件的具体举措，明确具体时间安排和进度要求，指导各城市准确把握文件精神、全面贯彻执行文件要求；明确长三角成员城市会展业发展的目标定位、具体思路、主要工作任务，制定保障措施，加强检查督促，确保职责明确，落实到位，全面推进区域会展业转型升级、创新发展。

（二）协同推进机制体制改革，发挥行业协调自律作用

按照国务院文件要求，商务部建立商务主管部门牵头的展览业部际联席会议制度。长三角各会展城市也应认真落实国务院文件精神，积极稳妥地推进展览管理的简政放权，加快展览法制建设，明确各相关行为主体的功能定位和工作职责，保障改革推进、简政放权有法可依，有条不紊。通过加强行业中介组织的建设，加快推进区域会展中介组织建立，加强地方、城市会展中介组织的功能建设和能力建设，完善行业中介体系，承接政府职能转变中部分行业协调、促进职能，发挥好行业中介组织协调、促进、检查、评估和行业自律的作用。

（三）加强市场化保障体系建设，增强制度化推广执行力度

大数据、互联网时代，对产业的要求进一步提升，也为产业发展创造了新的发展机遇。未来一段时期，长三角各城市应加快展览行业标准体系、统计体系、诚信体系、知识产权保护体系和人才培养与使用体系等市场化保障体系的建设与完善，科学研制各类体系的评判标准和奖惩措施，加强宣传推广的力度，建立展览信息平台，通过信息披露、认证评级、表彰处罚等多种手段，增强各类制度体系的执行力，提高展览行业企业自我约束力和行业自律威慑力，惩恶扬善，规范行业经营秩序，改善行业发展环境。发挥大数据、互联网经济在会展经济发展中的协同作用。

（四）完善行政促进体系，协调地方扶持措施

“十三五”期间，长三角各城市要加强政府对展览业发展战略、规划、政策、标准等的研究制订和组织实施，完善有利于展览业发展的产业、财政和税收优惠政策体系，改善金融保险服务，建立融资性担保体系，加大担保机构对展览业企业的融资担保支持力度；优化公共服务体系，提高通关便利化水平，进一步优化展品出入境监管方式，简化展品出入境检验检疫手续，提高展品出入境通关效率。同时，加强对地方、城市优惠鼓励政策的引导和协调，增强各地政策的协调性，鼓励地方依据市场规律出台政策措施，减轻政策对市场机制发挥作用的影响程度。

（五）扶大做强，培养区域展览品牌

长三角各城市要按照国民经济结构调整和区域协调发展战略需要，科学规划行业、区域布局，推动建设一批具有世界影响力的国际展览城市和展览场馆；定期发布引导和支持展览会目录，鼓励产业特色鲜明、区域特点显著的重点展会发展，培育一批品牌展会；鼓励创新，深化合作，推动融合发展，培植一批区域展览行业龙头航母企业。通过系统推进会展基础设施、项目体系、管理体系、服务体系等建设，提升区域城市展览行业的竞争力、影响力和话语权。

（六）深化国际合作，提升国际化水平

坚持请进来、走出去相结合，提升长三角展览业国际化水平。鼓励区域内的国际性展会采取切实措施，加大国际企业、品牌参展商和国际专业采购商邀请力度，提高展会国际参展商和采购商比例；增强国际合作意识，鼓励引进、申办、合办国际知名品牌展会活动；鼓励国内企业、活动与国际行业组织、机构建立长效合作机制，参加国际知名展览机构及其组织的活动，了解、把握国际展会行业发展前沿动态，宣传长三角展览业发展环境，扩大长三角展览业的国际知名度，增强国际影响力；鼓励品牌展会走出国门到境外办展，鼓励会展企业在境外通过自创、收购、兼并、合作等方式办展，全面参与国际竞争。

第四章

宁波市会展业“十三五”及中长期发展战略研究

会展业是近年来快速发展起来的新兴现代服务业，被视为经济发展新的增长点、产业结构调整的突破点、生态可持续发展的着力点和文化传承的衔接点。国内许多城市都高度重视会展业的发展，通过完善基础设施建设、创新政策体系和服务体系、优化项目结构等手段，积极推进会展业发展。会展业已成为经济社会不可或缺的重要组成部分。

一、宁波会展历程与现状

宁波是我国会展业比较发达的城市之一。自 1997 年举办首届宁波国际服装节以来，宁波市通过加大基础设施建设、完善行政管理和产业服务体系建设、策划引进会展项目等手段，会展业得到跨越式发展。

（一）宁波会展业“十二五”发展主要历程

“十二五”期间，是宁波市会展业转型升级的重点阶段，全市会展业在市委市政府的高度重视下，积极努力、锐意创新，有效提升了会展产业的综合竞争力。

（1）创新产业发展。2012 年，市党代会明确“建设区域性国际会展之都”工作目标，进一步提升了会展业在全市经济和社会发展中的地位；2013 年，保税区介入国际贸易常年展，使常年展与国家特殊政策区域有机结合，系统提升综合实力；2014 年，宁波市正式启动中国中东欧特色商品展，在会展产业国际化方面迈出重要一步。

（2）优化政策驱动。2012 年，市会展办进一步完善了产业扶持政策，加大了政策的扶持力度，拓展了项目扶持范围，明确了主攻方向，并出台《进口商品场租退免政策》，对展会中进口参展商给予场租减免支持；2013 年，市会展办积极推进政府主导型会展项目转型升级，促进政府主导型会展项目市场化运作。此外，还结合政策，在新产业会展项目、会议论坛和节庆方面给予必要支持。

（3）创新服务体系。结合产业发展的需要，积极推进会展服务质量提升。2013 年起，委托专业机构对现场客商情况进行登记，提升会展统计工作的科学性和规范性；2014 年，启动会展先进个人评比工作，创新会展工作奖励方式；

对会展项目开展组合评估，包括会展项目评估、参展商结构评估、政府主导型项目评估等。

（4）拓展合作渠道。进一步拓展会展业合作途径。结合举办中东欧特色商品展、经贸部长圆桌会议，进一步加大与中东欧16国以及国家商务部的合作；通过举办台湾名品展，加大与台湾相关机构的合作；通过在甬港合作论坛增加甬港合作论坛会展分论坛，在论坛中邀请澳门会展界参加，进一步加强与香港、澳门会展业的合作。

（二）“十二五”期间会展业作用

会展业具有提升产业、优化布局、拉动消费、拓展对外合作等功能。“十二五”期间，宁波会展业的贡献主要体现在以下方面：

（1）提升宁波国际合作地位。中国－中东欧博览会有可能成为自贸区契机（南宁借东盟博览会获得自贸区、厦门借海峡两岸博览会获自贸区，乌鲁木齐、哈尔滨在申请）。

（2）集聚外部消费资源。宁波高等教育（杭州50万、宁波13万）、旅游产业不发达，集聚外部资源的能力弱，会展是近年来宁波集聚外部消费资源为数不多的手段之一。

（3）促进文化消费商业化。会展业为市民提供丰富的文化生活，车博会、食博会、家博会，以及同一首歌等。

（4）促进产业提升及对外合作。服装、家居、商贸等产业的发展还是具有一定意义；此外，通过展会也进一步加强与国家有关部门的合作关系。

（三）宁波会展业现存的问题

受到国内外经济形势和政治形势的影响，近年来国内外会展产业的发展都呈现出一些不确定因素。宁波市会展业发展中面临着内外压力，主要问题亟待解决。

（1）场馆问题。不仅是体制和安保，场馆运营方负债累累，场馆不断要涨价，可能会拖垮全市会展业。

（2）机构问题。体制不顺、工作力量弱，改革面临多难选择；会展办主任身份不明确，相关工作受影响。

（3）企业问题。企业规模偏小，发展动力不足，经营质量差，整合资源能力弱，对经济的贡献度较低。

（4）项目问题。服博会、家博会等传统项目衰退，新的项目难以形成竞争优势（中东欧博览会、智博会、文博会、海洽会），城市会展业排名不断下滑（2014年25位）。

（5）协会问题。行业协会可以发挥“政府不能做、企业无法做”的功能，在产业发展中发挥着重要的“协调、自律、服务”功能。但我市会展业促进会近年来发展中遇到一定问题，会长空缺、方向不明、作用没有发挥。

（6）政策问题。宁波是国内主要会展城市中政策扶持力度最大的城市之一，但由于多种因素影响，会展产业政策的作用没有得到真正发挥。如何调整，是否需要集中到专业类重点项目，评价标准如何进一步优化。

二、宁波会展业发展面临环境分析

（一）发展机遇

（1）国际机遇。2013 年以来，主要发达经济国家因美国经济逐步走上正常轨道出现总体回暖迹象，从而出现有利于新兴市场国家稳步发展的积极变化。上海国家会展中心建设系统提升了长三角区域会展业的国际地位，“一带一路”经济区战略也有助于沿线国家进一步加强与中国的深度合作，在客观上为全球会展业向中国、尤其是长三角地区转移创造了良好的条件。

（2）国内机遇。在全球化背景下，国际服务外包迅猛发展，世界新一轮产业结构调整以服务外包、高端制造业和技术研发环节转移为主要特征。服务业作为经济发展重要动力的地位日益巩固，服务业稳居世界经济主导地位，成为推动世界经济强劲、平衡、可持续发展的重要动力。宁波经济外向度高，积改革开放 20 多年来打下的经济实力，继制造业资本之后，极有机会成为国际服务业资本青睐的热土。宁波是国内重要会展城市，可借助当前的有利时机，系统提升会展业发展水平。

（3）区域优势。长三角区域是国内会展业最发达的区域，上海国家会展中心建设为已初步形成国内大型会展项目逐步向长三角地区转移的态势，这种“虹吸”现象必将对系统提升长三角会展业的整体实力、品牌价值带来积极作用。宁波市是长三角副中心城市，具有海洋区位资源、港口设施资源、特色产业资源、文化资源、市场资源等竞争优势；长三角城市经济协调会会展专业委员会设在宁波，也为宁波市整合长三角会展资源，促进会展业跨越式发展、创新发展创造了便利条件。

（二）面临挑战

（1）国际挑战。世界经济处于后危机时期的结构调整阶段，形势错综复杂。首先，经济的总体增长速度趋缓，市场的扩展力较前减弱，国际金融市场动荡性增加，世界经济发展中不稳定、不确定和不平衡的因素增多。其次，全球产业格局重大调整，主要发达经济体表现不一，美国经济呈现复苏态势，欧盟和日本经济复苏乏力，主要新兴经济体处于恢复期、调整期，世界经济整体仍旧具有很大的不确定性。发达国家高端制造回流与中低收入国家争夺中低端制造转移同时发生，对我国形成“双向挤压”的严峻挑战。再次，国际贸易保护主义强化与全球贸易规则重构相交织。美国重视发展生产性服务业，德国提出工业 4.0 战略，国际贸易规则的改变，会展产业有向大型中心城市转移的趋势。

（2）国内挑战。国内经济转型升级为宁波服务业，特别是为现代服务业的发展提供了思想保证和政策支撑，从优先发展生产性服务业的适应性调整，到全面突出发展服务业的战略性调整，将成为新时期的发展主线。"一带一路"战略宁波面临挑战、自贸区建设、产业梯度转移冲击、电子商务对实体经济的影响可能给会展项目带来不利因素。

（3）区域挑战。上海国家会展中心建设，区域城市一体化对宁波服务业的冲击间接影响会展业，上海自贸区建设，杭州大力发展电子商务产业，2016 年 G20 峰会落户杭州带来产业观念整体变化，杭州新场馆即将落成形成的基础设施竞争压力，杭州申办 2022 年亚运会带来的相关影响等。

（三）自身薄弱环节

（1）服务业面临问题。全市服务业发展整体低迷，动力减弱。"十三五"预计工业增加值不超过 5%，服务业估计不超过 9%。"十二五"期间我市服务业整体下滑 4. 14 个百分点；2014 年增速位居七个百分点，可比同类城市倒数第一名，同时也是省内 11 个城市倒数第一名；服务业呈现过剩发展，出现企业倒闭状况；生产性、高技术、高附加值服务业等占比较低；城市聚集外部资源能力薄弱；未来发展潜力较大的新兴产业我市发展缓慢。服务业整体发展形势不容乐观，如图 4-1 ~ 图 4-4 所示。

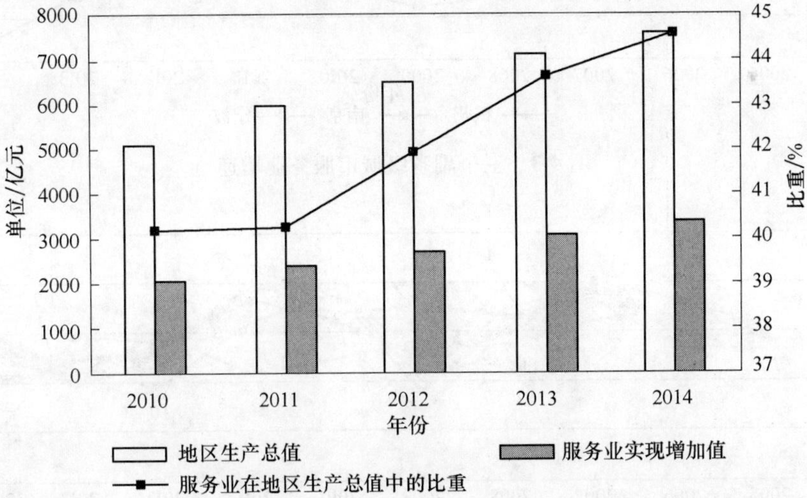

图 4-1　服务业发展趋势

（2）外部的压力与挑战。一是设施方面。上海国家会展中心建设带来"虹吸"效应，杭州、南京也在加大场馆建设力度，杭州奥体博览中心尚未投入使

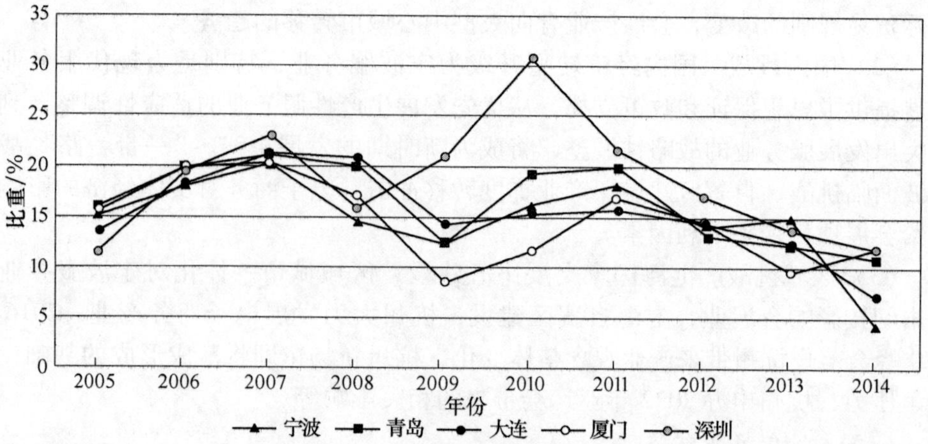

图 4-2　五个计划单列市服务业增速

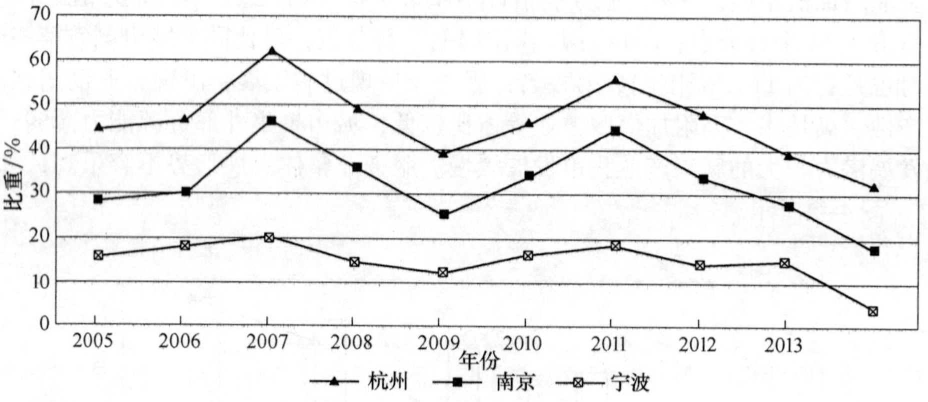

图 4-3　三个副省级城市服务业增速

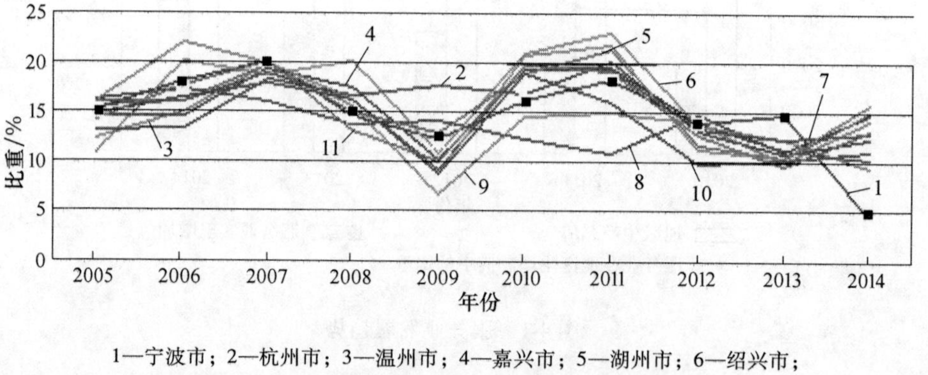

1—宁波市；2—杭州市；3—温州市；4—嘉兴市；5—湖州市；6—绍兴市；
7—金华市；8—衢州市；9—舟山市；10—台州市；11—丽水市

图 4-4　省内城市服务业增长率

用，已经带来冲击波，北辰集团介入将带来资源整合的巨大反差，杭州的部分会展场馆已经开始思考转型问题。二是项目方面。杭州成功申办2016年G20峰会和2022年亚运会，政府主管部门正在谋划杭州会展业发展的大布局。三是政策方面。多年来产业政策虽然发挥一定作用，但产业政策优势在逐步减弱。四是市场方面。杭州计划建成四条连接周边经贸发达地区的城际轨道线路，加大周边资源整合，经济腹地不断拓展，也在一定程度上积压了我市服务业的发展空间。此外，省政府对杭州的支持力度明显加大，我市会展业重点发展专业类会展项目，全市工业低迷也直接影响专业性展览增长。

三、“十三五”会展业发展的目标

结合对全市经济形势的分析与测算，未来一段时期受整体经济发展大趋势的影响，“十三五”期间宁波会展业应保持稳中求发展的整体思路，重点实现四个提升。

（1）规模稳步增长。在展会数量方面，应争取在现有的基础上，稳步提升；在展会的面积上，比“十二五”末期有一定比例的增长。

（2）质量不断提升。重视内涵发展，通过优化会展项目类型、结构、提升全市会展产业的综合效益。

（3）管理持续完善。在现有的基础上，重点推进管理体制、运行机制创新，逐步完善管理和服务体系，营造更优良的会展业发展环境。

（4）影响扩大逐步。通过举办高层次、有特色的会展项目，逐步提升会展业发展的档次。一是通过办好中国—中东欧博览会，借鉴南宁东盟博览会模式和厦门海峡两岸博览会模式，积极推进区域合作与自贸区建设；二是进一步提升综合性活动的影响力，抓住宁波成功申办2016年东亚文化之都的有利时机，通过举办大型会展活动提升宁波在国内外的影响力；三是继续探索申办以海洋为主题世界博览会，争取通过举办国际顶级活动，带动区块发展、提升注意力经济效应，进而拉动消费和促进国内外合作交流；四是结合我市产业资源和区位资源优势，积极探索在装备制造业主题博览会、海洋主题博览会方面实现重点突破，逐步形成“1+2”会展业格局，提升会展业综合质量。

四、“十三五”重点工作及对策建议

“十三五”期间，宁波会展业应结合产业发展实际，从解决当前的主要问题入手，积极推进改革创新，优化产业发展环境，提升产业综合实力。

（一）会展场馆建设

2014年，宁海会展中心一期工程正式投入使用，使我市拥有第四个专业会展场馆，并初步形成中心与县区、大馆与小馆有机组合的格局。但仍然存在较明显问题：

（1）会展场馆现存问题。从展馆的规模上，我市现有单体场馆最大面积为8万平方米，在国内和区域内都显得偏小；从场馆的管理体制上，我市的会展场馆现隶属于宁波国际贸易投资发展有限公司，该公司负债较重，场馆不断涨价，在一定程度上增加了会展项目的举办成本，也在一定程度上影响了企业办展的积极性；从场馆的区位布局上看，宁波国际会展中心位居东部新城行政区域，交通相对比较拥堵，也不太符合会展中心一般位于城乡结合部的基本特征，投入产出效率不够合理。

（2）提升会展场馆的对策。建议宁波在“十三五”期间规划建设一个新的会展中心，稳定会展业发展的基础。

1）位置选择。根据当前趋势和实际效果，可考虑在宁波空港产业区，交通便利，未来可与专业市场结合。

2）建设规模。10万～15万平方米，主要承接国内大型会展项目转移，做大现有优质项目。

3）建设目的。既可以形成两个场馆竞争，新馆大展专业展，老馆小展消费展，也可采取“腾笼换鸟”方式，解决国投公司高负债问题，并可以带动区块发展。

4）投资方式。政府划拨土地，民间资本和国有资本混合方式进行场馆建设。

新旧场馆情况分析见表4-1。

表4-1　新旧场馆情况分析

城市	原有场馆	新建场馆
杭州	8个，白马湖面积4万平方米	15万平方米，滨江区，与萧山区接近，市区距机场最近位置
南京	3个，国展中心4.5万平方米	南京国际博览中心，17万平方米，接近城乡结合部，机场方向
深圳	10万平方米，2004年建成	拟建20万平方米，宝安区空港园区，2014年选址确定
青岛	5万平方米，2000年建成	12万平方米，即墨市距青岛40千米，在青岛与机场延长线方向，南山集团
厦门	8.5万平方米，1998年3.3万平方米	二期2008年，3万平方米；三期2012年，25000平方米
大连	1996年一期，1.5万平方米	二期工程7000平方米，2012年建成，位于市中心
沈阳	三个，新世界2.4万平方米	10.5万平方米，2010年建成，苏家屯区，距市区12千米
温州	原有场馆3万平方米	二期工程扩建三万平方米、政府投资扩建
义乌	原有场馆4万平方米	新建场馆9万平方米

（二）会展管理体制改革

从国内 15 个副省级城市会展管理体制的情况看，主要有六种有代表性的类型。一是经济贸易促进型，即贸促会与会展办合署办公型，包括南京、青岛、大连、济南等属于这种类型；二是大型活动保障型，即会展办与政府办公厅合署办公，我市属于这种类型；三是会展旅游协同发展型，即将会展办与旅游局合并在一起，厦门属于此种模式；四是独立运作型，主要是会展办依托一个大型项目独立设置，开展产业项目协同运作，如杭州属于此种类型；五是上下一致型，将会展办设在商务局，主要负责展览类项目的运作与管理。如何设置会展管理机构、设计会展管理体制，与该城市会展业发展的目标与定位紧密结合。

（1）会展管理体制现存问题。从我市的情况看，现在的体制机构级别低、不是独立的行政法人，存在难以协调相关部门以及扩大对外宣传的问题。

（2）会展管理体制改革思路。未来可以有五种设置思路。一是从理顺体制的角度，将会展办合并到商务局，主要承担展览项目的运作与管理，辅助承担会议、节庆产业的宏观监督和调控保障等，将会展业作为国际贸易的重要平台。但从我市当前的实际情况看，国际贸易已难成为服务业的龙头产业，会展业的现状也难以成为国际贸易发展的支撑平台。二是从大会展的角度，将会展办与旅游局合并成立旅游会展局，主要把会展项目作为吸引客商、拉动消费的重要抓手。三是保持现有的会展办设在办公厅的模式，由办公厅副主任或副秘书长兼任会展办主任，将会展办作为政府大型活动的协调保障机构，这样的缺点是会展办在办公厅的地位较低，干部晋升流动困难，难以形成可持续发展的动力。四是将会展办与贸促会合并，采用当前国内副省级城市中较为普遍的做法，但这种做法其实问题很多。商务局尚不能真正承担起会展业的协调保障工作，贸促会这样职能相对羸弱的部门更是难以承担保障工作。五是独立设置会展机构，重点承担中国中东欧特色商品展和后续申办世界海洋博览会等重大工作，但两个项目当前都无定论，也不符合当前机构改革和大部制的整体趋势。从上述五种模式看，第一种比较容易操作，也容易被领导接受，但可能会影响会展业发展的内涵及外延；第二种做法虽然看起来跨度较大，但可能更加符合宁波市未来发展对中高端、消费类群体引进的需要，在体制改革和产业发展方面都有一定程度创新，可能会产生新的活力。

（三）会展主体培育

我市会展主体不仅存在规模问题，也存在办展观念和外部资源整合能力问题。

（1）会展主体存在的问题。

1）总体规模较小。注册资本多在 50 万～200 万元间，最大注册资本 1000 万元，实力也未必达到。

2）办展观念滞后。多为小作坊式经营，小富即安，自身盈利能力差，依托大型项目组建的企业目的很复杂。会展企业的目光主要盯在政府补贴上。

3）整合资源能力差。缺少与国际、国内高层资源的整合能力。杭州会展中心已初定由北辰集团管理，以省会城市的管理和市场资源、北辰集团的资源整合能力，未来宁波会展业的发展压力进一步加大。急需在会展主体层面有一个重大提升。

（2）会展主体建设的对策建议。从国内外城市会展主体的培育方式看，主要是引进、培养、提高三种方式。对宁波而言，整合现有资源、借助现有项目重点培育 2 ~3 个大型会展主体是当务之急。

1）杭州模式。杭州西湖博览公司，西博文化传播、休博公司。

2）宁波建议：借助举办大型活动（东亚文化之都）成立一个大型企业（与文化局合作），做大做强。

3）现有公司。逐步做大宁波会展服务公司，使之成为宁波市会展服务的品牌企业，发挥相关的协调服务的作用。法人可为会展办领导，也可以让协会、高校人员挂名。

4）潜在意义。既可以承接政府主导型会展项目服务，也可以作为政府工作的重要支撑（接待、服务）。

（四）会展项目创新

我市会展业主要定位是服务于城市产业发展，并在此基础上拓展商贸、港口城市的国际影响。但从我市现有的展览情况看，可谓喜忧参半。

（1）我市会展项目存在的问题。尽管我市近年来会展项目有所增加，展会面积也随之扩大，但展会的整体质量并没有得到根本性的提升，相关的问题却不断出现。

1）传统项目衰退。服博会、家博会、机械展等传统项目衰退，文具展等也在勉强维持，宁波国际级、国家级的优势产业没有体现出在办展中的作用。

2）新项目难成竞争优势。中东欧博览会、智博会、海洽会、进口展等规模小，与国际级、国家级、省级展会身份不符，展会多靠行政命令支撑，办展机构及主管部门办展思想复杂。文博会也难有突破。

3）缺少有影响力项目。2014 年国内 TOP3 项目宁波一个没有，城市会展业排名不断下滑（2014 年 25 位）。

4）展会质量不高。展会主题内涵少，展品多为大路货，活动缺少专业性，展客商多为本地、本省人，办展企业不懂会展规律，怨天尤人，发展趋势令人担忧。

（2）“十三五”会展项目思考。要重点围绕城市的资源优势以及现有的管理资源，集中力量打造3～5个在国内外有较大影响的会展项目。从我国现有的国际大型会展项目的举办情况看，主要有三种类型。

1）申办举办世界博览会。如上海2010年综合性世界博览会，昆明1999年认可类世界博览会，以及打擦边球的世界园艺博览会（西安、青岛、沈阳、锦州、北京等城市），其目的是扩大城市影响，同时吸引国内外游客提升拉动作用。2010年，我市曾经深入探索申办以海洋为主题世界博览会工作，相关申报工作已经得到时任省委书记赵洪祝、省长吕祖善的肯定性批示，并与国际展览局主席、秘书长进行多次接触，也与国家主管该项目申办工作的部门国家贸促会建立良好互动关系。但由于当时国家领导人换届，以及南海问题造成的复杂国际环境，该工作一度搁置。现在随着“一带一路”经济区战略越来越得到国际认可，加之亚投行建设的极大成功，我们申办以海洋为主题世界博览会项目的工作也迎来较好的时机，可以考虑继续启动申办工作。

2）通过举办与特定区域合作的国际会展项目。包括南宁（中国东盟博览会）、乌鲁木齐（亚欧博览会）、银川（中国阿拉伯博览会）、哈尔滨（中俄博览会）、长春（东北亚博览会）、厦门（海峡两岸博览会）、宁波（中国中东欧特色商品展），其目的是通过与特定区域的合作，促进经贸文化交流，逐步打造成为国家区域性国际合作支点城市，进而探索国家自由贸易区建设。迄今为止，已经有南宁成功获得中国东盟自贸区、厦门成功获得台海自贸区，乌鲁木齐、哈尔滨也在向国家有关部门申请相关自贸区，据专家分析，成功的可能性较大。2014年起，我市开始举办中国－中东欧特色商品展，也为我市进一步强化与中东欧国家的合作，将宁波打造成为国家中东欧战略合作的支点城市，进而申报中东欧自贸区创造了有利条件。但是，从我市近两年来举办该项目的情况看，似乎不够乐观。从外部信息看，今年举办中国阿拉伯博览会时，习主席亲自发贺信，而我市举办中东欧特色商品展，参加活动的最高级别领导人是商务部部长，表明我市的举办工作尚没有得到国家高层的认可。从我们自身的情况看，相关主办单位尚未深刻领会举办该项目对宁波的战略意义，也没有真正发挥该资源的特殊作用。从时间选择上，6月8日气候已经比较炎热，不利于吸引参展商和客商参展参会，而且与浙洽会、消博会同期举办容易冲淡中心，也难以集中精力办出中东欧合作特色；从项目的规模上，只有1号馆一个场馆是中东欧客商的展馆，规模偏小，有些甚至是国内的企业代办参展；从展品上看，绝大多数是红酒、面包或巧克力等食品，没有真正发掘中东欧的特色商品，展会无法上升到工业以及现代服务业层面，也难以引起中东欧国家政府的参展兴趣，层次偏低；在组织宣传方面，对外宣传力度不够、活动的组织安排缺少吸引力，客观上导致展会的效果不佳。按照当前这种情况，不仅政府非常疲惫，而且也难以收到较好的效果。

3）与国际组织合作的会展项目。包括主办单位的合作和展客商的合作。从国内现有的情况看，除北京、上海等城市利用自身的国际影响力，举办的大型会展项目具有较强的国际化特征外，深圳的文化产业博览会、重庆的西部产业博览会、青岛的国际海洋产业博览会等项目也都在国内外产生较大影响，尤其是境外的参展商和客商数量多，参展的展品具有较大的吸引力，成交额也较高。从我市的情况看，尚没有能够进入到这个范围内的会展项目。从我市的产业资源看，文具博览会、服装博览会、家电博览会、海洋博览会等具有较强的产业资源，完全有可能成为国际化的会展项目。但由于在实际操作过程中，主办单位的国际化程度偏低、展会的定位不够清晰、展会的宣传推广力度不够、展品没有深入发掘吸引力不强等因素，上述展会国际化程度偏低，仅有的境外参展商多为“水货”，无法达到国际化水平。

（3）会展项目建设与创新的对策。明确全市会展业发展的主攻方向，重点以服务与工业经济、服务城市国内外合作、提升会展业对文化和消费的拉动作用为主要发展目标，整合资源，集中重点发展对提升全市竞争力有重大推进作用的国际化会展项目和专业类会展项目，优化宁波会展项目结构。

1）做好中东欧特色商品展举办工作。重大区域性国内会展项目可促进举办城市成为国家区域战略的支点城市，进而推进自由贸易区建设。从国内当前的情况看，已经有南宁市的中国东盟博览会、哈尔滨市的中俄博览会、乌鲁木齐市的亚欧博览会、西宁市的中国阿拉伯博览会、长春市的东北亚博览会和我市的中国中东欧特色商品展等 6 个区域性国家化大型会展项目。此外，还有厦门的海峡两岸博览会等区域性会展项目。这些城市已经成为国家对外合作的战略支点城市。其中，中国东盟博览会和海峡两岸博览会已经促成两大自贸区获得批准，乌鲁木齐、哈尔滨两市也已经向国家有关部门申请依托大型会展项目设立自由贸易区的方案，宁波也应发挥这一优势，在办好中国中东欧特色商品展的同时，积极发挥平台作用，推动商贸、旅游、金融投资等方面的合作，进一步争取获批中国中东欧自由贸易区。

2）重启申办以海洋为主题世界博览会工作。大型国际会展项目对提升城市的国内外影响，促进贸易投资、拉动消费等都具有十分重要的作用。2010 年，上海世界博览会累计带来产业增加值超过万亿；我省的杭州市继成功申办 2016 年 G20 峰会后，又在积极筹备申办 2022 年亚运会，对我市举办大型国际型会展项目带来紧迫性和较大竞争压力；2010 年，市委市政府向省委省政府提出申办以海洋为主题世界博览会的请示，获得省委书记赵洪祝、省长吕祖善的肯定性批示，后期由于国家领导班子换届、南海问题等因素搁置；自我国推进“一带一路”经济区战略和牵头成立亚洲基础设施投资银行后，国际形势发生一定的变化，对于我国申办大型国际项目带来有利时机，建议市委市政府重新考虑申办 2020 年与 2025 年区间的专业类世界博览会，系统提升我市的海洋、经贸、旅游、文化等产业的国际竞争力。

3）进一步优化会展项目结构。近年来，我市会展项目的数量和规模增长较快，但仍然缺乏在国内外具有较大影响的会展项目。国家商务部 2015 年发布的会展城市排行榜中，我市无一项目进入同类项目“TOP3”，也反映出我市会展业发展的尴尬境况。因此，“十三五”期间，我市会展业要集中力量，整合资源，努力培育 3～5 个在国内外具有较大影响的专业类会展项目，通过优化展客商的结构，促进项目与产业深度融合，提升会展项目的附加值，扩大在国内外会展产业中的影响。

（五）会展行业协会建设

行业协会作为行业自律组织，在会展业的发展过程中具有十分重要的作用。我市早在 2003 年就成立会展行业协会，2005 年根据环境变化的需要，更名为会展业促进会。多年来，会展业促进会在发挥“协调、自律、服务”等方面开展了大量的工作，但也存在管理体制不完善，行业威信不高，对会展业发展的推动力度不够等方面的问题，希望在“十三五”期间能够得到具体改善。

（1）我市会展业促进会的主要问题。影响我市会展行业协会发展的主要问题还是管理体制和架构问题。我市会展业协会的领导经历了企业老总、政府官员和投资机构高管三大模式和历程，自 2012 年起已经有 3 年左右的时间处于缺位状态。未来行业协会的发展如何定位，将直接影响到会展行业协会的领导遴选、功能设置和服务体系建设等方面。从国内主要城市会展行业协会建设的现有情况看，会长如果来自于政府部门，自然协会具有较高的权威性，甚至代行政府部门的相关职能，但与国家有关文件精神相违背；如果选择政府退休领导担任会展行业协会会长，则由于年龄较大，精力上难以满足会展业大跨度发展和对外拓展的需要。此外，政府领导担任行业协会会长，级别低难以发挥作用，级别高不容易管理，也给会展办的工作带来不少难题；如果选择现有的会展企业或会展场馆管理机构、会展场馆投资机构负责人担任会长，则难以跳出利益的圈子，很容易形成协会与企业间的矛盾。

（2）未来会展业促进会的发展建议。未来行业协会的建设应突出以下特点：

1）独立公正。行业协会未来将承担更多的政府社会服务功能，因此，行业协会需要有独自的公正性。从这个角度看，行业协会的负责人应该与我市会展场馆管理部门、场馆投资方、会展主营企业没有利益关联关系。

2）项目运营。从这个角度看，会展协会未来需要有独立的运作经营能力，而其实可以借助我市现有资源开展项目运作。该项目应独立于其他会展项目之外，与其他会展项目均不存在竞争关系。

3）承担职能。我市会展办现有的工作人员数量较少，因此，在一段时间内，会展行业协会应承担一部分政府企业编制人员的管理与服务工作。从这个角度看，会展行业协会应该具有一定的管理与服务水平。

4）会长人选。鉴于上述原因，未来会展行业协会的主要负责人应该是年富力强（年龄在45岁左右），熟悉会展产业，而且是全职工作人员。会展协会可以充分发挥“协调、自律、服务”等职能，通过自身运作确保协会的正常运转。

（六）会展产业政策优化

我市会展产业政策在国内同类城市中具有一定优势，尽管近年来优势的明显度有所下降，但还是完全可以满足全市会展业发展的实际需要。当前的问题是政府会展产业政策的激励目标和运作方式的问题。

（1）产业政策的优化。我市当前产业政策的主要问题是资助对象和资助力度问题。在过去的一段时间里，位系统提升会展业的发展水平，会展产业资金主要是覆盖面广、单个资助项目的额度较小，属于“撒胡椒面”方式。经过一段时间的扶持，我市的会展项目已经达到一定数量，需要从数量增长向质量提升转变。因此，需要对会展项目资助资金进行调整，重点是取消对消费类展会的资助，集中资助与我市战略性产业相关、规模较大、境外展客商数量较多、市外展客商为主的专业类会展项目。

（2）会展项目的评估标准。针对上述思路，需要对展会政策资金的评价体系进行调整。其中可根据国外、境外、区域外、省外、市外、市内参展商及客商的总体分布情况，按照6：5：4：3：2：1的标准，对展会进行政策扶持。在对会展项目评估的过程中，应引入万平方米客商驻留时间、展会品牌影响力等考核指标，作为评价展会质量和给予政策资金补贴的重要标准。

（3）进口展退免场租费。2014年起，我市为鼓励举办进口商品展，出台了《进口商品展退免场租费实施意见》，对进口展举办单位给予退免场租费的政策扶持。该政策在一定程度上发挥了作用，但问题是场租费由会展场馆管理公司承担是不合理的，尽管政策尚可以执行，但由企业承担政府的职能和义务是不合理的，因此建议取消该政策。如果该政策确实需要，则将企业承担转为政府承担，可以从政府财政资金中拿出一部分作为进口展的租金补贴。

（七）会展行业管理完善

我市2005年就出台《宁波会展业管理暂行办法》，是省内最早出台城市会展业管理制度的城市。十年来，会展业管理办法在全市会展业发展中发挥着十分重要的作用，同时也暴露出一些实际问题，需要进行进一步的优化与完善。

（1）会展场馆的价格管理。尽管会展场馆的运作是企业行为，受市场经济规律的影响，但会展场馆的租金并不是完全的市场环境下的企业行为。现在市区只有一个会展中心，如果价格波动加大，缺少发展预期，将在很大程度上影响行业的健康发展。因此，在当前的情况下，会展中心应按照五年一贯制的情况确保价格的稳定。政府每五年组织一次市内外专家，根据物价上涨的情况以及国内同类城市会展场馆的价格变化情况，统一研究会展场馆的租金问题，并确定是否需要涨价、涨价幅度，并按照规范程序落实执行。

（2）会展项目的展期问题。展期是会展项目的重要品牌资源，对于消费类展会而言，展期也是城市会展业的重要产业资源。多年来，由于宁波市会展业处于起步阶段，对于较早进入会展产业的企业和项目，政府给予了尽可能的支持，但从现实情况看，部分会展项目出现小富即安现象，还有部分会展项目一边拿着城市的档期资源，一方面拿着政府的财政资金，却不能认真做好项目的举办工作，导致项目亏损，每况愈下。由于传统的“前三后三”的保护模式，导致外部优质资源无法进入。因此，建议在“十三五”期间，对展会的展期使用进行调整，建议改为“前二后零”或“前三后零”模式。即原有展会举办前三个月政府不再批准举办同一主题的会展项目，但在一个企业的展会结束后（或结束一个月以后），其他的企业可以举办同一个主题的会展项目，以增加全市会展行业的充分竞争。

（3）会展场馆自办展问题。按照国内相关城市会展业发展的案例，会展场馆一般可举办自办展项目。但为避免会展场馆与企业争夺市场，形成不公平竞争，原则上会展场馆举办的自办展项目，不应与现有的会展项目主题相同或相近；对原有举办的会展主题，原主办单位明确表示不再举办的，也可以作为会展场馆举办自办展项目的选题，但需要经市政府会展办审核同意；不得对已有的会展主题项目进行刁难，逼迫现有会展项目退出市场后场馆举办同主题的自办展项目，否则政府部门将不予批准。

（4）服务体系建设情况。“十二五”期间，市会展办进一步加大会展服务体系建设的研究及推进工作。专门设立项目推进智慧会展、会展项目评价、会展服务环境建设等研究工作，先后完成政府主导型会展项目评价标准、进口参展商退免展位费评价标准等建设，先后多角度委托会展研究机构、高校会展专业教师、会计师事务所、会展专业服务机构，从会展项目专业评估、会展项目绩效评价、客商统计等角度开展工作，系统提升了全市会展业服务的专业化水平；此外会展业促进会建设、会展搭建服务体系的建设、会展接待服务体系建设、会展教学科研服务体系建设等也得到进一步完善和提升。

我市尽管会展业发展的时间不算短，但由于多方面的因素，会展产业的服务体系尚不健全，服务质量尚无法满足产业发展的需要，整体服务能力还有待提升。

（1）场馆安保服务问题。安保问题一直是我市会展业的瓶颈之一，但由于多方面因素，该问题始终没有得到解决。

（2）服务准入问题。会展产业的服务与其他行业的服务不完全相同。除会展作为大型活动，牵涉到参展商、客商和工作人员的安全外，也涉及展会的形象和对外影响，因此需要对相关服务企业的资质进行一定的要求。

（3）统计服务问题。应该说，我市会展统计服务工作起步较早，工作较细，在国内会展业具有一定的影响力，也为全市会展业发展做出一定的贡献。

（八）会展业对外合作问题

结合产业发展的实际需要，积极推进会展业国际合作、区域合作工作。2014年长三角协调会会展专业委员会成立后，依托市会展办和市会展经济研究所等开展工作，初步形成长三角会展业政府合作机制、专家委员会体系和项目合作服务体系，先后为杭州、南京、无锡、芜湖等城市提供会展项目评估、会展业发展研究和会展产业政策制订等工作；通过设立甬港合作论坛会展分论坛、举办台湾名品展、两岸三地会展业合作发展论坛等活动，进一步加大与港澳台会展业的合作交流；积极参加韩国丽水世界博览会、邀请联合国秘书长助理访甬、邀请国际展览局名誉主席、主席、秘书长等来宁波考察指导等，进一步密切与国际展览局等国际会展相关机构的合作，为下一步申办大型国际会展项目、拓展国际影响奠定坚实基础。

（1）国际合作方面。要结合筹备申办以海洋为主题世界博览会的思路，进一步加大与国际展览局的合作；此外，还要进一步密切与UFI、ICCA等国际组织的合作，争取在展览项目的国际合作、国际会议举办等方面有所提升。

（2）与国家有关部门的合作。主要是国家商务部、国家贸促会和国家海洋局等部门。其核心是围绕申办以海洋为主题世界博览会、做好中国中东欧特色商品展、举办在国内具有一定影响的海洋类博览会及海洋论坛等，形成宁波会展业的高端特色项目。

（3）区域合作。借助我市主持长三角城市经济协调会会展专业委员会工作的有利时机，加强与长三角协调会城市间的合作，提升会展业区域合作发展水平。

（九）重点项目及空间布局

（1）重点项目。

1）会展项目促进国际贸易。进一步做好中东欧特色商品展，建设中东欧进口商品展示基地，使之成为宁波申报中国中东欧自由贸易区的重要抓手。

2）会展项目提升城市国际竞争力。申办以海洋为主题的世界博览会的相关工作，使之成为宁波海洋经济、城市发展拓展国内外影响的重要切入点。

3）会展场馆建设。选择合适地点，引入社会资本，适度政府投入，建设新的会展场馆，整合现有资源，构建新的特色区块。

4）会展项目服务于工业经济发展。重点做好新材料展、机械展、文具展、紧固件展、电子商务展等服务宁波工业经济发展重点项目的举办工作。

5）长三角会展服务体系建设。依托长三角城市经济协调会会展专业委员会，积极推进长三角区域会展产业规划、会展产业标准制订、会展企业及项目评级、城市会展指数测算、长三角会展产业数据库建设等，提升宁波在服务长三角会展业中的特殊作用。

（2）空间布局。

1）内核空间。以宁波国际贸易会展中心为核心，依托宁波国际会展中心，重点打造会展产业核心集聚区。包括项目集聚、企业集聚和配套服务集聚。

2）支撑空间。以海曙区、江北区、鄞州区为主体，充分发挥酒店、产业园区等作用，在会展项目接待服务、会展服务、会展企业创新创业服务等方面发挥作用。

3）特色空间。以余姚、慈溪、宁海、象山为主体，发挥块状经济、特色产业、特色文化的作用，重点做好塑博会、家电展、徐霞客开游节、象山开渔节等特色项目的举办工作，多角度拓展县域会展产业发展。

4）辅助空间。其余县市区要结合自身的特点，发挥文化、产业、区位、市场等优势，举办适合自身特色的小型展览项目，以及会议、节庆等项目，成为全市会展业发展的重要组成部分。

（十）保障措施

（1）组织保障。进一步强化市会展业领导小组等机制的作用，适时提升会展业主管部门的管理层级，加大部门工作职能和工作力量，提升会展主管部门的作用。

（2）政策保障。对现有政策进一步优化提升、积极探索产业基金等创新政策模式，加强对会展项目的考核评估，确保财政资金发挥重要作用。

（3）服务保障。进一步强化会展业促进会职能，进一步完善会展业管理办法，制订完善会展服务标准、准入标准和评价标准，做好企业和项目的评级工作。

（4）监督保障。加强对会展主管部门、会展企业、会展项目和会展服务的考核评比，提升会展信息化水平、加大会展项目、会展企业的奖惩措施，形成会展业发展合力。

第五章

宁波市会展业“十三五”发展规划与对策

会展业是现代服务业的重要组成部分，它对于推动城市相关重大战略实施、重大平台建设、重大试点推进和促进贸易与消费、引进技术与投资、扩大交流与合作、直接与间接带动相关产业发展及提升城市知名度等方面的作用日益凸显，受到国内各城市高度重视。

已过去的“十二五”，面对复杂多变的外部环境，我市会展总量规模保持了平稳发展，结构调整取得了初步进展，政府项目改革迈出了重要步伐。进入“十三五”，我市会展业发展的外部竞争日趋激烈，内部改革日益迫切，已处在从适应性发展向创新性发展转变的关键时期。为加快推动“十三五”我市会展业又好又快可持续发展，更好地发挥会展业在推动全市经济社会发展中的积极作用，特编制《宁波市会展业发展“十三五”规划》，以进一步明确今后一段时期宁波会展业发展的总体思路、主要目标、重点任务和保障措施。

本规划主要依据《国务院关于进一步促进展览业改革发展的若干意见》、《浙江省人民政府办公厅关于进一步促进展览业发展的实施意见》和《宁波市国民经济和社会发展第十三个五年规划纲要》、《宁波市制造强市建设“十三五”总体规划》、《宁波市“十三五”服务业发展规划》等编制，是未来五年宁波会展业发展的行动指南。

本规划范围为宁波市域，规划期限为2016～2020年。

本规划所指的会展项目包括展览会和会议论坛、特色节庆。

一、现实基础

“十二五”期间，我市紧紧围绕市第十二次党代会提出的“区域性国际会展之都”的建设目标，着力稳定增长、促改革、调结构、增实效，凝心聚力，多措并举，合力促发展，较好地完成了“十二五”会展业发展的各项目标任务。

（一）会展总量规模平稳增长

2011年，全市举办各类会展项目286个。其中，举办展览会148个、会议论坛80个、特色节庆58个。到2015年，全市举办各类会展项目303个，年均增长近1.5%。其中，举办展览会182个，年均增长5.3%；会议论坛85个，年均增长1.5%；特色节庆36个，年均下降11.2%。会展业总量总体呈现小幅平稳增长的态势。其中，衡量展览规模的展览总面积从2011年的170万平方米增加到2015年的202万平方米，年均增长4.4%，表明展览业的规模和质量得到稳步提升。

（二）会展项目结构持续优化

2011年、2015年，展览会数量占全市各类会展项目总数分别为51.8%、60%，比重提高了8.2%，表明具有宁波特色的以展览会为主、以会议论坛和特色节庆为辅的会展业发展业态结构进一步优化。其中，2011年，在宁波国际会展中心举办的政府性展会项目、市场化展会项目分别为22个、26个，到2015年分别为14个、40个。两者比例从1：1.2提高到1：2.9，表明展览会的市场化水平有了明显提升，会展项目结构调整迈出坚实步伐。

“十二五”期间宁波市各类会展项目统计表，见表5-1。

表5-1　“十二五”期间宁波市各类会展项目统计表

年度	会展项目总数/个	展览会			会议论坛		特色节庆	
		数量/个	占比/%	展览面积/万平方米	数量/个	占比/%	数量/个	占比/%
2011	286	148	51.8	170	80	28.0	58	20.2
2012	282	150	53.2	179	77	27.3	55	19.5
2013	279	160	57.3	186	68	24.4	51	18.3
2014	295	175	59.3	196	79	26.8	41	13.9
2015	303	182	60.0	202	85	28.1	36	11.9

（三）国际会展项目有效拓展

2012年，我市代表浙江省参与韩国丽水世博会，成功策划举办了“浙江宁波周”重大活动。2014年，引进承办了亚太经合组织（APEC）第一次高官会。主动适应“一带一路”国家战略，2014年起分别组办了两届中国－中东欧国家投资贸易博览会、承办了两次中国－中东欧国家经贸促进部长级会议，宁波正成为中国与中东欧国家合作的先行区。引进举办的中国航海日论坛已成为推动宁波与世界各国城市、港口间合作与交流的重要平台。这些都表明我市国际会展项目拓展迈出了新步伐。

（四）政府项目改革稳步推进

积极适应新形势、新要求，遵循会展业发展规律。2013年，重点加大了对政府性节庆论坛展会的核查和规范力度，着力推进市本级政府性会展项目举办方式的改革创新，以最大限度地压缩政府性会展项目的数量和财政投入。清理规范后，年度市本级政府性会展项目数量和财政投入资金比清理规范之前最多的2011

年分别压缩11%、33%。同时，加强绩效管理，实现了提升一批、转型一批的目标。市本级政府性会展项目改革创新取得了初步成效。

（五）会展综合效应不断增强

参照相关展览会的统计评估模式，2011 年、2015 年，我市展览业直接产值分别为62 亿元、75 亿元；按照1：9 的拉动效应测算，年度对经济贡献分别可达558 亿元、675 亿元，分别提供了17 万、20 万个相关就业机会。同时，一系列会议论坛和特色节庆的举办，对城市的吃、住、行、游、购等消费的带动作用日益显现，还进一步扩大了城市对外影响。“十二五”期间，我市先后多次荣获“中国十佳品牌会展城市”、“中国十大影响力会展城市”等奖项，余姚成为首个“中国县域会展经济研究基地”。

在看到成绩的同时，我们也清醒地认识到宁波会展业发展还存在一些深层次问题和挑战，主要是：一是社会各界对发展会展业的重要意义和功能作用认识不足，支持会展业发展的合力尚未完全形成；二是会展业从适应性发展转向创新性发展有待深入加快推进，政策导向也有待于进一步精准细化、调整优化；三是会展业发展的总体竞争力还不强，尤其是实力型的龙头会展主体、引领性的自主品牌会展项目培育仍未取得实质性突破；四是中心城区的宁波国际会展中心不够大、不够用、不好用的“瓶颈”制约日益凸现，运营与服务能力也有待提升；五是基础性的会展行业及项目统计和分类评价体系尚不完善，会展整体营销推广的投入有待加强等。这些问题和短板急需在今后的发展中认真加以研究解决。

二、发展趋势

展望“十三五”时期国内外宏观环境和会展业发展趋势，宁波会展业发展既面临重要发展机遇，又面临激烈竞争挑战。

（一）国际会展业发展进入新趋势

经济全球化必然促进会展业全球化。以中国为代表的亚太经济保持较快发展，加上其潜在的巨大市场需求，国际会展业的重心正在由欧洲、北美等传统会展业发达地区加速向亚太地区发展中国家转移，一批国际会展巨头纷纷通过收购品牌会展项目或联合成立合资企业、缔结战略合作关系共同开发新题材项目等灵活多样的方式加快抢占新兴的会展业市场。这对宁波会展业发展既是有利机遇也会带来挑战。

（二）国内会展业发展进入新阶段

近年来，中国的会展业总数特别是展览总规模一直处于世界首位，“十三五”必将是中国从展览业大国转向展览业强国的重要转换期。2015 年，国务院首次出台了《关于进一步促进展览业改革发展的若干意见》，表明我国展览业发展正进入新阶段。同时，国家“一带一路”、“长江经济带”、“中国制造 2025”

等重大战略的深入实施和供给侧结构性改革的深入推进，必将为我国会展业发展带来新机遇、开辟新空间、注入新动力。

（三）宁波会展业发展进入新常态

宁波城市的经济腹地和综合辐射能力有限，支撑会展业发展的优势资源和要素也有限，同时又受邻近上海、杭州会展业的“虹吸”效应影响。“十二五”时期，宁波会展业发展已呈现增长速度趋缓的态势。这表明宁波会展业追求数量增长的粗放式发展已日益难以为继，主动转向精质化、特色化的内涵式发展已势在必行。综合分析，“十三五”时期，宁波会展业将进入增长速度换挡期、结构调整阵痛期、提质增效关键期“三期叠加”的新常态。

三、总体思路

（一）指导思想

牢固树立“创新、协调、绿色、开放、共享”的发展理念，认真贯彻《国务院关于深入促进展览业改革发展的若干意见》，以提升会展业发展质量效益为主导向，以创新驱动、开放带动和改革推动为主动力，以精准化、特色化、国际化、品牌化发展为主攻点，以市场化、专业化、信息化、联动化发展为主途径，着力推动会展业从适应性发展向创新性发展转变，着力发挥会展业在推动城市相关重大战略实施、重大平台建设、重大试点推进和促进工业制造、国际贸易发展及提升城市国际化水平等方面的积极作用，加快把宁波打造成为更具特色、更有品质的区域性国际会展名城，为宁波跻身全国大城市第一方阵作出更大贡献。

（二）基本原则

（1）坚持稳定总量与提升质量相结合。切实转变发展理念，更加注重会展业发展的质量效益。既要确保会展项目总量基本稳定，更要大力培育引进一批需求性较强的高效会展项目，也要逐步退出停办一批需求性较弱的低效会展项目，着力通过调结构、补短板，加快推动会展业精准化、特色化、国际化、品牌化的内涵式发展。

（2）坚持市场主导与政府引导相结合。充分发挥市场在资源配置中的决定性作用，切实调动会展企业的主体积极性；更好地发挥政府的积极作用，通过更加精准的政策引导和杠杆激励，着力推动会展业市场化、专业化新发展。积极鼓励会展企业参与国际、国内两个市场竞争，全面提升企业的整体竞争力，不断增强会展业发展的内生动力。

（3）坚持自主创新与服务创新相结合。着力构建以企业为主体、市场为导向、政产学研相结合的自主创新体系，更加注重首创精神，重视提升引进消化吸收再创新能力。切实按照简政放权、放管结合、优化服务的新要求，以薄弱环节和问题为导向，着力推动政府层面的管理和服务创新，努力降低企业办展办会的成本，进一步激发自主创业创新的活力。

（4）坚持集聚发展与点状发展相结合。既要重点推动以宁波国际会展中心为核心的宁波中心城区会展业集聚化创新发展，也要积极推动其他区县（市）会展业点状特色化创新发展，着力形成市、县两级会展业联动、协调、错位发展的良好态势，加快培育引进一批自主特色品牌会展项目，不断增强我市会展业发展的综合竞争力。

（三）发展目标

到2020年，力争在推动会展业精准化发展的结构调整取得重大进展，特色化的自主品牌会展项目培育引进取得重要突破，实力型的专业会展主体培育引进取得关键突破。会展业总体实力明显提升，展览业竞争力处于省内首位。

（1）会展总量规模稳中求进。力争到“十三五”期末，全市会展项目总量达到320个，增长5%以上。其中，展览会项目达到200个，增长10%；展览总面积达到250万平方米，增长25%；单个展览会平均展览面积力争超过1.5万平方米。会议论坛的培育引进得到新的发展，特色节庆的质量效益实现新的提升。

（2）结构调整迈出坚实步伐。展览会项目占总会展项目比重力争达到65%，以展览会为主、以会议论坛和特色节庆为辅的“1+2”会展业态结构更加优化。其中在宁波国际会展中心举办的政府性展会项目与市场化展会项目比例提高到1∶3.5，特别是工贸结合型的贸易类展会项目达到35个，力争增长50%。

（3）主体培育取得重大突破。力争到“十三五”期末，培育引进境内外有实力的独资或合资龙头性专业会展主体实现零的突破，力争达到2家。基本形成以实力型的专业会展主体为龙头、以中等实力的专业会展企业为主力、以相关会展服务机构为配套的会展主体结构。

（4）会展质量效益明显提升。着力培育引进10个具有国内外较大影响的“高、特、专、优”自主品牌会展项目。其中，代表宁波城市名片的重大会展项目力争达到2个，取得国际展览联盟（UFI）等认证的会展项目达到5个，国内TOP3品牌展览项目达到5个，商务部重点支持的展览项目达到5个。会展业对经济的拉动作用超过800亿元。

四、空间布局

根据全市各地的资源禀赋，结合“1+3”专业会展场馆的空间布局、可展面积和各地会展业发展的现状与趋势，按照层次分明、功能互补、错位发展的总体原则，加快构筑“一核集聚、三大支撑、多点特色”的会展业区域空间布局（如图5-1所示）。

（一）一核集聚

以全市现有最大的专业会展场馆——宁波国际会展中心为依托，发挥宁波中

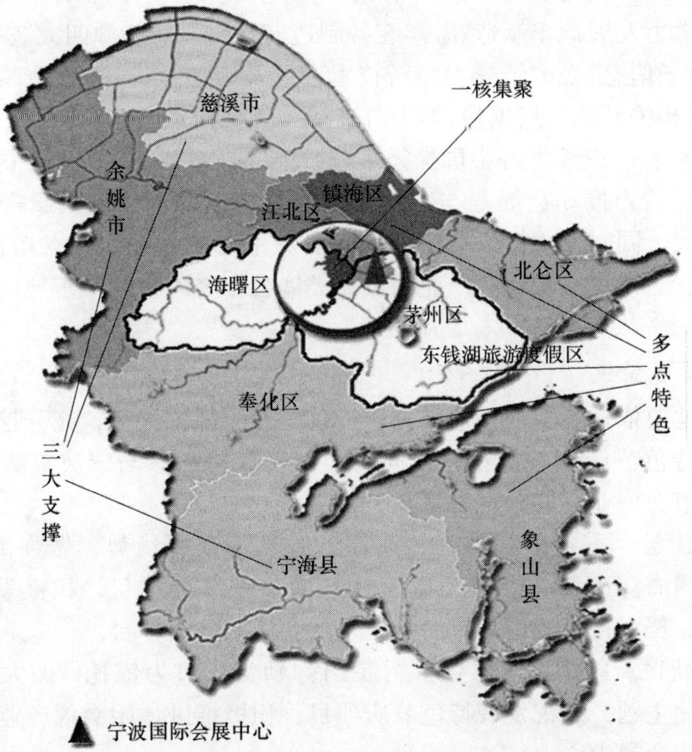

图 5-1　宁波市会展业“十三五”空间布局示意图

心城区高中档宾馆酒店的集聚优势，重点发展贸易类展会，按需发展消费类展会，鼓励发展商务性会议论坛，加快形成一批以“高、精、尖”会展项目为引领、以“专、特、优”会展项目为支撑、以各类会展企业为依托的集聚区，成为推动我市会展业精准化、特色化、国际化、品牌化发展的先行区。

（二）三大支撑

以余姚中塑国际会展中心、慈溪国际会展中心、宁海国际会展中心三大专业会展场馆为各自支撑，积极发挥各地风景旅游及高星级宾馆酒店的资源优势，重点发展与本地块状经济、产业优势、特色资源等相匹配的专题展览会，积极发展会议论坛和特色节庆，实现与核心集聚区会展业错位、协调发展。积极探索县域会展经济创新发展的新模式。

（1）余姚市。继续办好中国塑料博览会和中国裘皮服装节、中国余姚杨梅节等重点会展项目；创新办好中国机器人峰会。同时，结合本地传统优势产业、特色块状经济和高端新材料、新技术、新装备产业特点，积极培育相关题材的会展项目，努力打造成为国内标杆性的县域特色会展基地。

（2）慈溪市。继续办好中国（慈溪）家电博览会。重点依托其区域内宁波杭州湾新区大力发展汽车制造、海洋装备制造、新材料、新能源四大装备制造业，海洋高科技、电子信息、光电子三大高新技术产业及智能家电、纺织服装两大特色产业，积极培育相关专题会展项目，努力打造成为长三角地区专业展览中心。

（3）宁海县。继续办好中国徐霞客开游节，打响“‘5·19’中国旅游日发祥地”的品牌，着力推动会展业与本地旅游、体育运动和休闲健康等产业深入融合、互动发展。同时，积极发挥宁海国际会展中心的作用，重点培育发展文具、模具、汽配、户外用品等优势产业的贸易类展会。努力打造华东地区重要特色会展中心。

（三）多点特色

其他各地要依托各自的特色文化、特色产业和区位优势，充分挖掘潜力，重点培育引进特色节庆和会议论坛。同时，积极支持和参与宁波市级各类会展项目，推动我市会展业互联共享发展。

（1）象山县。重点依托海洋、海岸、海岛等资源优势，做强渔文化主题，继续办好中国海洋论坛、中国（象山）开渔节等节会项目，积极发展“蓝色”海洋会展业，努力打造国内具有海洋特色的会展服务新平台。

（2）奉化区。以中国（奉化）雪窦山弥勒文化节为依托，做大做强佛教文化、两岸文化主题，重视发展特色节庆项目，积极推进休闲会议产业发展，努力打造特色文化会展中心。

（3）镇海区。充分依托“院士文化”、“宁波商帮”等资源，发挥中科院材料所的技术优势和国家级石化经济技术开发区的产业优势，重点培育发展“新蓝海”会展业，努力把九龙湖打造成为特色商务会议基地。

（4）北仑区。重点依托港口文化资源，继续办好中国宁波国际港口文化节。充分发挥宁波保税区和梅山保税港区的功能优势，积极探索进口商品展示基地建设，推动与宁波国际贸易展览中心常年展、临时展协同发展。

（5）东钱湖旅游度假区。重点加快推进国际会议中心建设，依托丰富的特色湖泊资源，积极招会引会，继续创新办好中国国际湖泊休闲节，力争打造成为华东地区重要的国际会议基地。

五、重点任务

（一）着力推动会展业精准发展

确立更加精准的会展业发展方向，是打造发展新引擎、培育发展新优势，加速培育一批特色化的自主品牌会展项目，加快提升会展业发展的质量效益和有效增强会展业服务全市经济社会发展能级的关键之举。

（1）着力培育服务“三重”精高会展项目。主动适应国家“一带一路”和

“长江经济带”等战略实施，紧密结合宁波“一圈三中心”重大战略实施和宁波新材料科技城、国际海洋生态科技城等重大平台建设及“中国制造2025”试点示范城市、国家保险创新综合试验区等重大试点推进，精准筛选，有的放矢，着力培育题材国内首创、国际化水平较高和对城市发展需求性较大的数量精、档次高的重大会展项目，更好地引领宁波会展业创新发展。继续办好中国－中东欧国家投资贸易博览会，努力提升规模和档次，加快打造成为推进中国与中东欧国家全面合作的重大会展平台；加快把中国航海日论坛打造成为中国航海领域的国际化顶级论坛。积极谋划申办或培育世界性的重大会展项目。

（2）大力培育促进工贸结合精专展览项目。积极借鉴国际展览强国根植于优势产业、导向产业发展展览业的经验和模式，紧紧依托宁波工业制造和国际贸易两大优势，重点围绕大力发展高端装备、新材料、新一代信息技术三大战略产业，提升发展绿色石化、清洁能源、汽车制造、时尚纺织服装、家用电器五大优势产业，培育发展生物医药、海洋高技术、节能环保、文化创意设计等一批新兴产业，精准筛选，大力培育引进一批促进工贸深度结合的相应题材的精专展览项目，加快推动从注重“展贸”融合向注重“展工贸”融合转变。同时，根据发展需要，积极培育引进相应配套的专题会议论坛，着力支撑我市会展业更加精准发展。

（3）优先扶持市场化贸易类专业展览项目。按照“依托产业、服务产业、提升产业”的发展思路，充分发挥我市开放型经济优势，调动市场主体的积极性，加大政策培育扶持力度，优先重点发展市场化贸易类专业性展览项目，坚持促进进口贸易与出口贸易、招展与招商并重，积极鼓励展览项目的展品从普通商品向装备制造、技术创新等领域加快拓展，大力培育新型题材展览项目，积极提升传统题材展览项目，逐步淘汰一批实效性不佳、竞争力不强的低弱展览项目，着力推进展览项目结构优化，力争有更多的贸易类展览项目列入国家商务部重点引导支持目录。

（4）鼓励发展商务性会议和特色精品节庆。按照“突破高端、提升中端、培育专业”的思路，鼓励发展面向海内外的工业制造、贸易物流、金融保险、休闲旅游、医疗卫生、科教文化等商务性会议论坛，推动会展旅游创新发展。按照“特色化、精品化”的要求，打好海洋牌、港口牌、产业牌和文化牌，培育发展一批重点品牌节庆项目，有效发挥节会项目的旅游“集市”功能。引导现有政府主导型会议论坛和特色节庆，立足长远，锐意创新，加快引入专业策划和运作机制，努力提升会议论坛和特色节庆的专业化、市场化举办水平。继续办好中国（象山）开渔节、中国徐霞客开游节、中国（奉化）雪窦山弥勒文化节和甬港经济合作论坛、中国智慧城市发展高峰论坛等重点特色节庆和会议论坛。

（二）加快推进会展业创新发展

创新是发展的动力源泉。主动适应新形势，持续推进政府性会展项目改革，积极推进会展市场监督与管理改革，加快推进现代信息新技术应用，积极探索会展业“两基”型新模式，是推进我市会展业创新发展的重要切入点。

（1）持续推进政府性会展项目改革创新。按照“降数量、降资金、转方式、提实效”的思路，扎实推进政府性会展项目改革创新。推进立项管理创新，严格控制数量，突出培育重点，积极引入第三方专业评估机制，更好地为上级决策提供更加专业、客观的依据。推进分类培育创新，按照政府性会展项目的“重要程度、需求程度、功效能级”等主要指标，推进政府主导型、支持型分类改革培育，进一步规范服务外包招投标制度。推进运作模式创新，坚持“政务活动规范化、商务活动市场化”总体导向，政府主导型立足更多地发挥政府部门的积极作用，政府支持型立足更多地发挥市场主体的积极作用；引导部分政府性项目从每年举办制向隔年或隔多年举办制转换。推进绩效评估创新，通过第三方对政府性会展项目个性化、专业化的跟踪评估，着力发现薄弱环节，倒逼加快改革与创新，努力提升政府性会展项目综合效应。探索建立政府性会展项目逐步退出机制。

（2）积极推进会展市场监督与管理创新。适应当前“简政放权、放管结合、优化服务”的大趋势，遵循会展业发展规律，遵守相关法律法规，注重上下政策衔接，立足自我监管创新。突出重点，加紧研究制定展览业管理办法或条例，逐步放宽、放开市场准入，着力减少繁文缛节，进一步激发会展市场主体创新活力，切实提升展览项目主题与展品范围的吻合度。运用政策引导、场馆调控、行业自律等手段，着力解决同质竞争、无序竞争的问题，适时将现行实际的审核制调整为备案制。同时，加快探索研究节庆项目和商务性会议论坛管理办法。积极发挥市会展业促进会、市节庆联合会等行业社会组织的积极作用，加强行业自我管理，推动行业健康发展，保障会员企业合法权益。

（3）加快推进会展业现代信息技术应用。运用互联网等现代信息技术，推进会展项目网上备案、审核、审批和展会资助资金、优秀会展项目网上申请，不断提升行政许可效率和便利化水平。积极发挥“中国宁波会展网”专业网站的作用，不断提升与国内外相关知名网站、专业网站和市内重点会展企业网站、重大会展项目专题网站等互联互通水平。加强专业会展场馆基础设施建设，不断提升智能化服务水平。积极发展基于互联网的新型会展业态，依托“互联网+”，推广APP、微信微博等互联网手段在会展业中的应用。鼓励实体展览举办网上展览，推动大数据等技术应用，发展网上营销推广、客户挖掘、线上配对等服务，实现线上线下融合发展。

（4）探索推进会展业创新发展的新模式。积极探索推进政府、部门或大型会展企业与国内外相应资源性的高端行业中介机构的战略合作，按照互利共赢的原则，在我市联建相关行业性的“会展基地”，共同引进培育相关行业的系列会展项目。积极探索以资本为纽带，由政府或市内外大型企业共同出资，以股份制形式，推进设立“宁波会展业促进基金”（简称“会展基金”），重点择优收购品牌会展项目或投资培育新题材的潜力型会展项目。通过打造“会展基地”、设立“会展基金”等新模式，加快引进合作式的专业会展主体和优质会展项目，为我市会展业创新发展注入新的活力。积极谋划创建中国会展产业特色示范区或试验区。

(三) 切实增强会展综合竞争力

实力型的专业会展主体是会展业发展的核心竞争力，特色化、国际化的自主品牌会展项目是提升会展业质量效益的根本体现，两者是增强会展业综合竞争力的重要支撑。

(1) 着力培育精强型专业市场主体。会展主体队伍尤其是龙头型的会展主体，是会展业发展的关键支撑。鼓励多种所有制企业公平参与竞争，引导大型骨干会展企业通过收购、兼并、控股、参股、联合等形式组建龙头会展集团，充分发挥其示范和带动作用，加快提升行业核心竞争力。支持市内会展企业加入 UFI 等知名国际会展组织，推行国际营销战略；支持会展企业取得 ISO 国际质量体系认证，提升国际竞争能力。积极发挥市内产业性行业协会的资源作用，加强与上级相关行业协会联系对接，支持自办或参办我市会展项目。加强政策引导扶持，鼓励会展企业通过资本市场发展壮大，推动大型骨干展览企业通过新三板上市。

专栏1　专业会展市场主体培育工程
龙头型的专业会展主体：坚持积极招商引进与自我培育相结合，把培育引进龙头型的专业会展主体作为“十三五”全市会展业发展的重中之重，努力在培育引进独资或合资的实力型标杆性专业会展主体取得零突破，力争达到 2 家，引领我市会展业创新发展。 **中等实力专业会展主体**：坚持提升现有与积极引进相结合，鼓励现有专业会展主体不断做大做强，鼓励市外专业会展企业来甬设立分支机构，力争到“十三五”期末，培育引进中等实力的专业会展主体达到 20 家，支撑我市会展业创新发展。 **成长性的专业会展主体**：鼓励市内相关行业社会组织依托自身资源优势，分设会展企业；引导其他行业有实力的企业投资会展业发展。通过政策扶持，催生一批成长性的专业会展主体。 **相关会展配套服务主体**：按照会展服务专业化的要求，积极培育引进会展项目策划、布展设计、展装搭建、设备租赁、招展招商代理、广告代理等配套会展服务主体。

(2) 强化会展项目自主性品牌建设。鼓励全市会展项目做大、做强、做精、做优，按照政府性、市场性两大类型，突出重点培育导向，创新开展年度市级优秀会展项目评选活动，奖励先进、鞭策后进，对取得 UFI 等国际性组织认证和各类知名商标或名牌的会展项目加大奖励力度，积极争取更多的展览会纳入国家商务部重点引导支持目录。通过市县联动、政企互动，加快培育若干大而强、专而优、精而特的自主品牌会展项目，积极推动“一地一品”建设。继续办好浙洽会、塑博会、智博会、文博会、文具展、机床装备展、模具展和开渔节、开游

节、弥勒文化节及机器人峰会、新材料论坛等重点性会展项目，争取中国－中东欧国家投资贸易博览会永久落户宁波。

（3）切实提升会展业整体质量效益。加快推进从追求数量增长的粗放式发展向注重质量效益的内涵式发展转变，积极推进实施“精准提质”工程。通过调结构、补短板，着力推动会展业精准化发展。积极有效发挥政府引导和政策杠杆作用，精准施策、精准发力，切实将政府性项目的资金安排和市场性项目的资金资助及优秀项目的资金奖励与会展项目的质量效益挂钩，重点鼓励多招市外特别是国际优质展、客商。引导专业会展企业发挥自办展项目的展、客商资源，积极“走出去”办展，组织企业“走出去”参展，努力开拓国内、国外两个市场。通过不断提升各类会展项目质量效益，放大会展业溢出效应，着力推动会展业品质化发展，不断提升会展业服务全市经济社会发展的能级和对外辐射力。

（四）有效提升专业场馆支撑力

专业会展场馆是会展业发展的重要支撑。加快谋划推进新建专业会展场馆，着力解决中心城区宁波国际会展中心不够大、不够用、不好用的“瓶颈”制约。同时，不断提升现有各专业场馆运营与服务水平，增强自主创收能力。

（1）加快谋划推进新建专业会展场馆。针对当前中心城区核心专业会展场馆——宁波国际会展中心办展档期已临近饱和，同时又存在实用性不强、难以办大展和会议设施相对落后的现状，借鉴国内其他城市多个专业会展场馆的建设经验，加快谋划推进符合举办各类展会、会议要求，配套设施完善的会展业发展新平台，着力支撑我市会展业长远发展的需要。同时，加强对现有专业场馆的改造提升，引导宁波国际会展中心通过改造，增设洽谈区、餐饮区功能，提升会议区功能，优化登录区功能，完善交通、空调、卫生和各类监控等配套设施；引导余姚、慈溪、宁海的专业会展场馆加强自我改造，按各自需要改造和完善相关配套设施，提升服务功能。

专栏2　专业会展场馆改造提升工程

宁波国际会展中心：改造行政楼A、B楼会议设施，基本满足与展会相配套的专题会议论坛举办，促进“展”与“会”互动发展。通过挖潜改造，增设洽谈区、餐饮区等配套功能，改造提升停车场、卫生间相关设施，完善导示系统和免费Wifi等信息服务功能。

余姚中塑国际会展中心：盘活现有场地资源，拟配套新建可容纳200人左右的会议室，改造提升西侧停车场、卫生间，推进展馆监控室与公安并网；或者谋划新建配套设施完善、实际展览面积5万平方米左右的会展综合体。完善宁波（余姚）四明湖国际会议中心的会务功能。

慈溪国际会展中心：加强展馆主体工程的检修和设备设施的保养，提升会展中心设备设施的使用效率。优化展馆内会议室、商务楼等资源配置，提升展会的会议、论坛等相关配套功能。

宁海国际会展中心：改造提升A、B两展馆和会议中心的监控、大屏幕、音响等相关设施设备；改造A、B两展馆之间连接通道，确保两馆之间人流互通；增设常年展区、临时洽谈区；完善导示系统和金属探测门等信息服务功能。

（2）努力提升专业场馆运营服务水平。科学界定宁波国际会展中心和余姚中塑国际会展中心、慈溪国际会展中心、宁海国际会展中心“1+3”专业会展场馆的公益性和竞争性，推进专业场馆管理体制改革和运营机制创新，制订公开透明和非歧视的专业场馆使用规则。充分发挥宁波中心城区核心专业场馆——宁波国际会展中心在推动全市会展业发展中的引领性、基础性、示范性和支撑性作用，努力转变运营理念，优化考核方式，坚持服务城市经济社会效益和自身经济效益并重，不断提升运营和服务水平，加快组建相对稳定的专业安保队伍。进一步完善调查和协调机制，切实规范场馆各项服务项目及收费标准。

（3）不断增强专业场馆自主创收能力。引导各专业场馆的运营企业对标先进、挖掘潜力，充分发挥自身资本、人力、信息、服务等资源优势，千方百计开拓自主创收能力，努力增强造血功能。着力挖潜自办会展项目，重点培育政府导向性的自主品牌会展项目，力争成为增强自主创收能力的主要渠道。着力推进合作办展办会，重点推进与市内外会展机构办展办会的合作，促进互利共赢。着力承接会展服务业务，通过公平竞争和提供优质服务，积极承接各类会展项目的服务业务。努力使合作办展办会和承接会展服务业务成为促进自主创收的重要渠道。

（五）不断深化内外合作与交流

会展业需要有效的资源支撑。加强与国际专业会展组织的交流、与国内高端资源机构的合作和与重点城市、重点组办单位的联系对接，是提升我市会展业发展水平的有效途径。

（1）加强与国际专业会展组织交流。发挥我市与国际友城的交流资源和海内外“宁波帮”、“帮宁波”人士的人脉优势，积极推动我市各类会展机构与国际知名的会展组织、行业协会、会展大企业等建立多元化、宽领域、高层次的合作机制。大力引进国际知名品牌会展项目移植来甬举办，或发展子项目，推动合作式发展；鼓励市内各类会展机构加入国际展览业协会（UFI）、国际大会和会议协会（ICCA）等知名国际会展组织，支持会展项目取得国际认证；配合实施国家“一带一路”等重大战略及多双边和区域经贸合作的优势，积极推进国际招展、招商和引会，努力提升我市会展业国际化水平，以此推动宁波城市国际化。组织多个层面的会展职业经理等专业人员赴会展业发达国家或地区学习考察和培训交流。

（2）深化与国内高端资源机构合作。会展业对市场资源具有较强的依附性，深化与国内高端资源机构的合作，借势借力，是推动我市会展业实现新发展的重要途径。重点加强与国家发改委、商务部、工信部、科技部、轻工联等部门和单位的联系对接，争取更多的高端资源支持我市培育举办相应的重大会展项目；加强与国内国家级的相关行业中介机构和品牌会展项目主办机构的合作与交流，在大力引进实力型会展主体或吸引其来甬设立分支机构的同时，积极引进品牌会展项目来甬举办或培育新题材的会展项目，通过推动合作式的发展，努力提升我市会展业发展的质量效益。

（3）推进与国内重点城市联系对接。加强考察与交流，学习国内会展业发达城市的先进理念，借鉴有效的政策措施。积极推进政府、企业、行业组织、科研院校等多方面的合作，建立渠道互联、信息互通、资源共享、优势互补的合作机制。积极推动我市举办的“中国－中东欧国家投资贸易博览会”和“中国－东盟博览会”、“中国－阿拉伯国家博览会”、“中国－南亚博览会”和“欧亚经济论坛”等国内各城市举办的国际地缘性会展项目的承办机构建立合作联盟。有效发挥由我市牵头的长三角城市经济协调会会展专业委员会的载体作用，积极推进区域会展合作与创新发展；重点加强与上海会展界的联系对接，积极引进其品牌会展项目的子项目或中小专题会展项目来甬举办，实现差异化错位发展。

（六）努力优化会展业发展环境

环境是重要的竞争力。优化会展业发展环境，重点要发挥政府部门和行业组织的积极作用，既要不断提升会展公共服务保障水平、规范会展行业市场秩序，也要不断加大营销推广力度。

（1）努力提升会展公共服务保障。切实转变会展公共服务保障理念，加快从重点服务保障政府性会展项目向服务保障政府性和市场性会展项目并重转变，更大程度地服务保障企业办好展、办好会。以会展公共服务保障的薄弱环节为导向，重点协调市有关部门，既要做好会展项目筹备时的支持性服务，也要做好会展项目举办时的保障性服务，切实形成帮助企业、服务企业办展办会的良好氛围。积极研究宁波国际会展中心办展办会的安保服务标准化分类配置实施方案，在确保安全办展办会的基础上，努力降低办展办会的安保成本。

（2）不断优化会展市场发展环境。规范会展行业秩序。坚持以市场为导向，切实改善“政府项目市场竞争不够、市场项目政府支持不够”的现状，最大限度地降低政府性与市场性展览项目之间的不公平竞争，加快形成更加规范有序、更加充分竞争的会展市场环境。加快构建覆盖多方位的信用体系，建立违法违规单位信息披露制度，推动部门间监管信息的共享和公开。加强知识产权现场执法，支持和鼓励会展企业通过专利申请、商标注册等方式加强自我保护。打击侵权和假冒伪劣，建立应急处置预案，探索重点参展产品追溯制度，推进参展企业质量承诺制度和举报投诉受理处置机制，发挥中介组织作用。按照社会化、市场化、专业化原则，积极发展规范运作、独立公正的专业化行业组织。鼓励市内会展行业社会组织，坚持服务与自律并重，积极承接政府部门各类服务外包业务，主动向企业提供各种需求性的服务，切实提升行业自律水平。积极推进展览业标准化体系建设。

（3）切实加强会展整体营销推广。提升市内营销载体建设。重点支持“中国宁波会展网”建设，努力建成多种重点语言、多个重点网站链接和多种功能集合的全市综合性会展业官方门户网站。发挥市内其他重点媒体、网络平台等积极作用，大力宣传发展会展业的重要意义和作用，积极弘扬先进典型，有效传播行业信息，努力拓展市外营销推广。发挥重大政府性会展项目的载体作用和会展职能机构专题、专项宣传推介的积极作用，加大市外特别是国内外高端性载体的宣传推广投入，探索与优质专业会展媒体建立战略合作关系，大力宣传推广宁波会展业和重点品牌会展项目，并紧密结合城市的宣传推介，打响“宁波会展”品牌。每年适时选择若干重点城市开展宁波会展业和品牌项目的专题营销推广。发挥会展业专项资助政策的调节作用，引导取得市场化展会资助资金重点用于招展、招商的宣传推介投入。

六、保障措施

（一）完善工作机制

充分发挥市会展工作领导小组及市政府会展工作办公室的作用，建立健全综合与分类相结合的联席会议制度，统筹协调，分工协作，加强对会展业发展的战略研究、政策制定、行业管理和协调保障等工作，更好地服务于全市会展业快速健康发展。根据发展的需要，探索构建会展业与工业制造、国际贸易、旅游等重点关联行业的合作发展联盟。借鉴其他城市的有益经验，加强顶层设计，率先推进市本级会展机构的深度改革，最大限度地整合优化本级会展机构的力量，着力推动我市会展业专业化发展。各区县（市）应根据自身会展业发展需要，进一步理顺管理发展体系，明确政府分管领导，加强统筹协调。有效发挥市会展业促进会、节庆联合会、会展经济研究所、会展业服务中心等中介机构的积极作用，加强对其业务指导和经费支持。加快形成政府主导力、企业主体力、市场配置力“三力合一”的会展业发展增促机制。

（二）切实精准施策

紧紧围绕我市会展业新发展的总体思路和目标任务，坚持突出重点发展区域、重点会展业态和重点题材导向，坚持精准施策、定向发力，抓紧研究出台加快推动我市会展业提质增效发展的组合政策，注重政策前后衔接；研究制订重点提升存量、培育增量的会展项目目录，进一步明确重点导向性展览项目的展品范围，尝试导向性的政府支持型或市场化“一展一策”会展项目进行定制式的招投标，切实提升政策的针对性、实效性。认真落实微小企业税收优惠政策，企业为获得创新性、创意性、突破性的产品进行创意设计活动而发生的相关费用，可按财税［2015］119号和国家税务总局2015年第97号公告规定范围和办法进行税前加计扣除。协调市各有关部门大力支持会展业发展和会展项目筹办；引导各区县（市）制订相应的政策措施，推动本地会展业创新发展。

（三）重视人才培养

创新会展人才培养机制。积极发挥政府主导、院校主力和企业主体的作用。鼓励在甬各院校按照市场需求，创新会展学科建设，努力打造应用型会展学科体系，逐步形成“甬派”会展科研学术群体品牌；引导在校学生积极“走出去”实践锻炼，支持开展多种形式的会展业创业创新竞赛活动，提高院校学生和从业人员的实战能力。加大会展人才培养投入。支持市内重点会展企业引进素质高、稳定性好的高级会展策划或高级会展营运管理等紧缺型会展核心人才，对引进和培养的会展业领军人才、拔尖人才及高层次创新创业人才，按有关政策给予扶持和资助。积极开展多种形式和渠道的会展职业培训、资质培训，大力培养会展辅助人才和支持人才，不断提高会展从业人员整体素质。积极开展市级会展工作先进个人评比活动，表彰和奖励为推动我市会展业发展作出积极贡献的相关人员。

（四）加强统计评估

健全会展行业统计制度。建立以国民经济行业分类为基础、以展览业为重点的统计监测体系，逐步将会议论坛、特色节庆纳入统计监测体系。完善主要统计指标体系设计，构建主要统计调查渠道，综合运用统计调查、行政记录等多种方式和渠道采集数据，健全监测分析制度并定期发布。推进会展项目精细评估。引入第三方评估机制，重点对中心城区的会展项目进行分类精细化评估，逐步向其他县域的会展项目拓展，以此支撑全市会展行业统计制度实施，提升会展项目政策资助、评优奖励、安全评估等工作的精准度。推进会展行业综合评价。结合会展行业统计制度和项目精细评估，重点测算年度会展业对区域经济的拉动作用，并做好会展业发展专项资金的绩效评价工作，及时发布年度会展业发展报告。协调市财政、统计、审计、公安等部门加强对会展业统计评估的业务指导和工作支持；鼓励政校企合作共建会展大数据实验室，构建会展数据和决策分析平台，加快形成更加科学实用的宁波会展业统计评价体系。

附件 1

“十三五”重点推进十大工作

序号	重点工作	主 要 内 容
1	率先推进市本级会展的机构深化改革	切实按照专业化发展的原则，变革性地整合优化市本级会展机构的力量，探索推进组建集合推动会展产业发展职能和承接特别重大会展项目任务的“产业＋项目”型政府独立部门
2	抓紧研究出台加快推动会展业发展的组合政策	以切实提升会展业发展的质量效益为主导向，发挥政府引导和政策杠杆作用，突出重点发展区域、重点发展业态和重点题材导向，坚持政企联动、市县协同，坚持精准施策、定向发力
3	加紧研究修订以展览业为重点的管理办法或条例	按照简政放权、放管结合、优化服务的新要求，立足自我监管创新，用有效的“管”促进更多的“放”，逐步放宽、放开市场准入，注重解决同质竞争的问题，进一步激发会展市场主体创新活力
4	加快谋划推进新建专业会展场馆平台	切实解决中心城区的宁波国际会展中心不够大、不够用、不好用的“瓶颈”制约，新建结构实用、设施完备和适合举办各类大展、各种规模会议的新型会展场馆平台，支撑我市会展业长远发展
5	着力培育精强型专业市场主体	下决心在培育引进境内外独资或合资的“龙头”性专业会展企业取得零的突破，力争达到 2 家，基本形成以龙头型的专业会展企业为支撑、以中等实力的专业会展企业为主力的会展市场主体
6	积极谋划申办引进或自主培育世界性的重大会展项目	坚持申办引进或自主培育相结合，积极谋划申办引进世界性的重大会展项目，着力自主培育题材国内首创、合作层次高端的世界性重大会展项目，力争达到 2 个，成为我市会展业创新发展的“领头羊”
7	持续推进政府性会展项目全面深化改革	以严格控制数量为首要任务，以切实提升质量效益为主要抓手，积极推进政府性会展项目的立项管理、分类培育、运作模式和绩效评估的创新，倒逼自我改革，力争使我市的政府性会展项目改革成为国内“样板”
8	积极探索推进会展业“基地型”和“基金型”发展的新模式	积极探索推进与国内外相应资源性的高端行业中介机构的战略合作，在我市联建行业性的“会展基地”；积极探索以资本为纽带，以股份制形式，推进设立“宁波市会展业促进基金”，为我市会展业创新注入新活力
9	努力提升会展公共服务保障和优化市场发展环境	加快从服务保障政府性会展项目为重点向服务保障政府性和市场化会展项目并重转变，最大限度地降低政府性与市场化会展项目之间的不公平竞争，进一步提升各专业场馆运营和服务水平，推动宁波国际会展中心组建相对稳定的专业安保队伍
10	加快构建更加科学实用的宁波会展业统计评价体系	健全会展行业统计制度，完善主要统计指标体系设计，构建主要统计调查渠道，以规范展览业为突破口，逐步向会议论坛和特色节庆拓展，通过精细评估，支撑会展行业综合评价

附件 2

“十三五”重点提升三十项存量会展项目目录

（按分类举办时间排序）

类别	序号	名　称	已办届数
展会项目	1	中国（宁波）国际文具礼品展	13
	2	中国国际机床装备展览会	17
	3	宁波国际汽车博览会	26
	4	中国国际家居博览会	14
	5	宁波特色文化产业博览会	1
	6	宁波国际机械基础件及零部件展览会	13
	7	中国（宁波）亮化、美化装备展览会	5
	8	中国－中东欧国家投资贸易博览会	2
	9	中国浙江投资贸易洽谈会、中国国际日用消费品博览会	17/15
	10	中国国际机电（宁波制博会）－中国模具之都博览会（机床工模具展）	12
	11	中国（宁波）智慧城市技术与应用产品博览会	6
	12	浙江进口商品博览会	1
	13	中国糖果展览会（宁波）	3
	14	宁波国际服装节（中国国际服装服饰交易会）	20
	15	中国宁波国际住宅产品博览会	21
	16	中国（余姚）国际塑料博览会暨中国塑料博览会	18
	17	中国食品博览会	12
	18	中小工厂展览会（宁波）	3
	19	中国机器人峰会	3
	20	中国（宁波）新材料与产业化国际论坛	12
	21	甬港经济合作论坛	15
特色节庆	22	中国宁波国际茶文化节	8
	23	中国徐霞客开游节	14
	24	中国湖泊休闲节	8
	25	中国（象山）开渔节	19
	26	宁波旅游节	9
	27	中国（奉化）雪窦山弥勒文化节	14
	28	中国宁波港口文化节	5
其他活动	29	中国航海日活动	2
	30	中国浙江·宁波人才科技周	11

附件 3

“十三五”重点培育十类导向题材增量会展项目

序号	导向题材	支撑要素
1	海洋、港口	国家海洋经济战略，我市着力打造“港口经济圈”
2	高端装备	中国制造 2025 试点示范城市，我市三大战略性产业之一，余姚已办中国机器人峰会并永久落户
3	新材料	宁波新材料科技城建设，我市三大战略性产业之一，我市已举办 12 届中国（宁波）新材料与产业化国际论坛
4	绿色石化	我市提升发展的五大优势产业之一，余姚已办 18 届中国塑料博览会并已是国内最大塑料专业市场
5	清洁能源	我市提升发展的五大优势产业之一，我市还没有该题材的会展项目
6	汽车零部件	我市提升发展的五大优势产业之一，填补我市题材的会展项目空白
7	家用电器	我市提升发展的五大优势产业之一，余姚、慈溪现有“家电展”
8	生物医药	我市培育发展的新兴产业之一
9	海洋高技术	国际海洋生态科技城建设，我市培育发展的新兴产业之一
10	节能环保	我市培育发展的新兴产业之一

第六章

宁波国际贸易展览中心11号馆及区域规划布局研究

按目前进展，宁波国际贸易展览中心11号馆（以下简称11号馆）计划于2018年底竣工。为更好地发挥其公益性、功能性、市场性于一体的综合平台功能，系统提升宁波国展中心竞争力，根据王剑侯副市长指示，市会展办组织市会展经济研究所、市会展业促进会专家，就宁波国展中心11号馆及区域功能规划和空间布局等进行系统调研和思考，并与市商务委、保税区、宁兴集团（国投公司）进行了充分对接和交流。现报告如下：

一、关于功能定位

（一）功能定位

宁波国际贸易创新综合体，由四大中心组成，如图6-1所示。

图6-1 “11号馆”及区域功能示意图

（1）中东欧进口商品展示交易中心。发挥我市与中东欧合作的先发优势，以进口商品常年展为突破口，深化与中东欧经贸合作，逐步拓展到欧洲、东亚、两岸四地等国家和地区。发挥宁波港优势、长三角及周边地区市场优势，打造以进口为核心的国家级国际贸易展示交易中心。

（2）国际贸易公共服务中心。整合市政府国际贸易相关服务资源，加强与国家、省国际贸易主管部门和研究机构的合作，构建审批、招商、报关报检、科研、国际合作、金融保险、原产地认证等一条龙服务体系，提高国际贸易便捷度、科研和信息服务能力。

结合我市国际贸易发展需求，设立国际贸易创新实验区，通过政策引导、制度保障，系统探索国际贸易创新发展的新思路、新模式，力争有重大突破，也为宁波争取国家国际贸易改革试验区和自由贸易区先行先试奠定基础。

结合“一带一路”战略构想以及市政府加大对外投资力度的思路，设立对外投资合作中心，为企业境外投资提供精准、专业化的行业投资信息、金融和类金融服务，帮助企业“走出去”积极寻找对外投资机会。

(3) 国际贸易高端企业集聚中心。以国际贸易创新提升为主线，通过政策引导、服务支撑，整合全市国际贸易产业链前端企业资源，逐步引进国家级国际贸易相关服务机构，大力引进国外高端国际贸易企业入驻，集聚国际贸易创新业态，形成区域性国际贸易总部经济区。

立足互联网经济大背景，发挥我市国家级智慧城市试点、国家级移动支付试点资源，集聚跨境电子商务企业，重点发展跨境电子商务服务，优化跨境电子商务平台和环境建设，打造在国内外具有较大影响的跨境电子商务特色示范区。

(4) 国际人文交流服务中心。以引入中东欧美食、民俗文化为切入点，通过申报浙江省中东欧风情特色小镇等手段，打造集旅游服务、美食服务、文化交流、出国留学等一体化的国际人文交流中心，使中东欧地区成为宁波国际经济文化的飞地，补足我市没有与境外国家接壤的短板，逐步提高国际经贸文化内涵。

(二) 规划背景

宁波国际贸易展览中心是宁波东部新城建设规划的三大中心平台之一。根据规划思路，东部新城三大中心将形成国际贸易为龙头、运输物流为支撑、金融服务为保障、科技信息服务为先导、会展旅游业为配套的现代服务业新格局，成为宁波现代化国际港口城市建设的重要内生动力。目前，国展中心区块临时展、进口商品展已初具规模。但与国际航运中心、国际金融中心的快速发展相比，国展中心发展缓慢，尤其是国际贸易功能没有得到充分发挥，在高度（国际贸易纳入“一带一路”战略）、宽度（与国内外相关机构和企业的合作）、深度（服务于国际贸易的信息与科研支撑能力）、新度（国际贸易模式和手段创新）、力度（对外宣传和国际拓展）、强度（入驻企业的知名度和服务品牌影响力）等方面都存在一定问题，尚未实现“龙头”、“核心”的功能，急需抓紧提升。通过“11号馆”的建设与规划，补足短板，争取在一定程度上实现创新发展。

(三) 发展目标

抓住与中东欧国家合作契机，通过集聚机构资源、优化政策环境、提升平台功能、创新服务模式、激活发展动力、培育特色品牌，努力打造宁波国际贸易创新实验区块、数据研究中心、公共服务中心、创新业态集聚中心和品牌培育中心，构建四流聚合的跨国采购平台、工厂店集聚的O2O模式、基于产权交易的服务贸易和技术贸易平台、B2B商贸的服务中心及创客中心、仓储物流的集配中心、跨境电子商务的综合服务体系，打造3.0版的国际贸易创新服务体系，实现国际贸易转型升级。重点解决以下问题：

（1）解决国际贸易产业碎片化问题。通过建设大服务体系、大资源平台、大信息网络，解决当前国贸企业分散、信息零散、服务发散、体系不完善、产品和市场体系稳定性差等问题，系统打造与现代化国际港口城市功能匹配的国贸支撑体系。借助省政府规划“义甬舟开放大通道”战略平台的有利时机，抓紧建设浙江进出口贸易支撑点。构建贯穿我市3万家外贸企业、30万家外贸管理企业，进而拓展到外埠国际贸易及相关企业的系统化服务体系。

（2）解决国际贸易低端化问题。立足当前大数据、互联网背景，将国际贸易与我市国家智慧城市、移动支付、保险创新等试点深入融合，强力提升国际贸易产业的信息化特征，优化完善国际贸易产业在信息、结算、数据等方面的综合功能。尤其要解决我市国际贸易企业不了解相关国家规则、主动适应规则能力差，在汇率方面缺少预见性等造成被动的问题，改变“重交易、轻支撑”的传统思维方式，延伸国际贸易服务产业链，抢占位于产业链前端、网络中心节点的优势地位，提高服务贸易、技术贸易比重，优化结构、提升国际贸易掌控力。

（3）解决国际贸易业态创新问题。宏观方面，围绕落实“一带一路”经济区战略，紧密依托中国－中东欧战略合作平台，通过加强与国家高层国际贸易研究机构的合作，提高战略和信息的整体服务水平，重视通过系统构建平台体系，引入国际贸易新业态，持续研究将我市国际贸易融入“一带一路”具体实施方案，提高我市在国家国际贸易战略中的地位，以及在国际贸易市场的掌控力；微观方面，加强市场和设计研发，解决ODM（原始设计制造商）中D（设计）环节的创新问题，扩大市场占有率。

（4）解决国际贸易品牌化问题。宁波是我国重要的国际贸易城市，多年来进出口贸易一直位居同类城市前列。但我市一直过度依赖中小国际贸易企业，尽管有机制灵活、风险小的问题，但也缺少在国外具有较大影响力的企业品牌、服务品牌和产品品牌，国际贸易溢出效应不明显。因此，有必要通过“11号馆”功能设计，系统深入开展研究，打造在国际上影响力大、附加值高的特色。

二、关于空间布局

为兼顾“11号馆”公益性、功能性、市场性特征，在设施使用方面可采用租售结合的方式，并重视产权模式与分类功能的有机协同（如图6-2所示）。

（一）空间布局

（1）1～4楼：中东欧进出口商品展示交易中心。集中呈现进口商品常年展

图6-2 “11号馆”空间布局示意图

功能，包括进口商品展示交易中心、国际合作交流洽谈服务中心、国际旅游展示服务中心、免税商店、特色美食长廊及其他必要的商业配套功能。

（2）A楼：国际贸易综合服务中心。突出国际贸易综合服务功能，包括国际贸易公共服务中心和跨境电子商务特色园区两部分。前者包括政府国际贸易及相关主管部门，海关、商检等事业性单位，相关行业协会、国际贸易科研机构等。后者立足国家政策，打造跨境电子商务综合实验园区，集聚国内外具有较大影响的跨境电子商务服务企业。

（3）B/C楼：国际贸易高端企业集聚区。突出国际贸易机构和企业集聚功能。包括境外机构集聚区域、国内贸易企业集聚区和企业国际贸易自营机构集聚区三个部分。整合国际贸易产业链上游企业资源，集聚国际贸易创新业态资源，突出高端贸易特征；加大与宁波产业关联度较大的国家、“一带一路”沿岸国家和城市、中东欧国家和城市、港澳台地区等相关国际贸易企业的招引。

完善国际贸易配套服务功能。引入包括银行及与国际贸易相关的金融衍生服务机构、国际贸易法律中介服务机构、对外投资服务机构、留学服务机构、境外相关服务机构等，打造国际贸易展览配套服务区。

（4）D楼：高端商住楼宇公寓。突出生活服务特征。作为国际贸易特色区块的配套服务体系，包括为境外机构工作人员、境外客商提供生活居住空间。同时可以采取销售、租用相结合的方式，打造区块高端特色配套服务体系，形成贯通中外文化的特色生活区、休闲体验区。

上述功能布局为初步规划，操作过程中可以根据项目进展和租售情况，在确保整体区块以与国贸相关的高端服务业态为主的情况下，对布局进行适度调整。

（二）发展目标

（1）高端业态。设计全新体系，提升国际化、高端化、系统化经营是“11号馆”主要特征，具体包括货物贸易、服务贸易、技术贸易等。在此基础上，通过规划建设，加大服务贸易、技术贸易进出口的比重，系统发展高技术产品贸易，促进传统贸易形态和高端贸易形态的有机融合。

（2）战略平台。打破传统的经营模式，摆脱简单、零散、低端的运营手段，前瞻性思考，前置性运作，研究制定跨境电子商务交易统计和数据分析制度，探索打造国际贸易宁波品质、风险共担体系、规则标准、创新理念等。探索自贸试验区先行先试，加强对离岸贸易等新型贸易方式的研究，依托产业、区位优势系统谋划可以改变宁波国际贸易发展格局的战略平台，努力打好宁波国际贸易领域的翻身仗。

（3）核心企业。以问题为导向，从解决宁波国际贸易核心短板问题入手，重视电子商务、境外机构、品牌企业建设与提升。尤其是考虑引进培育一个高端的跨境电子商务企业（包括网易考拉），同时引进国际上有较大影响的境外贸易企业。

三、关于运营模式

结合借鉴国内相关国贸综合体的运营模式，根据当前国际贸易综合体的运营实际，主要有以下三种模式。

（1）委托管理。可参照香港国际金融中心（IFC）、凯德来福士广场等案例运营模式。

优点：境外机构经验丰富、起步高，与国外企业和机构对接相对容易。

缺点：趋利目的明确，回报要求较高，不利于体现国展中心公共服务平台的功能，也难以形成长期的品牌效应，更无法系统贯彻落实我市国际贸易创新战略。中途一旦发生变故，可能对整体运营产生较大影响。

（2）自主经营。可参照深圳华润中心、上海新天地、昆明螺蛳湾国际商贸城等案例运营模式。

优点：政府部门的掌控力强，资金投入风险小。

缺点：我市尚缺少高端国际贸易专业人员，投资与管理机构不具备国际化战略视野，现有企业人员国际合作层次较低，国内外资源较少，效果难以保证。

（3）合作运营。可参照广州南沙国际贸易中心、成都中塑国际贸易中心、闽商国际贸易中心等案例运作模式。其中尤以广州南沙国际贸易中心建设运营最为典型，该综合体在政府的指导和支持下，组建专业贸易服务团队，以企业化运作模式，为广大客户提供报关、报检、物流、外汇、退税、融资、保险等一站式、全方位的贸易综合服务。

优点：适合二线城市国际贸易综合体起步初期管理，便于政府的政策扶持和系统化管理服务体系的构建，可以集中力量重点突破，有利于发挥公共平台的作用。

缺点：短期内受到政府的行政命令以及本土企业国际贸易人员素质和企业管理水平的制约，以及与相关机构在运作过程中的磨合问题。

综合上述，我们认为合作运营模式既可以克服运营体系受外界影响波动大的问题，也可以弥补我市国家贸易高端人才难以满足国际贸易创新发展的问题，有效发挥内外资源的作用，系统体现公共服务平台和改革创新的需要，应该是比较适合“11 号馆”的运作模式。如果确定以该模式运营，则可以通过进一步调研进行细化。

四、关于平台窗口期

作为一个平台，能否把握战略窗口期发展至关重要。因此，我们认为应制订“三步走”战略来发展窗口期。

（一）筹备期（2016. 07 ~ 2018. 12）

该期间应重点考虑区块的吸引力，促进机构和企业集聚。

（1）政策体系构建。整合现有国家及政策资源，优化我市已有扶持政策资源，向国家有关部门申请新的政策资源，改变传统的土地、税收为核心的简单化政策手段，重视整体政策环境建设，系统打造全新的政策体系。

1）优化国家政策区域资源。一是依托中国中东欧合作战略，明确以中东欧合作为主攻方向的国际贸易合作体系建设，进而推进商品原产地认证、检验通关，国际结算等相关服务，提升国际贸易中心的竞争力；二是重点结合宁波保税区、保税港区、两岸经贸合作石浦实验区等政策区域优势，实现统筹设计、特色发展；三是发挥我市移动支付、智慧城市、保险改革实验区等国家试点政策的叠加优势，加大跨境电商、国际贸易保险的研发设计工作；四是完善国际贸易信用体系建设，提高国际贸易平台的综合竞争力。

2）整合出台新的扶持政策。重视政策的扶持作用，从试验区先行先试的角度出发，将已有的国际贸易政策集中到国际贸易展览中心集中释放，以增强国际贸易展览中心的综合竞争力。一是对经营公司给予一定的优化政策，具体可包括一定额度的财政补贴，以及在管理成本方面的优惠措施；二是要对产业集聚和部门集聚过程给予一定的支持，包括对行业主管部门原有资产的认定和产权转化等工作；三是要给予入驻企业一定的扶持政策，包括相对优惠的租金政策，以及发展初期的税收优惠政策等，通过便利化、政策叠加手段等，为入驻机构和企业建立良好的运营环境。具体包括退税政策、保税政策、场地装修补助、海关及安检一站式服务及便利化措施、设立创新创业资金扶持中小企业发展等。

3）争取国家和省政府新政策。一是向国家商务部申请挂牌中国（中东欧）进出口商品展示交易中心，使之成为国家级贸易基地，进而争取在贸易、投资、旅游等方面的特殊地位和特殊政策；二是申请免税商店、特色小镇的政策项目；三是争取中国－中东欧自由贸易区先行先试，突出中国－中东欧合作特色。

（2）机构入驻和企业引进筹划。在机构入驻方面，系统研究哪些机构可以入驻，资产如何置换等问题；企业引进方面，研究根据功能定位引入哪些企业，给予何种政策支持，如何通过多种渠道加强与企业的交流和洽谈，并完成大多数企业的签约工作。在此基础上，根据机构、企业的功能需求和相关要求做好布设装修等工作。

（3）国际贸易对外渠道建设。国际贸易兼具简单性和复杂性双重特征，从某种角度讲，信息的沟通非常重要。但我市国际贸易领域尚没有一个较为全面、成体系的对外宣传平台，这对于有效提升我市国际贸易质量存在较大影响。因此，建议市政府牵头打造一个多语种、系统化、应用性强的国际贸易宣传推介和综合服务平台，在做好“11 号馆”招引企业的同时，也为外贸企业提供有效服务，最终形成一个在国内外具有较大影响的国际贸易展示交易网络平台。

（二）起步期（2019. 01～2021. 12）

该期间应重点考虑渠道建设，提升国展中心区块的发展动力。

（1）创新国际贸易科研支撑体系。国际贸易是知识密集型和技术密集型产业，与传统的国际贸易相比，现代国际贸易更重视市场、需求、规则等问题，这往往是国际贸易企业难以解决的问题，需要政府提供公共服务。尤其是要重视与国家商务部、国家发改委下属研究机构合作，依托驻甬高校，整合相关政府、企业和研究机构资源，培育一个具有较高理论和实战水平的国贸研究团队，在此基础上打造一个适合我市国际贸易发展的产业数据库和动态分析系统，提升国际贸易研究工作的档次和水平，更好地为我市的国际贸易服务。

（2）加强与国内城市的合作。当前国内城市除京交会、上交会和广交会外，还有南宁（东盟博览会）、乌鲁木齐（亚欧博览会）、哈尔滨（中俄博览会）、银川（中阿博览会）、昆明（南亚博览会）、长春（东北亚博览会）、宁波（中东欧博览会）等城市举办区域性国际会展项目（呼和浩特也在计划举办中蒙博览会），这些博览会是国家区域性对外合作的重要平台；我市要加强与这些城市的合作，建立“一带一路”国际博览会城市联盟和联席会议制度，依托现有的区域性国际会展项目，共同打造国内第二层次展贸经济合作平台。通过联合办展、互相参展，加强合作、沟通有无、整合资源，使我市从区域竞争中脱颖而出。

（3）发挥中东欧合作特色。经济腹地是城市经济发展的重要组成部分。但由于宁波周边地区不乏上海、杭州、南京、福州、合肥、厦门等重要开放城市，以及宁波没有接壤的国际区域，边境贸易成为宁波国际贸易的短板。中东欧16国虽小，但也是国际贸易的重要组成区域，加之与欧盟的特殊关系，可在一定程度上解决宁波国际贸易拓展领域、扩大腹地问题。通过与中东欧的合作，发挥合作机制，打造国际经济飞地，提升国际贸易的市场效应和竞争能力。

（4）加大与国外城市机构合作。发挥港口优势加强国际城市间合作。宁波拥有在国际上具有较大影响的深水良港，可借助港口资源优势，加强与国际港口城市的合作。具体包括：一是建立主要港口城市间合作机制，重点推进港口便利化、信息化等服务体系建设，加强与国际港口城市重点服务平台的合作，包括电子通关平台、结算机制、定价机制、运输服务机制等的合作；二是重视拓展国际贸易市场，尤其是重视与新兴市场国家的合作，进一步扩大我市国际贸易的经济腹地和飞地；三是加强与国家机构企业的合作，重点是国际贸易平台类企业和国家贸易产品的重点生产企业的合作，在为机构和企业提供服务便利的同时，进一步扩大宁波国际贸易的总量和质量。

（三）成熟期（2022.01～2024.12）

该阶段应重点考虑品牌和竞争力问题，提升国展区块的国内外影响力。

（1）提高宁波国际贸易品牌影响力。国际贸易的创新发展，既是区域和产业实力的竞争，也是品牌和注意力经济的体现。因此，要重视提升我市国际贸易产业的品牌竞争力。一是强化国际贸易品牌建设。打造国家级进口贸易大平台，提升进口商品常年展示中心的国际竞争力。二是优化创新国际贸易服务体系，包括信息、资金、法律等服务。三是加强政策平台和项目的申报争取工作。近期主要是争取设立免税商店，远期主要是争取设立自由贸易区。

（2）提升宁波国际贸易产业的掌控力。科学、准确把握国家对外经贸战略和对外合作战略，及时掌握国家对外合作的信息。建议重点推进与国家发改委和国家商务部下属部门的战略合作，把握国家对外合作战略的核心和信息为宁波拓展国际贸易提供战略支撑。当前主要考虑与两个部门的合作。一是国家发改委国际合作中心。重点突出宏观层面，合作内容主要是加强国家对外合作战略的研究工作，争取在国家“一带一路”战略中获得更多的政策资源；二是与商务部经贸研究院的合作，重点突出中观层面，合作内容主要是对国际贸易的相关任务、信息和渠道、规则等方面的研究，重点推进国贸实操工作。

（3）发挥国际大港的支撑衔接作用。借助宁波舟山港快速发展带来的国际航运物流优势，通过建立港口联盟、国际运输服务行业合作平台，以及推进研发大宗商品交易指数等，举办有船东和航运公司大股东参加的国际贸易高峰论坛，进一步提升对国际航运物流等的话语权，逐步由服务业产业链末端向服务业产业链前端转变。

五、几点思考与建议

为进一步做好国展中心发展问题，加快从适应性发展向创新性发展转型，当务之急需要集中解决几个关键性问题。

（一）理顺国展中心管理体制

当前，国际贸易展览中心在业务上多头管理的矛盾十分突出。除企业“娘家”宁兴集团外，在行业方面主要归口市商务委管理，在展览业务方面又与市会展办有较为密切的关系，在属地管理方面归口江东区管理，在进口业务方面核心主体又是保税区承担。导致企业在发展思路、战略决策和协调落实方面难以保持平衡稳定，创新难度较大。因此，建议强化宁波国际贸易展览中心建设领导小组及其办公室的力量，实现人员、责权、统筹“三到位”，统一领导国际贸易展览中心的发展。

（二）化解国投公司债务问题

宁波国际贸易投资发展有限公司现有资产 60 亿元，负债 40 亿元；加上 11 号馆建设的资产与投入，未来可能形成 100 亿资产、80 亿债务的状况。每年仅贷款利息就超过 4 亿元，由于公司业务比较单一，缺少有发展潜力的项目，发展与创新的信心和动力不足，因此存在较大的债务压力与财务风险。不仅影响了国有资产保值增值，更对国际贸易平台的运营和会展中心的整体发展带来负面影响。因此，对于 11 号馆的销售策略提出如下建议：一是尽可能按市场化要求，1 ~ 4 层除保留必要的商业用房外，请市政府协调整体出售给中东欧特色商品常年展的承接单位；二是办公 A 塔楼进行租售并举，引入国际贸易综合服务部门、配套服务企业及创新实验中心相关功能，引进知名品牌大企业，充分发挥集聚功能；办公 B/C 塔楼整体或半栋出售给大企业，引进银行、保险、基金等金融、类金融企业；D 栋公寓尽快实现对外销售；三是盘活 12 号馆土地资源，由于宁波办公楼宇严重过剩，而再建临时展馆又不合适，因此请市政府协调规划、国土等部门对该地块进行重新规划，建议改变土地性质，建设住宅产品，增加资金收入以化解国投公司部分债务问题；四是继续加大政府扶持力度，延长对于国投公司的贴息政策，入驻国展中心企业享受政府给予同一区域购房租房补助的同等待遇。

（三）优化国展中心结构和配套服务

发挥国展中心区块地理优势、空间优势和资源优势，进一步拓展完善相关配套服务功能。一是继续保留 9 号馆 1 ~ 3 楼、10 号馆 1 ~ 5 楼常年展馆功能，进一步做精做优进口商品中心和跨境电子商务功能；二是经过必要的改造，完善国际会展中心行政 A/B 楼承接大小会议的功能；三是考虑增加国投公司物业管理业务，重点解决安保队伍建设问题，临时展举办期间可采取有偿服务，其他期间也可以承接社会安保服务，在解决服务难题时获得更多的盈利空间；四是协调规划、城管等部门，批准国展中心借助现有的场馆外墙、区块内场地设立广告牌，通过广告增加收益。在优化空间结构的同时，进一步提升国展中心的配套服务功能。

附件

国内外国际贸易综合体运营情况参考

名称	地点、面积	功能	特色
中国国际贸易中心	建国门外大街1号，110万平方米	酒店、写字楼、公寓、展厅和商城等高档商业建筑形态组成	首都地理优势，国外机构集聚特征
台北世界贸易中心	16万平方米	展览、国际贸易、国际会议中心、餐饮住宿服务	著名品牌楼宇、行业协会支撑
上海国际贸易中心	长宁区延安西路	口岸货物集散中心、大宗商品交易与定价中心、贸易营运与控制中心、国际会展与跨国采购中心、国内市场流通中心、国际购物中心	中日建、区块集聚
闽商国贸中心	合肥市瑶海区长江东大街	超五星酒店、国际甲级写字楼群、国贸天地 mall、公寓楼和国际商业街区	闽籍商会、海西经济体融入中部战略
哈尔滨国贸中心	哈尔滨南岗区CBD核心区	写字楼、精装公寓、国际高端商业体、时尚风情步行街、空中花园、楼顶停机坪	东北亚商贸枢纽、国际商务办公平台
天津国际贸易综合体	河西区23万平方米，三座塔楼最高57层	公寓、写字楼、商场	新加坡凯德中国首个项目
北京国贸商城	东长安街与三环交界	写字楼、公寓、酒店、展厅、商城，租客多为外国人	马来西亚郭氏兄弟集团、香港嘉里兴业，中高端、国贸、时尚
沈阳国贸综合体	浑南开发区，8.9万平方米	酒店、商业广场、写字楼、公寓	自我循环功能、智能化服务、国际物业
郑州国际贸易综合体	郑东新区，38万平方米	SOHO写字楼、MONO商务坊、5A智能办公楼、国际酒店、时尚商街、名流餐饮区	高铁经济群、城市新区开发；谷歌在华首个国贸体验中心
俄罗斯格林伍德国际贸易综合体	莫斯科州，使用面积13万平方米	项目功能以商贸中心为主，同时集总部基地、办公展示、宾馆餐饮和其他配套服务于一体	“一站式”集成贸易产业链，货运、仓储、清关、物流、营销、管理、销售于一体
武汉国际贸易中心	汉口建设大道，21万平方米	国际贸易商品展览中心、国际商务信息中心、国际金融中心、高级写字间以及商务洽谈、健身、餐饮等多种公共活动用房及设施	以武汉为区域辐射中心，打造国际贸易增长极
青岛国际贸易中心	青岛市政府旁，青岛CBD核心区，33万平方米	集高档百货、国际智能豪华公寓与空中别墅、星级酒店式公寓、国际5A写字楼和超豪华六星级酒店于一身的国际化功能综合建筑体	以对接日韩德经济为切入点，打造国际贸易交易平台

续表

名称	地点、面积	功　能	特　色
昆明国际贸易中心	新城开发区，14万平方米	集五星级酒店、高级写字楼、大型商场为一体的综合建筑群体	主要对接东盟、南亚等国家的对外贸易
重庆国际贸易中心	重庆解放碑CBD区域，13万平方米	集商务办公、会议、商场、休闲观光等为一体的高档次的综合性物业	世界贸易中心协会城市会员
深圳国际贸易中心大厦	深圳市罗湖区，建筑面积10万平方米	集办公、商贸、金融、饮食、观光于一体	深圳经济特区的窗口、改革开放的象征

第七章

宁波市会展专项资金使用管理研究

宁波市是国内会展业专项经费支持力度较大的城市，2010 年以来，随着宁波市会展业的快速发展，市政府进一步加大了对会展业的支持力度，会展专项经费数量也持续增长，在促进会展业发展方面发挥着重要的示范作用。

但是，随着会展项目数量的不断增加、规模不断扩大、结构持续优化，会展专项经费的使用问题也成为全市会展业创新发展的关键环节。如何进一步优化会展专项资金的管理和使用，提升财政专项资金的使用效果，将继续加以系统研究。

一、宁波市会展专项资金面临的问题

宁波市会展办等主管部门高度重视会展专项资金的使用与管理，在使用的过程中，不仅制定了较为完善的项目标准，还形成了系统的评估指标体系和评估工作流程。但是，由于客观环境的变化，之前的标准有些偏低，对项目的要求也不够高，因此，随着项目的规模不断扩大、质量不断提升，相关的标准在层次性、规范度等方面都显露出一些问题，集中表现在以下方面。

（1）对项目类型的要求。会展产业起步初期，为进一步激发企业策划项目、举办项目的积极性，会展专项资金在使用方面虽然明确对专业类展会的重视程度，但也为消费类展会提供了必要的资金支持。随着消费类项目数量的增多、规模的增加，再按照原有的标准来对会展项目进行资助和奖励就有些不太合适。应集中经费重点支持专业类会展项目、高层次会展项目，而对一般的消费类会展项目，就应该逐步降低资助标准，甚至在合适的时机取消对项目的资助。

（2）会展项目的指标方面。会展产业起步初期，在财政专项资金的使用过程中，主要是考虑项目的类型、规模、主办单位等指标，对参展商结构、客商结构指标虽然也有一些要求，但要求较低，也没有作为衡量展会质量的主要标准。随着会展项目数量的不断增加、会展项目规模的不断增大，参展商和客商结构就成为衡量会展项目质量的重要指标，因此，需要对会展项目的相关指标进行调整。

（3）会展项目经费的计算方法。在专项资金设立之初，对经费的计算标准

主要取决于项目的类型、规模、主办单位等指标。由于不同的会展项目、甚至相同的会展项目在操作中的不同做法，在专项资金的使用方面都存在较大的差异，因此应继续根据项目的类型、级别、展客商结构等具体指标，对会展活动进行进一步的量化分析，对项目的经费使用标准给予细化指标，以便主管部门加强对会展项目的监督与管理。

二、宁波市会展专项资金管理的基本思路

重大活动是指市本级党委、政府主办或承办的展览会、会议论坛、节庆活动以及其他综合性重大项目，重大活动的全部或主要资金由财政负担。

为进一步加强对重大活动专项经费的使用管理，提高财政资金使用效益，有效地推进我市党风廉政建设和重大项目保廉体系的实施，根据国家有关规定，结合我市实际，制订本办法。

（一）项目范围

（1）市本级党委、政府主办、承办的各项重大活动，以及纳入市政府会展专项资金范围，统筹管理的政府相关重大活动。

（2）经市委、市政府研究决定，有关职能部门牵头的、市财政资金安排在200万元及以上的重大活动。

（3）经市委、市政府批准，有关职能部门承办，市财政资金安排在50万元及以上的全国、全省及跨省区重大活动项目。

（4）其他需实行监督管理的重大活动。

（二）重大活动审批及管理

（1）管理原则。专项资金由市财政局和省会展办共同管理。专项资金的使用遵循公开、公平、公正的原则。市本级政府重点项目，实行“政府统筹、市场配套”模式，提高专业化及综合效益；对于非重点市本级会展项目，实行“政府引导、企业运作”模式，逐步退出政府直接包办、包揽方式，充分发挥市场主体专业化的作用。

（2）已举办过的重大活动申报及审批。除市委、市政府研究决定的重大活动外，有关职能部门举办重大活动项目需报市委或市政府审批，经批准后方可实施。市委和市政府的决定、批件是市财政安排专项资金的前提和依据。

（3）新办重大活动申报及审批。根据国家、省政府等有关文件精神，原则上不再新办市本级政府会展项目。对确需新办的，须委托市财政局、市会展办认可的第三方会展专业机构出具项目可行性分析报告，对重大活动的必要性和可行性进行系统分析，再按规定申报并从严择优举办。

（4）重大活动的上报与审批。根据国家、省政府相关要求，须按照规定时间向省政府有关部门申报，经审核同意后方可举办。

需要省委、省人大、省政府、省政协、省法院、省检察院举办的展会活动。经市领导批准后，首届举办的须提前15个月、再次举办的须提前9个月向省政府有关部门提出申请，经审核同意后方可举办。

市委、市政府主办或需要省直部门牵头主办的重大活动项目，经市领导批准后，牵头单位须按照首次举办提前8个月、再次举办提前5个月的时间安排，向省政府有关部门申请。经审核同意后方可举办。

(5) 重大活动专项经费的申报、批准。除市委、市政府已研究确定市财政补助额度的活动外，其他重大活动要求市财政安排专项经费的，由牵头职能部门向市财政局提出申请，列清明细费用项目、计算依据及预算。市财政局根据重大活动安排内容，应对计划规模、费用项目、明细预算等进行实地考察，经与有关职能部门协商后，结合财力可能提出初步审核意见，报市政府批准，并根据市政府审批情况，安排专项经费。对属于多渠道筹资安排的重大活动，在申报前需落实其他资金来源。

(三) 开支标准与范围

(1) 活动类型标准。

1) 活动类型。本办法所指重大活动包括展览、会议论坛、节庆及相关活动、综合性会展活动四大类。

2) 重大活动的级别。按照主办单位的级别，可分为国际级、国家级、省部级和市级四个级别。

3) 重大活动的规模。按照展出面积、参与活动的人数可分为特大、大型、中型活动项目。

4) 重大活动的结构。按照参展、参会人员的来源结构，按照国外、境外、区外、省外、市外、市内的比例可分为国际性、全国性、区域性和地方性项目。

(2) 费用组成。根据重大项目举办工作需要，专项经费支出包括场地费、办公费、宣传费、接待费、劳务费、设备购置费和其他费用等。

1) 场地费。指举办重大活动必需的场馆、场所、场地租赁及布设、维护等费用。包括会展场租费、场地布置费、展位搭建费、演出费、其他设备租赁费、安保保洁费、物流服务费、专用材料费、水电费等。

2) 办公费。指为确保重大活动举办所需要支出的场地、人员、服务等必要费用。包括办公场地租赁费、人员工资、差旅费、电话费等。

3) 宣传费。指为传播重大活动信息、加强与参展商客商以及参加活动人员的联系、组织等工作所必需的相关费用。包括广告宣传费、中介代理费、资料费、印刷费等。

4) 接待费。指重大活动举办过程中为满足参加人员质量和数量所必须提供的交通、餐饮、住宿等费用。包括交通费、交通设备租赁费、餐饮费、住宿费、宴请费等。

5）劳务费。指为做好重大活动举办工作需要支付的专家、服务人员所必需的相关费用。包括专家劳务费、临时人员费用、误工补贴费、加班费等。

6）设备购置费。指为举办重大活动、营造环境氛围所必须购买的相关设备需要支付的费用。包括交通设备购置费、专用设备购置费、办公设备购置费等。

7）其他费用。指为做好重大活动的整体管理服务所需要支付的相关费用和可能发生但事前无法预测的项目费用。包括保险费、评估及调研费，以及不可预测费用等。

(3) 费用标准。主要参照会展项目的规模（面积、人数）、类型、参加活动人员的结构、重大活动的级别、活动数量等制订。

(四) 重大活动预算编制与执行

(1) 部门预算编制。与市政府《关于加快改革市本级政府会展项目举办方式的实施意见相衔接》（甬政发［2013］125 号）相结合。

按照“总量控制、专项设立、归口统筹、分类核拨”要求，由市会展办会同市财政局提出年度市本级政府重大活动项目资金安排计划。各牵头职能部门参照上年（届）项目经费的使用情况，以及本年（届）会展项目的实际需求，商市会展办确定重大项目的预算规模，编制部门预算，纳入全市重大项目专项资金统筹管理。

(2) 活动预算编制。根据《关于加强重大活动专项经费预算决算管理（试行）的通知》（甬政发［2011］236 号）要求，市级职能部门举办重大活动，应按照批准的实施方案及年初核定的预算控制数，及时编制重大活动经费预算及预算编制说明，并在重大活动举办一个月前报送市财政局、市会展办。重大活动是由市级多个职能部门共同举办的，由牵头部门负责编制重大活动总预算和分预算。市财政局会同市会展办对上报的重大活动经费预算进行审核，与牵头职能部门衔接后，确定重大活动经费预算。未列入年初部门预算的重大活动，则由财政部门对上报的经费预算进行审核，提出初步审核意见，并按规定程序报批后，确定并追加预算。

(3) 预算执行。重大活动经费预算经批复下达后，原则上不予调整，各职能部门要科学合理安排支出，严格执行预算。凡由于管理不善，控制支出措施不力，及随意增加费用项目而造成超支的，市财政一律不予弥补。确因特殊情况需要增加活动内容或费用项目的，须事前经分管市领导书面同意。由此而超支的经费，其申报、追加按本办法第十三条规定重新办理。

(4) 经费使用管理要求。重大活动专项经费实行单独核算，各职能部门要根据财务管理制度和财政专项资金管理有关规定，制定相应的资金管理办法，建立和完善内部财务管理制度，并严格执行开支标准和相关规定，规范财务行为和活动，按照批准的用途、范围专款专用。

（5）决算编制。重大活动结束后，各职能部门要及时编制经费决算，并在一个月之内向市财政局报送《宁波市本级重大活动经费决算表》和有关重大活动主要内容、目标任务、经费管理、预算执行、使用效益等方面的书面说明。重大活动由市级多个部门、单位共同组织实施的，决算执行情况由牵头职能部门汇总上报。

（6）结余资金管理。按照《宁波市市级部门预算结转和结余资金管理暂行办法》（甬政办发［2014］64 号），重大活动专项经费结余，由市财政局予以收回或结转下届使用（由会展办统筹安排使用）。

（五）关于重大活动政府采购、服务外包、资产管理等规定和要求

（1）政府采购和服务外包。根据《宁波市人民政府关于加快改革市本级政府会展项目举办方式的实施意见》（甬政发［2013］125 号）、《宁波市人民政府办公厅关于政府向社会力量购买服务的实施意见》（甬政办发［2015］23 号）以及《关于印发〈宁波市政府购买服务指导性目录〉的通知》（甬财政发［2015］133 号）等相关规定，对符合要求的项目及相关服务，按照公平、公开、公正原则，交由具备条件的社会组织、企业和机构等社会力量承担，加快推进政府重大活动项目市场化运作工作。

（2）资产管理。对重大活动结束后形成的固定资产，属于一次性重大活动的，由牵头单位、市财政局与市会展办共同协商处置；属于连续性重大活动的，由牵头单位负责分类登记入账和保管，并报市财政局、市会展办备案，下届重大活动需要时应确保使用。

（3）档案管理。重大会展活动牵头部门要对党和国家领导人、省委省政府主要领导，外国元首、政府首脑、政党领袖或者国际组织负责人、著名外国友人在重大活动中的公务活动，以及相关的具有保存价值的文字、声像、电子文件、标志性实物等不同形式的历史记录等重大活动档案进行收集、整理和归类管理，所需经费可纳入预算，以确保重大活动档案的完整与安全，发挥重大活动档案的作用。

（六）财务监督与检查

（1）专项经费的监督管理。市财政局负责对重大活动专项经费的日常监管，定期或不定期地对重大活动实施进度和资金使用情况进行检查，加强事前、事中和事后的监督，发现问题，责令其纠正。

（2）重大活动牵头单位经费使用管理职责。牵头单位负责对重大活动专项经费的管理。牵头单位应按照《行政单位财务规则》、《行政单位会计制度》等，制订相应的内部财务管理制度，对重大活动专项经费实行单独立项核算，并要严格按照批准的用途专款专用。活动结束时应及时将专项经费使用情况报市财政局

审核。

（3）绩效综合评估及决算审查。

1）绩效综合评估制度。市会展办要会同牵头职能部门，引入第三方专业机构，在重大活动结束后，对市本级重大活动项目开展综合评价，形成绩效评估报告。内容包括项目完成情况、经济产出效益、社会影响、资金投入使用、方式创新及市场化程度等。绩效评估报告将作为下一年（届）重大活动方案设计和资金安排的重要依据。

2）专项经费审计制度。重大活动结束后，市审计局应对重大活动专项经费进行专项审计。每项重大活动资金使用情况的审计结论及决定书，由市审计局报市政府，并反馈牵头单位和市财政、检查、会展等部门。

3）经费违反规定使用的各类情形及处罚处分规定。市监察局要加强对重大活动专项经费管理使用情况的监督检查，凡发现有虚报冒领、挪用专项经费或其他违反财经纪律等行为的，要根据有关党纪政纪和法律法规予以查处，市财政也要相应核减专项经费。

三、会展专项资金使用的项目范围与计算标准

（一）项目类型标准

（1）面积：指展会的总面积，以主办单位与场馆管理部门的场地租借合同为依据。为避免出现主、承办单位套取财政资金的问题，原则上租借总面积与展位售出面积（以主办单位与参展单位的合同为准）的比值最大不超过2.5倍。

（2）级别：指展会主办单位（主办单位中排名第一）的级别，一般包括国际级（国际展览局、联合国及相关组织、其他有较大影响的国际级组织）、国家级（商务部）、省部级（除商务部以外的国家级部委、省政府，不含国家级行业协会）、市厅级（市政府及省政府直属部门，不含省市级行业协会）、县区局级（市政府直属部门、各县市区政府等）。

（3）类型：指展会的专业分类，以会展办备案时填报的资料为准。一般包括专业类（客商为专业客商）、综合类（客商既包括专业客商又包括普通观众）、消费类（客商全部为专业观众）。

（4）结构：主要指参展商和客商的结构。以专业机构展会现场评估认定为准。一般包括国外（不含港澳台）、境外（港澳台）、区外（长三角地区以外）、省外（浙江省外、长三角内）、省内（浙江省内、宁波市外）、市内（宁波市行政区内）等类型。

（5）搭建：主要指会展场地特装展位和标准展位的面积比重。一般以参展商和主办单位签订的参展合同为主。特装展位面积为参展合同面积，光地搭建参照相关城市的服务收费标准。

（6）活动：指会展举办过程中，各类活动的数量和规模。计划以活动指数（计算方法附后）方式计算。

（二）费用计算标准

（1）场地租金。指主办单位向会展场馆支付的场地租借费用。宁波国际会展中心按照7元/(天·平方米）计算（含布展、办展和撤展时间）。

（2）搭建费用。指主办单位和承办单位用于展会搭建的费用。标准展位搭建按照900元/标摊计算；特装展位管理服务等费用按照30元/平方米计算；露天场地搭建按照100元/平方米计算。

（3）招展费用。指为争取参展商参展而需要支付的广告费、交通费、差旅费、新闻发布场地租用、举办推介专家费用等。统一按照展会的面积（无论参展商多少都必须在展前开展的宣传推介）、参展商结构与展会类型进行计算。一般按照30万元为基础，每增加1万平方米展位面积增加10万元招展费用；同时乘以参展商结构系数（具体测算方面附后），展会类型系数（专业类、综合类、消费类，计算方法附后），得到最后的费用额。

（4）招商费用。指为争取客商参加展会交易洽谈而支付的广告费、交通费、接待费等，统一按照展会面积（无论客商多少都需要开展的宣传活动）、客商数量、客商结构等进行测算。一般按照30万元为基数，每增加1万平方米增加10万元，并乘以客商数量系数（测算方法附后）、客商结构系数（计算方法附后）进行综合计算。

（5）宣传费用。一般指为扩大展会影响力和品牌价值而进行的高层次宣传活动所需要支出的费用。一般指宣传费、版面费、广告费等。该费用与参展商、客商数量无紧密关联，主要受展会主办单位的级别、展会在行业中的地位影响。一般国家级展会宣传费用一般在80万元左右，省部级在60万元左右，市级在30万元左右。

（6）活动费用。一般指会展项目举办期间组织各类配套活动所需要的相关费用。该项费用主要取决于实际举办的会议论坛、评奖、竞赛、演出等活动的类型与规模。一般论坛每个标准计量单位（110人）10万元，增加一个标准计量单位增加2万元；活动每个标准计量单位（100人）5万元，增加1个标准单位增加2万元；比赛每个标准计量单位（100人）5万元，增加1个标准单位增加2万元；演出为每小时（200人为基数）5万元，演员层级增高可按照1~1.5的系数核算，人数增加可按1~1.2系数核算；重点新闻发布活动每场2万元计算；评奖每场可按3万元计算；为方便不同类型的会展项目活动经费的测算，采取会展活动指数（计算方法附后）的方法计算。

（7）安保保洁费用。主要是指展会举办过程中，需要支付给安保公司、保洁公司等机构用于提供保安、保洁服务等相关费用；安保、保洁人员一般按照展会面积和展会类型计算。此外，相关的费用一般按照安检通道的数量、类型以及重要领导、嘉宾和特殊参展商品的安保需要来进行计算；一般每万平方米5万元安保费；每万平方米起步3个保洁，增加万米增加2个保洁，每个保洁每天500元计算。

（8）水电空调费用。主要是指在展会举办期间，由于使用会展场馆水电、空调等需要支付的相关水电等费用。一般按照展会的面积和类型进行预算，并以实际支出费用进行核算。

（9）工作经费。指政府牵头部门为办好会展项目而需要支付的人员费用、补贴费用、差旅费用、会议费用、车辆租借费用等，一般按照展会的级别和面积计算；一般为30万元的基本费用，每增加1万平方米展会增加10万元工作经费的标准，经费由牵头部门统一掌握，据实核销。

（10）管理费用。是指会展项目承办单位为办好会展项目而支付的办公场所、人员、交通、接待、办公、会议、餐饮、补贴等方面的费用，一般按照展会的面积、类型和举办效果综合计算；计算方法为起步1万平方米20万元，每增加1万平方米增加10万元。

（11）接待费用。主要用于接待国内外嘉宾而需要支付的交通费、住宿费、餐饮费、警卫安保费、劳务费等。一般在测算的基础上，按照省政府的相关支付标准计算。初步考虑国际级领导5万元/人，国际级嘉宾4万元/人，国家级领导4万元/人，省部级领导2万元/人，厅局级领导1.5万元/人的标准支付。

（12）利税经费。一般指展会承办单位通过举办展会应该上缴的各种税费以及自身的利润收益。一般按照展会的面积和展会的实际收入计算。基本计算方法为按收入的10%征缴。

（13）其他经费。指受到展会举办时间、展会类型、活动安排变化、风险管理等不可预测项目需要支付的费用。一般可按照5万元/万平方米测算，并根据实际情况增减。

（三）相关计算方法

（1）参展商指数计算。以宁波本地参展商系数为1做基准，市外、省外、区外、境外、国外的参展商系数分别按照1.05、1.1、1.15、1.3、1.5进行计算（或1.02、1.05、1.1、1.18、1.3进行计算）。

（2）客商指数计算。以宁波本地参展商系数为1做基准，市外、省外、区外、境外、国外的客商系数分别按照1.03、1.08、1.15、1.25、1.4进行计算。

（3）展会的级别指数。以宁波市县市区局办展指数1为基准，市级、省部级、国家级、国际级的指数分别为1.05、1.2、1.35、1.6计算。

（4）展会类型系数。一般说来，展会类型系数主要考虑展会人员数量对安保保洁的影响。一般按照专业类展会1.0、综合类1.02、消费类1.05计算。

（5）活动指数计算。主要指用无量纲化方法对不同类型活动进行归一化计算，方便经费计算的方法。一般会议论坛按照参加人数、邀请嘉宾的数量（100人为1个指数单位）、来源（本地1.0、长三角以内1.1、国内1.2、国外境外1.3计算）、档次（市厅级1.0、省部级1.1、国家级1.2、国际级1.3）计算；评奖按照参评单位数量（100家为1个单位指数）、级别（市级1.0、省部级1.1、国家级1.2、国际级1.3）计算；竞赛按照参赛人数（100人为1个指数单位）、级别（市级1.0、省部级1.1、国家级1.2、国际级1.3）计算；演出按照观众人数（300人为1个指数单位）、演出团体的级别（市级1.0、省部级1.1、国家级1.25、国际级1.5）计算。

第八章

国际会展视域下中国主场外交的理论与实践

主场外交，是指由一国政府主导的，以国境内资源和活动作为外交舞台，利用主场优势开展的外交活动。在近代欧洲国际关系的历史演绎中，对于多边国际会议主办场所的争夺历来是几个强国力量博弈的焦点[1]。近年来，中国高度重视发挥自身优势主导外交活动，“一带一路”战略、亚洲基础设施银行建设、丝绸之路基金、人民币进入特别提款权篮子等彰显中国大国地位的国际政治经济活动有效地提升了中国在世界的影响力。而形式新颖、数量众多、规模各异的国际会展项目，通过搭建信息集聚扩散的平台，创设议题，开展活动，积极拓展与国际组织、国外机构的合作交流，成为中国主场外交的新模式。

一、大型国际会展活动的特点

大型会展活动是搭建国际合作交流平台的重要途径之一。在举办大型会展活动中形成的话语权，在地区政治经济博弈中具有某种特定的能力，对区域内和组织内的其他成员施加政治、经济、贸易甚至是军事方面的影响[2]。近年来，我国先后举办了上海世博会、亚太经合组织（APEC）峰会、亚信会议、杭州 G20 峰会、博鳌亚洲论坛、奥运会、世界互联网大会、东盟博览会、亚欧博览会等一系列大型国际会展活动，并连续举办世界园艺博览会等综合性国际会展项目。作为东道国创设会议议题、确定展览项目主题、邀请展客商和参会人员，可以充分发挥举办国在国际事务上的特殊作用，形成浓厚的主场外交氛围。

（1）较强的注意力经济效应。著名经济学家、诺贝尔奖金获得者西蒙指出：信息时代，稀缺的不是信息，而是注意力。大型国际会展活动往往筹备时间长、后续影响力大，在筹备期间、举办期间和结束后的相当一段时间里，都会引起各国政府、媒体和机构的高度注意。而展会的主题、展品和活动等，也通过其平等、互利、自由的交流方式，为强化国际合作交流提供了超越政治、贸易壁垒和文化流派的巨大沟通空间。2010 年上海世界博览会吸引了 240 个国家、地区和国际组织参加，他们在相关的准备和参与过程中，要系统了解中国、研究上海世博会，形成了较强的注意力导向性；而乌镇举办的世界互联网大会，不仅树立了中国在世界互联网领域的重要地位，也对世界各国了解、研究互联网经济带来较大的促进作用，客观上也对中国互联网经济的发展产生了间接的影响。

（2）会展活动的议题创设和方向主导。对于大型国际会展活动而言，往往有着涉及国家和地区多、参会者层次高、议题影响力强等特征。如何科学创设议题、有针对性地邀请参与国和参会人员，安排接待和交流活动、发布相关信息和会议宣言，都会直接影响会展活动的效果。对于主办国而言，在扩大区域和国际影响方面具有较强的主动权。博鳌亚洲论坛举办16年来，先后创设合作促进发展、一个向世界开放的亚洲、绿色亚洲：在变革中实现共赢、亚洲制胜全球经济——创新和可持续发展、经济危机与亚洲：挑战和展望、绿色复苏：亚洲可持续发展的现实选择、亚洲新未来：新活力与新愿景等主题，围绕热点问题，顺应亚洲各国加强对话、寻求合作、实现共同发展的时代要求，达成了开放、互信、合作、共赢等共识，其中中国作为东道主在其中发挥的主导作用不容忽视。

（3）区域制度安排与区域合作。连续举办的区域性会展项目，在为区域国家和地区提供文化和经贸交流的同时，也将会形成双边、多面贸易协定，构建多边安排与机制等，成为区域合作交流的重要基础与途径。无论是TTP、TTIP、TISA等受到国际广泛关注的贸易协定，还是中国主导的区域制度安排，都与主场会议有着紧密的关系。2004年11月，中国和东盟国家签署了《货物贸易协议》和《争端解决机制协议》，标志着中国-东盟自贸区建设进入了全面启动的实施阶段。尽管协议的签署是建立在《中国与东盟全面经济合作框架协议》的基础上，但与2004年在南宁举办的中国-东盟博览会进一步加强了中国与东盟国家在货物贸易方面的务实合作有着十分重要的关系。

（4）会展平台的信息集聚与扩散。会展活动是一个信息集聚扩散的途径。信息集聚和扩散的范围将决定一个会展活动的综合效果。通过举办会展活动，参展商、演讲者将信息从世界各地汇聚到活动场所，又通过客商、参会人等扩散到世界各地。因此，会展活动是信息集聚扩散的重要平台，可带来人流、物流、商流、信息流和资金流的集聚和扩散，形成较强的合作交流、信息沟通渠道。2010年上海世博会共举办21000场活动和论坛，多层面、多角度、多渠道开展信息合作交流，促进参加世博会的国家、地区和国际组织达成共识，形成创新发展的合力。

（5）展示举办国的经济实力。举办大型国际会展项目对举办国和主办城市的经济、交通接待等基础设施、社会治安环境、城市管理水平都有较高的要求。因此，大型国际会展活动往往在经济发达、社会稳定、基础条件较好的国家和城市举办。美国在经济快速发展的时期，在短时间内举办了多届世界博览会项目，举办城市由东海岸拓展到西海岸，是美国经济快速发展的集中体现。我国举办的2008年奥运会，被公认为组织和服务工作最好、场馆设施最完善的一届奥运会；2016年杭州G20峰会，无论是城市的设施条件、接待服务水平、城市品位和市民素质，都给参会者留下深刻的印象。此外，众多的展客商、参会嘉宾和媒体，也会通过到主办国考察、观光，进一步加深对主办国、主办城市的深入了解。

（6）促进城市基础设施水平提升。会展活动的场馆建设可以形成城市新的增长内核，并带动周边区块的快速发展。通过建设大型会展场馆，可以通过旧城区的改造和新城区的建设，优化城市和地区的空间布局。2010 年上海世博会将场地选址在黄浦江两岸。通过大规模的企业搬迁，解决了长期困扰城市发展的污染问题，彻底解决了影响城市中心发展的瓶颈。博鳌亚洲论坛永久性会址的建设，使博鳌从一个小渔村一跃成为现代化的国际小城。通过举办大型国际会展活动优化提升城市的基础设施水平，也为世界各国在举办会展活动、建设会展场馆的选址方面提供有益的参考模式。

二、国际会展活动与主场外交理论

我国外交领域向来有传统派、非传统派和特色派之分。但无论各派别的观点如何差异，在构建中国特色外交理论和外交创新方面都形成了共识。“外交学中国化，必须坚持立足中国国情和发展阶段，从中国国家发展需要出发，努力探索中国视角、中国风格和中国气派的外交理论”[3]。作为新兴的外交模式，“会展外交”不仅有效融合了外交领域的学术观点，也对外交模式的发展创新发挥着重要的作用。

（1）会展活动层次化与政治性。会展活动按其类型从上到下可分为政治、社会、文化、经济和生活 5 个层面。层次越高，会展活动的政治性、公共属性越强，反之会展层次越低，经济性、生活性越强。会展活动的最高境界是构建具有较强议题的国际化大型活动。通过会展活动形成主场外交模式，可进一步丰富内涵、扩大外延，是会展业搭建国际政治平台，加强国家间、党派间、社会团体与个人之间合作交流最常见也是最有效的平台。

（2）政治仪式与外交的象征性。政治仪式通过塑造和呈现一种政治文化来施行其权力策略，与政治文化相关的情感、态度和理念成为政治仪式执行该策略的主要目标[4]。会展活动作为主场外交的主要模式，具有符号、象征等特征。通过活动的规模、举办时间、主要议题、参与者来源与层级，在向世界宣示着一种地位、一种理念、一种体系，进而呈现其存在性、导向性和仪式性特征，强化其理念、思维、行为的合法性，形成以外交实力为核心的资源集聚、权力结构和秩序构建。

（3）议题主动权与交流话语权。美国心理学家康尼亚发现，在体育比赛中，主客场对比赛结果有明显的关联，他将此种现象定义为“主场效应”[5]。会展活动的议题创设是会展活动主办权的重要体现。主办国通过举办大型国际会展活动，统筹推进，协同双边、多边外交的复合性，细化外交活动的层次性，拟定对本国有利的议程和议题，对参会者施加影响，可以有效提升主办国在会展活动中的掌控力和话语权，推动制定符合本国意志的国际规则和秩序，最终获得更多的政治和经济利益。

（4）支点城市与嵌入式外交。布莱恩·霍金的多层次外交理论认为，城市外交是国家外交、国际组织外交和国家政府外交等多层次外交网络中的一环[6]。大型国际会展项目的举办城市往往是国家对外战略的窗口，通过连续举办大型国际会展项目，最终成为区域公共产品的主要供给方。我国的南宁、乌鲁木齐、昆明、哈尔滨、宁波、银川和长春等城市，都通过举办大型区域性国际会展活动成为国家对外合作战略的重要支点城市。

（5）非均衡性的区域公共产品。区域公共产品，指的是区域内国家联合起来共同设计出一套只服务于本区域、只适用于本区域，成本又由区域内国家共同分担的安排、机制或制度[7]。举办大型国际会展项目，对举办城市的经济和社会环境有着较高的要求。因此，作为发展不均衡的地区，大型区域性国际会展活动往往由经济最发达的国家主办，这就决定了区域公共产品的非均衡性。也正是这种非均衡性，形成了区域性国际会展活动的中心效应，在服务于区域性国家和地区的同时，提升了举办国家主场外交的话语权和凝聚力。

三、我国会展活动的主场外交特征

近年来，我国通过举办上海世博会、杭州 G20 峰会、博鳌亚洲论坛、世界互联网大会、亚太经合组织（APEC）峰会、世界园艺博览会和东盟博览会、亚欧博览会等一系列大型国际会展项目，充分展示出世界第二大经济体实力、举国体制集中力量办大事能力、安理会常任理事国的政治地位和新兴经济体的发展态势，在促进国际合作交流的同时，形成了中国特色的会展主场外交模式，也发挥着十分重要的“能动性”作用。

（1）深化公共外交。公共外交是指政府主导、社会各界普遍参与，通过传播和交流手段获取国内外公众的理解和支持，树立政府和国家的良好形象，维护和促进国家根本利益[8]。会展活动是实现这一目标的主要手段。博鳌亚洲论坛、世界互联网大会等一系列对公共外交有重要影响的国际会展项目，通过参展商和客商、演讲者和与会听众之间的交流，媒体的传播等，有效地提高了我国公共外交的效果。

（2）推动周边外交。近年来，我国已经初步形成中国－东盟博览会、中国－俄罗斯博览会、中国－亚欧博览会、中国－南亚博览会、中国－阿拉伯博览会、中国－东北亚博览会、中国－中东欧博览会等 7 个国际化、区域性战略合作类会展项目。这些国际会展项目通过经济搭台、政治唱戏，不仅潜移默化地推进了城市与国际特定区域国家的合作，也使举办城市逐步成为国家对外合作的重要窗口。

(3) 加强边贸外交。区域公共产品的设计与开发是主场外交的重要途径。近年来，我国先后设计出一系列的区域公共产品，包括大型展览项目、区域高峰论坛、跨境节庆活动等。通过举办会展活动形成特定的双边、多边贸易合作，进而争取国家自贸区政策也是主办城市的关注点之一。其中南宁已经成为中国－东盟自由贸易区，乌鲁木齐、宁波等城市也在结合举办大型国际化会展项目积极探索自由贸易区建设。

(4) 承担大国义务。举办大型国际会展活动需要有较好的环境和较大的投入，中国在举办各类大型会展活动的同时，也为发展中国家、周边经济不发达国家等提供了有效的合作交流空间，有利于各国之间加强合作交流，形成发展共识，携手促成合作创新。彰显作为安理会常任理事国和发展中大国应尽的责任和义务。

四、相关的对策建议

中国在政治、经济、文化等诸多方面的迅速崛起，不仅撬动了亚太地缘政治板块的迁移，而且冲击着美国主导的国际政治经济秩序[9]。中国经济的快速发展和实力的崛起，面临着来自世界的多重压力，也遭遇了上升期所特有的大国外交困境。如何跳出“修昔底德陷阱”，考验着中国的外交智慧。我国先后经历了体育外交、文化外交、经贸外交、公共外交等发展阶段，探索会展主场外交对创新我国新时期外交模式具有特殊的意义。研究表明，国际会展活动具有搭建国际合作交流平台，促进信息集聚扩散，通过创设主题掌握话语权等作用。我国已经举办多个大型国际会展活动，在促进我国开展主场外交，扩大国际影响方面发挥着十分重要的作用。未来我国以会展外交为主要特征的主场外交，应秉承创新、提升、协同、共赢理念，重点做好以下方面的工作。

(1) 重视发挥会展主场外交作用。会展活动不仅仅体现政府的意志，也通过政府、协会、企业和个人的参与形成了较强的多层次外交和公共外交特征。要重视会展活动在主场外交活动中的重要作用，有针对性地发挥会展活动在扩大合作交流、传播相关信息等方面的特殊功能，形成具有中国特色的主场外交模式。

(2) 进一步做好会展品牌的培育工作。要通过培育会展品牌，提升会展活动的质量和影响力。包括临时性举办的单场会展项目，也包括长期举办的系列会展项目，如博鳌亚洲论坛、世界互联网大会等。要发挥主题的新颖性和连续性，逐步形成有影响力的国际会展品牌，提升会展项目的核心竞争力。

(3) 要重视会议论坛的议题设计选择。会议论坛活动的议题直接影响到主办国、主办城市和项目的吸引力。因此，主办单位要抓住国内外关注的热点问题，选择国外政府、机构、企业和参与者感兴趣的热门话题，选择急需解决的重大相关问题开展研讨，这样才能足够吸引参与者的注意力，形成注意力经济效应。

（4）优化会展活动的展客商结构。会展活动中，作为展客商参与会展活动的国家数量和展客商数量越多，会展活动作为集聚扩散平台促进合作交流的功效越大。因此，在举办大型国际会展活动中，要重视加大对外宣传和招展招商的力度，吸引更多的国外参展商、客商参加会展项目，扩大信息交流的范围、拓展合作领域。

（5）提升会展活动的组织和服务效果。衡量主场外交的效果，主要体现在东道主能否有效地向外界传递其外交和政策的核心理念，其政治和经济主张能否引起国际上的共鸣。从这个意义上讲，会展活动能否形成符合自身利益、各方达成一致的观点，有利于提升外交影响力的成果文件和政治经济宣言，具有十分重要的意义。为实现这个目标，国际会展活动的组织者不仅要有丰富的经验，而且还要有精心的组织设计和细致入微的服务工作。这也要求主办团队加强自身的提升与修养，体现出专业素养和职业精神。

参考文献

[1] 曲鹏浩．做好周边外交需要更多的“中国”主场［J］．大庆社会科学，2015（10）：71~74.

[2] 蔡鹏鸿．APEC 主场外交如何提升中国话语权和影响力［J］．国际关系研究，2014（5）：60~69.

[3] 赵可金．探索外交理论的中国途径［J］．清华大学学报（哲学社会科学版），2016（5）：35~49.

[4] 王海洲．政治仪式的权力策略——基于象征理论与实践的政治学分析［J］．浙江社会科学，2009（7）：38~43.

[5] 张颖．办好主场外交尽显中国魅力［J］．国际关系研究，2014（5）：32~33.

[6] 王存刚．论中国外交调整——基于经济发展方式转变的视角［J］．世界经济与政治，2012（11）：120~135.

[7] 樊勇明．区域性国际公共产品——解析区域合作的另一个理论视点［J］．世界经济与政治，2008（1）：7~13.

[8] 牛丹丹．新世纪以来中国和美国对拉丁美洲地区公共外交的比较［J］．拉丁美洲研究，2015（12）：21~29.

[9] 曹绿．试论中国大国特色外交的理论内涵与思想创新［J］．国际观察，2015（6）：75~86.

第九章

大型区域性会展活动：中国主场外交新模式

一、我国大型国际会展项目概况

作为新兴的现代服务业，会展业的作用越来越得到国家有关部门和地方政府的高度重视。很多城市将会展业视为经济发展新的增长点、产业结构调整的突破点、生态可持续发展的着力点和文化传承的衔接点，在举办会展活动的过程中不断实现突破创新。会展产业的意义已经由单纯举办会展项目提升产业竞争力，逐步向提升城市注意力、搭建国内外交流合作平台转变。通过举办大型国际化、区域性国际会展项目，搭建我国主场外交的平台，建立稳定的国际合作关系，已成为我国对外合作交流的重要手段之一。

相关资料表明，我国已经初步形成中国－东盟博览会、中国－俄罗斯博览会、中国－亚欧博览会、中国－南亚博览会、中国－阿拉伯博览会、中国－东北亚博览会、中国－中东欧博览会等 7 个国际化、区域性战略合作类会展项目。这些国际会展项目通过经济搭台、政治唱戏，不仅有效推进了城市与国际特定区域国家的合作，也使举办城市逐步成为国家对外合作的重要支点。与此同时，通过举办会展活动争取国家自贸区政策也是主办城市的关注点之一。其中南宁已经成为中国－东盟自由贸易区，乌鲁木齐、宁波等城市也在结合举办大型国际化会展项目积极探索自由贸易区建设。

此外，我国近年来还成功举办上海世博会、博鳌亚洲论坛、杭州 G20 峰会、乌镇世界互联网大会、世界园艺博览会等一系列的国际会展项目。这些活动项目的举办，不仅在提升城市注意力经济效应、基础设施水平、产业国际竞争力、拉动城市消费、优化城市空间布局等方面发挥重要作用，更体现在有效地搭建了国际合作平台，较好地提升了我国在国际舞台上的作用，成为我国主场外交的重要手段。

二、大型区域性国际会展项目的特征分析

大型区域性国际会展项目主要是指针对一个或多个有明显的共性特征的国家或地区，有明确的参与国展客商群体，所在国家政府出面合作开展经贸合作为基

础，主题与参展产品相对稳定，且连续多年持续举办的会展项目。与传统的会展项目不同，大型区域性国际会展项目更具备政府主导型、综合性、国际化特征。通过对已经成功举办的7个区域性国际会展项目的分析中可以看到，大型会展活动项目举办存在着以下几种基本特征。

（一）空间布局特征

从已有的7个大型区域性国际会展项目来看，布局呈现东西南北中的分布式空间布局。其中东北地区的哈尔滨作为与俄罗斯接壤面积最大的省份的省会城市，与俄罗斯有着悠久的文化融合历史；长春市所在的吉林省，与朝鲜、俄罗斯、内蒙古接壤，同时也是与韩国、日本距离较近、经贸文化交流比较多的省份；银川虽然为内陆城市，但作为国内唯一一个回族自治区，凭借着伊斯兰教文化的特征，克服了与阿拉伯国家没有边境接壤的问题，依托文化资源促成展会的举办；其中宁波比较特殊，既与中东欧国家没有边境接壤，同时也缺少文化交流的历史，但由于宁波是国内首个承办中国－中东欧经贸部长圆桌会议的城市，因此合作的先机促成了大型会展活动的举办，这也为我国探索通过举办大型多边会议和区域性国际会展项目，打造国际飞地进行了有益的探索（见表9-1）。

表9-1　区域性国际会展项目举办城市经贸文化资源分析表

项目名称	举办城市	对应国家	区域文化特征
中国－东盟博览会	南宁	东盟10国	与东盟最接近的省份
中国－亚欧博览会	乌鲁木齐	印度、巴基斯坦、土耳其、伊朗	丝绸之路经济带支点城市
中国俄罗斯博览会	哈尔滨	俄罗斯等	边境接壤，历史文化悠久
中国南亚博览会	昆明	印度、巴基斯坦、尼泊尔等国家	与南亚国家经贸往来密切
中国阿拉伯博览会	银川	阿拉伯国家	伊斯兰教居民最集中的省份
中国中东欧特色商品展	宁波	中东欧16国	港口城市和对外开放城市
中国－东北亚博览会	长春	俄罗斯、韩国、日本、蒙古、朝鲜	与东北亚相关国家接壤

注：根据项目网站资料和相关文献整理形成。

（二）项目举办模式

举办大型国际化会展项目，绝不是一蹴而就的事情，需要长期的合作基础和城市努力的结果。从上述会展项目举办的情况看，主要有几种模式：一是会议引领展览模式。从上述的情况看，绝大多数大型国际会展项目是通过举办大型国际会议逐步衍生出展览项目，最终形成展会并行的模式。如举办东盟博览会的议题是在第七届中国－东盟领导人会议上确定的。中东欧特色商品展主要依托于首届中国－中东欧经贸部长圆桌会议。二是首脑引领型。其中东北亚博览会主要起源为2003年10月，时任国务院总理温家宝在中日韩三国首脑会议上提出“扩大东北亚地区合作、加快东北老工业基地振兴”的倡议。中国－中东欧特色商品展起源为2013年11月，李克强总理访问中东欧16国时，提出举办中国－中东欧经贸合作论坛，也促成中国与中东欧国家的合作基础。三是活动引领型。亚欧博览会起源于1992年举办的首届乌鲁木齐边境地方经济贸易洽谈会，南亚博览会起源于第21届中国昆明进出口商品交易会，中俄博览会起源于1990年创办的哈尔滨国际经贸洽谈会。随着经贸活动的范围不断扩大，会展项目的内涵不断丰富，在经济合作的引导下，政治和文化合作水到渠成成为活动的重要组成部分。

（三）项目资源分析

会展项目的举办受到资源的影响，常见的会展项目资源包括区位资源、产业资源、管理资源、服务资源、文化资源、设施资源、市场资源等。一般说来，展览项目主要依托产业资源，会议项目主要依托管理资源，节庆项目主要依托文化资源。但区域性国际项目由于受到国内外合作等方面因素的影响，是企业和地方政府所难以实现的。因此，面对国际区域的大型国际会展项目主要依托管理资源、区位资源，但也有些项目依托文化资源、设施资源和市场资源。其中，国家战略作为特殊的管理资源是上述活动举办的重要成因。

从上述项目的情况看，国内现有的7个国际化区域性特色商品展，主要是依托管理资源举办，即国家的政策支持是7个国际展览会举办的核心支撑。但进一步分析表明，不同的展会也有不同的自身资源影响。其中东盟博览会、亚欧博览会、中俄博览会和东北亚博览会举办城市（或所在省份）都是与对应国家接壤（或间接通过海域接壤）的城市。但中国阿拉伯博览会则主要依托文化资源，其基础是伊斯兰教。而中国中东欧特色商品展则更多考虑宁波港口特征和浙江的市场优势，因为中东欧16国在与中国的合作过程中重点期望能够在旅游、投资、商品出口等方面带来机会。

三、国际会展项目对主场外交的意义分析

举办大型会展项目，不仅可以进一步提升会展业发展的整体质量，也可以在加强对境外国家合作的同时，将城市纳入国家对外合作战略。通过为周边国家搭建合作交流平台，成为我国主场外交的重要切入点和平台机制。

（一）国际会展项目推进主场外交是大国责任义务的体现

随着中国国力的增强，作为联合国常任理事国需要承担起更多国际责任和义务。举办一个长期稳定的大型活动，不仅需要举办国有着安定的社会环境，发达的交通、接待等基础设施，也需要投入大量的人力、物力和财力，这也需要主办国有强大的经济实力作支撑。通过举办大型国际会展项目，为世界各国搭建合作交流的平台，为发展中国家和不发达国家创造合作议题，推进政治、经济和文化合作，既是中国国际影响力提升的象征，也是履行大国国际责任和义务的重要手段。

（二）主办大型活动可以提升我国外交话语权

作为东道主，国际会展项目的主办国具有诸多的有利条件。举办大型活动、创设国际会议，既可以设定议题来引导会展内容的导向，也可以在会议的举办过程中，通过多边、双边会谈来加强交流、沟通观点、达成共识。作为东道主，往往也是会议的主席国，在对会议的宣传报道、发表共同宣言等方面也有较强的话语权。此外，主办国也可以通过邀请参会国家，平衡相关力量，以获得更多的支持。

（三）举办大型活动可加深相关国家了解中国

国际政治体系是一个复杂的体系，各国之间为了自己的利益，也在不断的博弈之中。随着中国经济的快速发展，很多国家不理解中国的发展、不认同中国的发展，甚至也不相信中国的发展。通过举办大型国际会展项目，可以让不同层面的参与者，从政治、社会、文化、经济、生活等角度加深对中国发展的了解，进而消除他们对中国崛起的恐惧与戒备，加强与中国各个层面的交往及合作，实现共赢。

（四）国际会展活动可促进举办城市的实力

举办大型国际会展项目，可以快速构建起举办城市或所在省份（自治区）与国际特定区域国家间的经贸合作关系，进而促进物流、商贸、旅游、投资、金融、文化等方面的合作发展。在此基础上，还可以提升举办城市在国家国际合作中的战略地位，成为国家对外战略的支点城市，获得国家在政策、资金资源等方面的支持；由于举办大型国际会展项目的客观需要，国家往往会加大对举办城市设施、管理、服务等方面的投入，对提升举办城市的基础设施、服务水平、城市地位有重要的影响。

四、依托国际会展项目推进主场外交的建议

大型会展项目从上至下可分为政治、社会、文化、经济、生活5个层面。由生活层面向政治层面提升，经济性、生活性逐步降低，政治性、公益性逐步增强。政治层面会展活动是会展活动的最高境界。因此，在围绕国际合作、对外交往等方面，要重视高层次会展项目的策划、举办和品牌提升工作。

（一）做好现有大型国际会展项目的举办工作

大型会展活动可以克服政治上的因素，成为国家对外合作交流的重要渠道，实现政府国际合作交流的“潜意识”行为；因此，要重视国际会展项目在融合不同体制、不同文化认同国家合作交流方面的作用，加强对现有的大型国际会展项目扶持力度。通过做大做强现有品牌会展项目，实现国际合作和主场外交的可持续性。

（二）鼓励申办大型国际会展项目

我国已经成功举办上海世博会、昆明世博会、APEC 会议、杭州 G20 峰会、博鳌亚洲论坛、乌镇世界互联网大会、世界园艺博览会等国际有影响力的大型会展活动。下一步要鼓励支持相关城市申办大型国际会展项目，发挥我国体制优势，彰显集中力量办大事的大国特征，打造更多的主场外交平台。

（三）要将主办城市列为国家对外战略合作支点城市

要重视大型区域性国际化会展项目举办城市的发展，包括基础设施建设、环境建设等。要将举办城市列入我国对外合作战略支点城市，充分发挥举办城市在地域、文化、经贸等方面的特殊优势，通过密切经贸文化合作，努力打造国家对外合作的窗口和平台，在密切与周边国家的关系的同时，提升我国的国际影响力。

（四）要重视国际会展项目举办城市间的合作

我国现有的区域性国际会展项目举办城市往往受到地域、文化等限制，在合作的范围上还有一定的局限性。因此，要重视加强相关大型国际会展项目举办城市间的合作。如联合现有的区域性国际会展项目的举办城市组建国际会展合作城市联盟，加强平台间的渗透，进一步拓展项目的合作区域，系统提升区域性国际会展项目的内涵与外延，形成网格状的国际合作体系，提升我国主场外交的衔接性和拓展型。

（五）进一步开发创新国际会展项目议题

我国相关城市在举办大型国际会展项目的过程中，充分发挥管理资源、区位资源等优势，不仅有效地服务于我国主场外交活动，也对提升城市的注意力经济效应、搭建国内外合作交流平台、促进文化交流和拉动城市消费发挥着十分重要的作用。因此，相关城市可以借鉴上述经验，在尚未开发的区域探索举办大型国际会展项目。当前可行性较强的是与南美国家、非洲国家等举办大型国际化会展项目。

参考文献

[1] 曲鹏浩．做好周边外交需要更多的“中国”主场［J］．大庆社会科学，2015（10）．

[2] 蔡鹏鸿．APEC 主场外交如何提升中国话语权和影响力［J］．国际关系研究，2014（5）．

[3] 周妍玮．从中国东盟博览会看新自由制度主义国际合作理论［J］．经营管理者，2014（11）．

[4] 李明丽．中国与阿拉伯国家贸易发展现状及对策研究［J］．知识经济，2015（12）．

[5] 赵青松．亚欧博览会经济效应探析［J］．新疆职业大学学报，2014（3）．

致谢

经过一段时间的集中工作，《城市会展业创新发展路径研究——基于宁波的思考》终于完成撰写工作。我从2003年介入会展业以来，始终得到了宁波市政府会展办等相关部门的大力支持。在本书的撰写过程中，也得到了会展办等部门领导及相关人员的大力支持。其中许多文稿中的研究成果都包含着各级领导的大力支持和悉心指点，这也是本专著能够得以完成的重要保证。

首先要感谢浙江万里学院会展学科专业负责人任国岩教授，作为浙江万里学院会展学科专业的创始人，多年来一直在学科专业建设和人才培养方面对我给予大力支持；自2003年设立会展特色班、开展宁波市会展业发展研究工作以来，他带领我们会展团队，在教育部尚未设立会展经济与管理专业的背景下，从课程方向开始，从服务宁波会展经济起步，硬是“等来了”教育部设立会展经济与管理专业。在短短的三年时间里，实现了国家级特色专业、省重点专业、宁波市服务型教育重点专业的“大满贯”，确立了在中国会展教育领域和宁波会展产业发展过程中的重要地位。

感谢宁波市政府会展办的各位领导，他们在我多年的研究、人才培养工作中给我提供了大力的支持。感谢浙江省会展行业协会会长刘志刚、浙江省会展标准化技术委员会秘书长方曦、宁波华博会展有限公司总经理杨杰等，对我在相关研究工作中给予的大力支持。

最后，感谢十二年来，在我的研究工作中给予我多方面支持的各级领导、各位同仁以及我的学生们！

著　者

2017 年 3 月于宁波